中國文學概论

劉[illegible]署

百年河大國學舊著新刊

中國文學概論

段凌辰 著

河南大学出版社
·郑州·

圖書在版編目(CIP)數據

中國文學概論/段凌辰著. 一鄭州:河南大學出版社,2011.12
ISBN 978-7-5649-0270-4

Ⅰ.①中…　Ⅱ.①段…　Ⅲ.①文學評論—中國　Ⅳ.①I206

中國版本圖書館 CIP 數據核字(2010)第 194863 號

責任編輯　謝景和　　**封面題籤**　王劉純
責任校對　段　納　　**封底篆刻**　劉廣祥
封面設計　馬　龍

出　版　河南大學出版社
地址:鄭州市鄭東新區商務外環中華大厦 2401 號
郵編:450046
電話:0371—86059701(營銷部)
網址:www.hupress.com
排　版　鄭州市今日文教印製有限公司
印　刷　鄭州市今日文教印製有限公司
版　次　2013 年 2 月第 1 版　　**印　次**　2013 年 2 月第 1 次印刷
開　本　890mm×1240mm　1/32　　**印　張**　12.5
字　數　281 千字　　**插　页**　2
定　價　32.00 元

(本書如有印裝質量問題,請與河南大學出版社營銷部聯　調換)

掇英樓文學叢書之一

汲縣段凌辰著

中國文學概論卷上

瑞安集古齋書社印行

擷英樓叢書之一

中國文學概論

汲縣段凌辰著

北平

著者書店發行

1933

走近段凌辰

楔　子

據《河南大學校史》(河南大學出版社 2002 年版)記載:

段凌辰(1900～1948),河南衛輝人。1924 年畢業於武昌高等師範。1926 年受聘於中州大學,任文科副教授,曾與王志剛副教授發起創辦《孤興》雜誌。他們共同創作的《愛的犧牲者》劇本,引起文壇矚目,是 20 年代中原戲劇的代表作。1930 年任河南大學文學院教授,1935 年 5 月與江紹原、楊震文、嵇文甫教授一起出任河南大學出版委員會委員,並擬訂了《河南大學出版委員會出版簡則五條》。1935 年 8 月～1938 年 7 月任山東齊魯大學教授。抗戰時隨河南大學輾轉播遷。1945 年抗戰勝利後,段先生在(寶鷄)石羊廟慶祝大會上即席吟誦杜甫的《聞官軍收河南河北》,會場爆發出熱烈掌聲。1945 年回開封復校，常常一人獨開五六門課程。他與張邃青、朱芳圃、馬非百等教授一起，主持了具有開封特色的科研項目，如對北宋現存文物史迹開封府舊址、宋太祖畫像、一賜樂業教遺迹等的考察，在國内外引起巨大反響。著有《中國文學史概論》、《和詠懷詩集》等。

宋師詩文寄深情　晚學方識先賢名

余生也晚，知道先賢令名竟是在2004年爲業師出版《宋景昌詩文集》忝任責任編輯時獲得的强烈震撼。一首古風《題還書圖歌》，三首《浣溪沙》詞，一篇散文《回憶在潭頭的日子》，幾乎都是圍繞着先賢段凌辰的教澤而反復歌咏，令我頓生仰慕之心。從中得知以下情節：

> 余恩師段凌辰先生學貫經史，旁及百氏，潜研《蕭選》，尤爲精湛，著《文選學》六種，獨抒己見。惜此宏著及詩文多卷，均以時亂未能付梓。1947年夏，先生積勞病逝，年僅48歲。抗戰期間，河南大學播遷潭頭，余從先生學，多蒙教誨，銘記在心。"十年浩劫"，先生所遺藏書、手稿俱毁，畢生心血，盪然無存。(《浣溪沙·悼段凌辰師》見《宋景昌詩文集·詩詞雜綴》，河南大學出版社2005年版，下同)

言之懇切，情動於衷；念之凄然，令人動容。"傳神文字足千秋，不是情人不泪流。生於同時不相識，幾回掩卷哭曹侯。"忽然想起這首清代咏嘆曹雪芹的小詩，似乎感到宋景昌先生確實是"傷心人别有襟抱"的,字裏行間一往情深,一挽三嘆,真可謂"字字血,聲聲泪",激起我無限遐想。

作爲"十年浩劫"後恢復高考的首届大學生,適逢學校許多名師依然健在,每當這些歷經劫難的學界名宿上臺授課結束,我們總是以熱烈的掌聲致謝,聊表後學弟子崇敬之意。宋景昌先生的教課靈動自然,以口語、俗語化解魏晋詩文的妙義,詼諧風趣,神態逼真地模仿文中人物心理、舉止,時常贏得滿堂歡笑,被大家譽爲妙趣横生的達人。就是這樣一位拿得起、放得下,心胸開闊,不爲世俗瑣務縈心的名師,却對逝世已久的門師長久掛懷於心,割舍不下。五十年後,還精心填詞,發爲追憶:

> 兩漢文章魏晋文,先生講授滿堂春,探幽索隱見精神。　選學忽然終汴鄭[①],擬經不再繼河汾[②],滿門弟子哭招魂。
>
> 文謝齊梁守樸真,詩宗漢魏尚清新,深研《蕭選》更無倫。　萬卷藏書成廢紙,千篇手稿化灰塵,幾無隻字世間存。
>
> 有幸潭頭立雪門,三秋侍硯學詩文,常蒙歧路指迷津。　一首小吟加贊語,兩篇短序賜高分[③],終生難報是師恩。

其下注多爲用典:

① 選學句,用李善事。唐代李善講學鄭汴之間,弟子四方而至,號《文選學》。

② 擬經句,用王通事。隋代王通講學河汾,弟子以千記。王氏擬經作《中説》等書。

③ 余《伊水漁翁》絶句,蒙先生贊許;《送牛君庸懋東歸序》和《三人詩草序》,蒙賜一百分。

益發感到真情可貴的是序中的結語:

今值先生逝世五十週年之際,緬懷教澤,填《浣溪沙》三首,以申悼念。

況且還有詞的結語:"終生難報是師恩。"

然而,心儀已久的段氏家人在哪裏呢?

訪學邂逅識後裔　雪鴻踪迹如有神

2007年,社領導把《徐玉諾詩文輯存》的出版工作交予我,由此和編校人平頂山學院新聞與傳播分院院長秦方奇教授相識,一年多的交往使我們成了無話不談的朋友(詳見《徐玉諾詩文輯存・編輯人語》,河南大學出版社2008年版)。其間又接受了平頂山市政協組織出版、該校許多教師參與校注的《蘇東坡與平頂山》的編輯工作,他執意邀請我到學校與相關作者見面,提出具體操作要求,力爭這兩部書成爲該校厚重的學術書籍。盛情難却,我只好根據初審印象以及發現的若干問題做些準備,實際接觸之後發現該院教師潛心於學,提出的建議不僅得到認同,並即興表達了加强合作的意向,真是皆大歡喜。

曲終人散之時,秦院長突然提起:段凌辰先生的孫女就在該院工作，目前正在積極搜覓先祖遺著，許多散亂人世的雜誌刊載的遺稿也將重現真容。聞言令我大喜過望，既爲自己的孤陋寡聞而慚愧，更爲這次貿然造訪所獲得的意外之喜悚然。及至文静賢淑的段納老師匆忙講述了家人的百般搜求、細心整理乃至目前所得到的綫索與追踪工作，我便連連稱善，祝福她做了一件功德無量的工作。

先師宋景昌先生一惋三嘆的失落之情終於可以平息了，他老人家聞知此訊定會在天界撫額慶幸、朗聲大笑吧！

還書圖歌忽然現　四絶並美驚世人

2009 年春夏之交，平頂山學院文學院前院長段佩簡教授攜子女由秦方奇教授陪同來到我社，總編輯張雲鵬教授、編輯部主任劉小敏編審和資深文史編審袁喜生先生一同參與接待。

當段佩簡老師拿出厚厚一沓複印的文稾《中國文學概論》時，見多識廣的文史名家袁喜生編審不覺連稱奇迹——學校有關記載明顯有誤(見開篇《簡介》)；聽説家中還有散亂的遺稿以及未經出版的手迹原件，更是喜上心頭，大呼開眼。一向沉穩有加風度儒雅從容不迫處事練達的專家如此失態地大呼小叫，社内同人不禁莞爾。

傾心交談之餘，段佩簡先生又取出了精心包裹的一匣捲軸，竟然就是先師宋景昌先生古風《題還書圖歌》的原跡再現，上面共有十四位民國藝林名人的題詠，而那種沉穩遒勁的館閣體歷經歲月的磨洗依然展現出誘人的神韻，深諳書畫名流、見多識廣的袁喜生先生屏氣静神展卷細觀，如覩神物。看後輕輕捲收完畢纔長吐一口氣,笑着對劉小敏説:恁姥爺當年的工筆楷書真是神絶之至!回頭對在場的專家學者斷言:這幅畫和詩、書、人堪稱民國士林四絶,河南大學有關校史又將增添一段藝林佳話。

總編輯張雲鵬教授聞言,緊握着段佩簡先生的手,激動地即席表態:一定把段凌辰先生的遺著作爲“百年河大國學舊著新刊”中的精品予以出版,希望家人細心整理,充分做好前期工作,使得先賢名著重輝文壇。

段佩簡先生聞言,當即表示,爲了慶祝這一盛事,在母校百年校慶期間,願將這舉家珍藏的無價之寶放在河南大學校史館予以展覽。

賓主雙方緊緊握手,連連稱幸不已!

傳主資料常舛訛　細心考校疑問多

走近民國名人之時,最缺乏的往往就是有關當事人的第一手資料。在各種段凌辰先生的簡介中,細心的讀者當會發現一些問題。

《薪火集》(河南大學出版社 2002 年版)劉衛東先生所撰《段凌辰》條簡介如下:

> 段凌辰(1895—?),文學家,留美文學碩士。1925 年歸國,受聘擔任中州大學文科副教授。

首先是段凌辰的亡故時間,劉衛東所撰没有寫明,但《河南大學校史》相關介紹爲 1948 年,而宋景昌先生詩文中明確提出是1947年夏季,從于安瀾致段佩簡信中所述(见後),也應該是開封首次解放之前,胡朝宗先生《浣溪沙》跋文中"五十年六月夏際節"也實指了這一點,其夫人馮文英女史所作的《書於凌辰四十週年忌辰長短句六闋》標明的時間應該是最確切的:1947年7月26日(農曆丁亥年六月初九)。

其次是他的任教履歷:《薪火集》劉衛東所撰的留美文學碩士,回國即擔任中州大學副教授之説,而詢之家人都稱不知所云。

據段納老師提供的《衛輝市志》載:

> 段凌辰(1900～1947)。唐莊鄉官莊村人。1923年國立武昌高等師範學校畢業,曾任西北大學教員,齊魯大學講師,國立中山大學副教授、教授。1938年9月任河南大學文史系教授。主要著作有:《文學概論》、《漢魏六朝賦選》、《八代詩選》、《和沈修文樂府》、《潭上勝録》等。

這裏提及的《漢魏六朝賦選》、《八代詩選》、《潭上勝録》未見家人收録,仍有待查找相關綫索;而《文學概論》應是《中國文學概論》之簡稱,《河南大學校史》當時的介紹爲《中國文學史概論》,看來都必須作出修訂。

其粗疏之處不僅在於隻字不提段凌辰1926年即任教於河南中州大學,同時,任教廣東中山大學時間也放在任教山東齊魯大學之後,顯然與史實不符。另據我們見到的河南大學圖書館民國期刊部所藏,《八代文論史(上)》、《中國文學概論(下)》和《文論集要目録》(書題爲《中國文學概論資料選編第二册》)均由段凌辰先生著述或編纂,而且是作爲國立中山大學教材予以印製的。此外，段家收藏的《永録》真切記録了黄季剛先生的風流倜儻，是否爲《潭上勝録》的别稱，仍有待考證。

還有，劉衛東稱其出生時間爲1895年，也不知所從何來？根據段凌辰早年書信記載，他1923年畢業後曾在信陽一中學執教，其間著有《中國文法綱要》，通信内容及《綱要》體例多披載於《中國文學概論》（即《校史》所謂《中國文學史概論》），1924年任教西北大學，"青日前受西北大學聘，於本月三日抵長安。行旅之苦，此爲初嘗，不願爲吾兄道也。斯校分文理工法四科，計六班。青每週以課六時，尚屬清閒"（《與陳子翼論文學書》，1924年5月11日）。1926年執教河南中州大學，而這又與恩師黄季剛先生的提攜不無關係（見《〈黄季剛先生手稿〉序》，《儒效》雜誌第一卷第四期）。又據段家所存資料證明，段凌辰先生在西北大學還組織了晨鐘學社。

後值中原大戰，人心不穩，段凌辰先生南下廣州，任教於中山大學，自嘆飄離，感慨客居，憂傷世事之艱，於是在酬和阮籍《詠懷詩》自序中感喟：

> 余自癸亥甲子以來，稍更人事。書史數篋，客走四方，西游關中，北抵燕都，東泛滄海，南至粤都。感行止之無常，識浮雲之多變，知人世足痛哭者不必定在窮途。

從其經歷自述看：學業甫就，先任教西北大學（西游關中），而後執教中州大學（河南開封），後因戰亂頻仍，無奈又客走四方（北抵燕都，東泛滄海，南至粤都），遊歷至深，方能真切領會阮嗣宗《詠懷》妙義；身處世變，倍感飄離之愁緒。

再者就是他的創作，《河南大學校史》的相關介紹爲：

曾與王志剛副教授發起創辦《孤興》雜誌。他們共同創作的《愛的犧牲者》劇本，引起文壇矚目，是 20 年代中原戲劇的代表作。

而《薪火集》劉衛東所撰的信息是：

《孤興》雜誌還定期刊載中州大學學生的詩詞新作及研究文章，既活躍了學術空氣，又增進了學生對各種知識的學習，對課堂教學起了重要的補充作用，收到良好的教學科研效果。〔見《薪火集》(上)，河南大學出版社第 373 頁〕

這就與《河南大學校史》的相關介紹相抵觸了：

中州大學文藝研究會，由魏世珍、許敬參發起，聘李敬齋、馮友蘭任名譽會長。這個研究會的刊物名爲《文藝》。《文藝》每期十多萬字，大部分是刊載會員(學生)的文章，小部分是文史名家教授的學術論文與創作(如郭紹虞先生的《晚周古籀考》，王志剛先生的《愛的犧牲者》)。王志剛、段凌辰主辦的《孤興》，篇幅比《文藝》少，刊載的多是一些短小精悍的詩詞新作及研究文章。(第 21 頁)

問題首先是：《愛的犧牲者》是發表於《文藝》還是《孤興》？其次纔是該劇係個人獨自創作還是合作而成的？

限於資料匱乏，無力回答，可能校史編輯人員会有所本。

劉撰還有"1930 年河南大學文學院成立，段凌辰先生被聘爲教授,他爲國文系開講英美文學、中國文學史等課程”之說。這倒與牛庸懋先生後來轉行講授外國文學不無關聯呢!據段納介紹,其祖父、祖母英文水平相當好;牛庸懋先生抗戰期間轉學河大,深得段凌辰先生器重,收爲門人侍讀,與其英文水平高,喜歡翻譯外國詩,而且國學造詣深大有關係!

不過有些地方可能是雜糅了,如《薪火集》劉衛東所撰段凌辰先生對河大學生創作的春聯的揄揚之詞:

> 抗日戰爭爆發後,段凌辰教授始終隨河南大學輾轉播遷,堅持在流亡的艱難條件下爲國文系學生開課。在課外文學活動中,他支持青年詩人蘇金傘的抗戰文學創作,還經常到學生中指導詩歌創作。1942 年除夕前,有學生作對聯兩副:“三餐三思殊不易,五味五全更艱難。”“桃李爭艷盼勝利,風雨適時報新春。”段凌辰教授給予充分肯定,稱“這是河大學生自擬春聯中的佳對”,表達了在艱難中掙扎的廣大師生盼望抗戰早日勝利的急切心境。(第 374 頁)

但見諸《校史》另外章節又成了嵇文甫和蘇金傘的雜糅(嵇蘇二先生交誼有據可查,與段凌辰先生交誼尚待資料證實),史料的匱乏和昇華的限制也難免會有一些特異的穿鑿附會,所以我們在《走近段凌辰·還書圖詩篇》中就舍棄了這種很好的綫索,以免誤導讀者。

另據王志剛先生《寄懷凌辰,用昌黎答張徹韻即效其體》(見《儒效》第二卷第一期)的詩中注解,1935 年曾與段凌辰先生在濟南山東建設廳共事,此後段才兼職齊魯大學。而此前二人一同離開河大，王到海州中學任教，段赴南粵；隨後王又隨張鴻烈先生在河南教育廳、建設廳任職，而段一直未返。直到1935年纔於濟南相聚。至交好友所言當爲信言力證，而且其創辦刊物也不止在中州大學一地，先在西北大學創辦《晨鐘》，後在中山大學又創辦了《夏聲》，而在山東則辦有《進德》（任總編輯），其十分重視理論園地建設真可謂一以貫之！

杏壇師友共推重　群賢相憶寫像真

走近段凌辰，是我們近年逐步堅定的信念。以往疏於行文，總是覺得對傳主瞭解不深，加上自身才識淺薄、文筆簡陋，不足爲高雅之士寫真。況且勉力從事編輯工作，素知高人雅士皆深藏不露，那些生動的細節、真切的情愫都掩埋於歷史的灰塵，静心等待有心者的悉心梳理以妙手回春。不料，與段凌辰先生著述的逐步接近似乎在冥冥中驅散了我們無端的自卑，在認真細讀文本的基礎上，又多次與其家人暢談往事，更在崇敬的基礎上增加了幾分親近。

學術精深自有成　師友推重非等閒

仔細翻讀社内近年出版的相關史料，被歷史塵封已久的國學名師容貌漸漸在我們腦海清晰起來。最讓人過目不忘的還是國學大師黄侃在《中國文學概論》序中對門生的盛譽：

> 汲段凌辰有《中國文學概論》問世。予嘗謂中國哲學史最難爲，以其腹大如洞庭湖；文學史最難爲，以其尾大如揚子江。今段生之爲，其將揚颿鼓枻以泛此浩溔之津

耶？是未可知也。予雖無似，願爲水手焉，長年焉。送君者自崖而反，君自此遠矣。

己巳六月盛暑中，黄侃書。

〔見《〈中國文學概論〉(上卷)序》，瑞安集古齋書社 1929 年印行〕

悉心撿拾舊輯，就會發現大師所言不虚：

1930 年河南大學文學院成立，段凌辰先生被聘爲文学院教授，他爲國文系開講英美文學、中國文學史等課程。

1935 年 5 月，河南大學出版委員會正式成立，他和江紹原、楊震文、嵇文甫教授出任委員。受出版委員會主席江紹原教授委託，他擬定出《河南大學出版委員會出版簡則五條》："一、本大學師生之著作，經出版委員會審查合格後，得以本大學叢書名義出版；二、本大學叢書以大學教材及參考書爲限；三、本大學叢書由本大學與著名書局接洽出版；四、出版委員會接受叢書稿件至三種以上，並經審查合格後，即可開始出版；五、本簡則經出版委員會通過施行。""出版簡則五條"的及時制定，開創了河南大學出版學術著作、高校教材及教學參考書的先河，有力推動了教學科研工作的開展，是河南大學編輯出版史上的重要里程碑。

(見《薪火集》(上)，第 373～374 頁)

而段凌辰先生在此之前就率先出版的具有重大學術史意

義的"掇英樓文學叢書之一"《中國文學概論》(上卷 1929 年由瑞安集古齋書社印行,下卷 1933 年由北平著者書店發行),探驪得珠,胸有成竹,以西方流行文論視野對中國文學進行審視,不拘泥於理論窠臼,而充分展現中國文學獨有的魅力,自信而坦然,充分顯示了其深厚的學術修爲和博大視野。

難怪其好友武福鼐在《鏡湖散稿序》中評價說:

> 凌辰治選學,旁及音訓,戛然獨造,文筆斐然,有聞於時。其所著之刊行者,曰《和袁嗣宗詠懷詩》,曰《和沈休文詩》,曰《集句浣溪沙詞》。率能精麗纏綿,於古爲鄰。(見《儒效》第二卷第一期)

好友胡改庵先生在《段太公妻白太夫人墓誌銘》中曾這樣描述其好學:

> 當凌辰肄業汲縣中學時,休沐還家,向太夫人索鞋。晚餐既畢,太夫人語凌辰曰:汝可睡去。次晨即以新鞋一雙,置臥榻前。曰:著此鞋去,宜安心讀書。夫愛子之篤,行意之誠,赴事之勇,期望之深,其用心可謂良苦矣,凌辰由此感激,愈益勉强學問。豈獨蕭選班書,強半成誦。即工部玉谿之詩,亦八九能舉其詞。朋友講習,徒驚其記憶力強,太公所謂尤肖其母者。不知無論天才何若,非加以人力不爲功。凌辰之所以致業成親,亦由熟讀精思,攻苦不懈,實太夫人啓之也。(見《儒效》第二卷第八九期合刊)

而其尊師重教的良師風範更在弟子間廣爲流傳:

先生重師教，國學大師黄侃（季剛）爲其老師，每言及黄之見解時，從不直呼其名，必肅然稱之曰“先師季剛先生”。（劉家驥《抗戰時期的河南大學》，見陳寧寧編《河南大學憶往》，河南大學出版社2002年版，第315頁）

據段凌辰先生後人介紹，家中還存有段凌辰先生回憶門師黄侃先生的若干文字，題爲《永録》，可惜不知發表之處，無從查考。不过，由此世人將對民國時期的國學名宿有更爲真切的瞭解了！

講筵不輟存風骨　學子相憶印象深

段凌辰教授的古典文學，舊詩詞根底很深，尤精於《文心雕龍》的研究。我從其學“文選”及“習作”——類似今之大一國文，不過他所選講的是古文，要求學生寫的是文言文。他之講課又是另一風采：端坐於課桌之後，以抑揚有致的聲調一邊誦讀所選文章，一邊講評其藴涵或用詞之妙，常要言不煩，重在傳神，有時甚至衹是一箇“好”字，於吟哦之中，學者似有許多領悟。先生貌亦清癯，年不過五十，頗有古代儒者之風。除一般學生外，還有常侍立於左右、在家中得其更多指導的得意弟子，今河大的牛庸懋、宋景昌兩教授即屬之。（同上）

劉家驥，河南大學抗戰期間的高才生，始終把段凌辰先生視爲導師，一心想拜在門下學習詩詞創作，入校後先由宋景昌先生（高年級學長）進行指導，數年後才得到牛庸懋先生親傳，由於段凌辰先生突然病故，劉家驥終生引爲憾事：未能成爲恪紹箕裘的入室弟子，詩歌水平未能達到更高造詣。

著名學者，當時學子欒星在《潭頭舊事》中还有更細微的回憶：

> 凌辰先生(1900～1947)，亦豫北汲縣人。在武昌高師就學於黄侃。熟於漢魏六朝詩文，專攻《文選》及《文心雕龍》。時爲文史系講授我國中古前期文學的臺柱。他的體貌亦清癯，然授課聲音洪亮，抑揚頓挫自如，極富感染力。這裏我願談一下記憶中刻划最深的兩件事。
>
> 一件事是，他學識淵博，古天文推步之學亦爲其素習。他每次開《專著選學(二)》課時，《史記》的《曆書》、《天官書》是必講的。人儘知這是門冷學問，鮮有問津者；但他認爲這是學文史者必須具備的基礎知識之一，不然對"定之方中"(《詩·鄘風》)、"七月流火"(《詩·豳風》)等這些簡單的天體現象就不易理解。我就是受他的開導才努力學習了古天文與曆法的。他講《天官書》時，白天在課堂講授，夜晚還歡迎你約見他，對照清空驗證。且四季星空不同，必須一年才能驗證一遍。此苦心孤詣的教學精神，可見一斑。(見韓愛萍編《河南大學作家群》，河南大學出版社 2002 年版，第 197 頁，下同)

從段家所藏《儒效》雜誌二卷收録的主編楊耀遠先生的論文以及段凌辰先生的有關論文目録看，足可證明上述研究的確是其學術研究强項。

二是，凌辰先生表面看來是一位專心致志於學問而不大問政治的人。實則他對當時諸多矛盾與衝突交織在一起的國是與人心向背，自有其睿智的觀察。一次，他在講完《曆書》之後餘有不足半小時的課時，他不擬隨即開講《天官書》，就讓大家把書頁翻到《六國年表》的序文那裏。他高聲朗讀並着重講解了這麼一段："或曰：'東方物所始生，西方物之成孰（熟之古字）。'夫作事者必於東南，收功實者常於西北。故禹興於西羌，湯起於亳（據《集解》引徐廣説，此謂京兆杜亳。引文着重點為引用者加——欒注），周之王也以豐鎬伐殷，秦之帝用雍州興，漢之興自蜀漢。"其朗讀與講解飽含着縱論天下大事的氣概與激情，令聽講者也不禁怦怦心跳。這果真是在講解兩千年前的歷史陳賬嗎？不是的。全課堂的人都聽得出，這是在日本侵略軍與國民黨右派合奏的反共樂章正一波高過一波時，他對正在進行苦鬥的中國共產黨人寄予的莫大敬重之情與厚望。因而當先生闔了《史記》邁出課堂時，學子們竟不禁鼓起掌來。自然也有心懷敵意的。在午間回宿舍的路上，我就聽到有人説："今天段凌辰真乖巧，竟當起算命先生來，表演了一出'十八孩兒兑上坐'的把戲。"爲了先生的安全，我不能不把這話於當晚告訴了他。先生聽了我的話，忙緊緊握了我的手，一笑置之。惜先生辭世太早，未及見延安的秧歌扭遍整個中國大陸。

段凌辰先生早年的學生于安瀾此時正在故鄉滑縣中學教書避難，在他晚年《自傳》中也有相關回憶：

我在1928年春季燈節後來汴續學，到校一瞭解，中文系只有段凌辰一位先生，開不出課，校長凌冰教學生背《文心雕龍》。……到秋季開學……這時教師來了個劉盼遂講文字考據，段凌辰、王志剛任詩詞……哪知一年以後，劉盼遂去北平清華了，段凌辰去廣州中山大學了，連不景氣的局面也没有了。（見《于安瀾先生紀念集》，河南大學出版社2009年版，第3頁）

參之以上資料，並細讀《中國文學概論》，則對於段凌辰先生熟諳中國古典文學典籍，見解深刻，著述頗豐，授課認真，精於學術講座與輔導，積極開展學術園地建設有了更深的領會。《中國文學概論》不僅大量引用了歷代先賢的精闢論述，《文心雕龍》更是佔據顯要位置，對於學衡派觀點的引用也十分引人注意，從中可以窺見先生的治學方向和自信心態淵源有自！再參考以當年出版的教材《八代文論史（上）》，更能體悟段凌辰先生對學術理論創新的不懈追求。

學術創作開新境　教學相長是典型

在辛勤筆耕、執教不輟之餘，段凌辰先生還積極倡導文學創作，使歷代學子受益良多。

如前所述，段凌辰先生對於任教學校的學社創辦深感興趣，早在西北大學執教期間就全力支持創辦了《晨鐘》學社，在河南中州大學除了創辦《孤興》之外，還經常參與《勵學》、《文藝》和其他學社刊物的指導，樂此不疲；在廣東中山大學又發起創辦了《夏聲》，還題寫了創刊詞（古詩），王志剛先生還進行了唱和；即使在山東濟南任職時，還參與了《進德》創辦。

這就不難理解在抗戰最艱難之際，他同樣對於文學青年的創作結社予以支持了。姚惜鳴(又名姚金鑒)在《難忘潭頭歲月》中提到：

> 河大的中原青年文藝筆會,是個不分院系、不分性別的團結該校愛好文藝的進步學生的組織。
>
> 中原青年文藝筆會的組織工作……到 1940 年 11 月間由姚金鑒、陳方坤、梁建堂、李炎、張傳芳等又再次醞釀……曾給學校寫了個備案的呈文……到 12 月 25 日(學校快放寒假時)……得到消息是校長批準成立了。到 1941 年元月間又在古城宿舍進行醞釀,但得到的是秘書杜新吾的警告(2 月 8 日)……接着就是文學院長嵇文甫被迫辭職。我纔改變計劃去找我的同鄉段凌辰教授作保,準備召開成立會(計劃是在"三八國際婦女節"開成立大會),但學校堅決不給"開會证",非等到 9 日不許開會。(見《河南大學憶往》,河南大學出版社 2002 年版,第 235 頁)

由此我們則不難理解才華橫溢、卓然不群、博學多識、激情無限的入室弟子宋景昌先生的感懷之心了,名師垂範,親聆教誨,自然受益良多：

> 我在一年級時,就在同學"讀書會"創辦的《文史週刊》(壁報)上發表《讀史小雜感》……我入二年級時,接辦《文史週刊》,更是揮筆不輟：寫了二十多篇抒情散文,寫了《所謂"慈動"》的短篇小說,寫了《論所謂"謗書"——史記》的學術論文,而寫得最多的則是古文、舊體詩詞。《送牛君庸懋東歸序》和《三人詩草序》,因受到段凌辰教授的

褒獎和鼓勵（給了一百分），迄今我還能一字不錯地背誦下來。歌行體《楊氏女》長詩，被收入河大出版的《學術叢刊》裏。而《全國皆兵論》在全國大學生論文比賽中，榮獲全國第一名（河大獲錦旗，我獲獎狀、獎章、獎金）。（見《宋景昌詩文集·文章雜綴·回憶在潭頭的日子》，河南大學出版社2005年版，第486～487頁）

據段凌辰先生自述（四月五日致宏先書）：

僕前本欲赴南都講演，而協和覺生諸公，猝欲以高等顧問相推轂，心有未安，已屬印泉婉辭。亦會鼻菌作衄，不能成行。前月杪，丁君鼎丞又來致中央問疾之意，且以醫藥費見惠。此既都下故人之情，有異官禄，故亦不復强辭。然無功受貺，終有未安。因去臘已在此間發起講習會，即以此款移用，庶幾人已兩適耳。（《題宏先校長所藏餘杭章先生手墨二十韻》，見《儒效》第二卷二三期合刊）

印泉者，李秋川也。據蔣恢吾《梧蔭樓詩話》（《儒效月刊》第一卷第六七期合刊）記載：

大梁李秋川明經印泉，衡門詩社舊侶也。詩才清逸，一洗塵氛，七言長句，最擅勝場。

此時，李秋川（印泉）與靳志（仲云）先生隨國民黨南京政府一並遷移重慶。

據有關資料顯示，河南大學是在抗戰期間播遷流轉的艱苦環境下堅持辦學，奮力支撑，由省立大學改爲國立大學的一箇孤例。宋景昌先生的學術成就（保送就讀西南聯大）就是一箇例子，而他的成績也將河南大學的教學實績予以展現，名師出高徒，戛戛獨造誨人不倦授業解惑潛心攻研執筆不輟者，豈獨段凌辰先生一人而已？然而在衆望所歸、教學不停、啓迪門生、匡助學子上，他無疑是一個極爲典型的代表，一個傑出的學術帶頭人！

從當年《儒效》雜誌所收的段凌辰先生有關詩文來看，他在抗戰初期並不想留在河大，是經校長王廣慶全力慰留，方才堅定心志。這説明段凌辰先生爲人處世極有原則，自視甚高，耿介之風躍然紙上，充分體現了一代名師錚錚傲骨不願屈就的做派，也大有“士爲知己者死”的慨然允諾後的感奮。高風亮節使人敬仰，今日回想，仍爲母校歆幸不已。

以至於早已年逾古稀的宋景昌先生參加嵩縣潭頭原七七中學恢復校名的典禮後仍然激情不減，又即興作詩：

> 風雨師生同一堂，四年艱苦不尋常：幾間破廟充黌宇，半盞油燈點夜光。縱令烽火連歲起，依然桃李滿園香。今逢盛世呈新貌，更爲中華育棟樑。（同上，第488頁）

信哉斯言，其中所藴涵的深情，久逝塵寰的門師聞之必當笑慰。

倭騎千群忽南侵　萬卷悉逐烟塵失

1937年抗戰爆發，河南大學被迫遷移，流轉播遷，却授業未輟，歌吟不絶。這是河南大學建校以來最爲艱苦卓絶的八年，也是全校師生齊心協力奮勉不息的八年。作爲一代名師的段凌辰上有年邁父母，下有嬌弱孺子，却毅然攜老扶幼，隨校遷移，舍家報國，共紓國難。不幸，老母病逝潭頭。

對此，其好友胡改庵先生在《段太公妻白太夫人墓誌銘》中予以真切記録：

> 凌辰河南大學文學院教授，倭寇之亂，奉太公曁太夫人，隨從大學，一再播遷以至潭頭。五載之中，講筵不輟，未嘗一日遠膝下也。其後寇師熸海上，寇勢寖頹。方傳納款乞降，而迺西進不已。三十三年五月，陸渾不守，明年三月，丹淅震擾。凌辰泣辭攢宫，奉太公一遷荆紫關，再遷寶鷄。連年奄忽逃禍，梯山涉水，勞頓風塵。甫得安居，即登講座。故每遇歲時伏臘，莫不東望潭頭，揮泪遥拜。未嘗一日忘歸太夫人之喪也。余自東夷犯順，避地河洛，久滯周南，太夫人卒之前一年，始誦説於大學文學院。獲與凌辰訂交，拜太公太夫人於堂下。凌辰年逾四十，侍於親側，聲音容色，若孺子然。竊嘆其家教爲不可及也。（見《儒效》第二卷第八九期合刊）

喪母之痛，銘記肺腑；亡書之恨，念之斷腸。正如後來牛庸懋先生詩中所一再感嘆的那樣：

> 汴州城頭烽火急。中原文物付劫灰……（見未刊本《題還書圖歌》）

其實，牛庸懋先生就讀於河大期間，在潭頭逃難之時也曾遭到失書之慟，並有一首題詩爲证：

曾此荒齋久作家，青燈翰墨用生涯。詩書有味消清夏，日月無情增歲華。劫後空樑惟見燕，亂餘老樹又開花。重來不盡滄桑感，檢點蟫編淚似麻。

（《甲申七月二日，奉令赴潭頭搶運圖書，十日到潭，過舊日宿舍，見房門不扃，衣物盪然，惟書史二篋尚在，然亦殘缺不全，不禁愴然涕下，作七律一首，書其壁》，見《儒效》第二卷六七期合刊）

對此，宋景昌先生也有極深的感慨：

掇英樓主段夫子，博殫百家並經史。文起齊梁謝縟華，詩宗魏晉饒風旨。其於選學尤精闢，舉世罕能與倫比。若將前修喻先生，汴鄭之間復有李。小子何興坐春風，三載潭頭侍硯几。信是德業巍若山，更標孤懷湛如水。伊昔絳帳設大梁，元刻宋槧秘收藏。一自東夷來胡馬，萬卷悉隨秦火亡。就中《蕭選》尤宜惜，乃經先生手點批。未知尚存人間否，每憶斯卷輒太息。（見《題還書圖歌》，《宋景昌詩文集·詩詞雜綴》，河南大學出版社 2005 年版）

同門好友，河大同仁唐河籍蔣静湖教授更對其嗜書如癖百般搜求名貴圖書的行爲留下極深印象：

吾聞聚書興，鬻則譏不孝。亡書如遺劍，還書存古道。凌辰吾畏友，堪稱益三樂。下筆葉鳴鸞，摛藻奮文豹。論學十倍我，一齡於我少。誼則忝同門，先我聞道妙。𦺐餘盡購書，值更非所較。辛勤頻歲年，乃能集其要。掇英樓中藏，軸簽何燿燿。滿屋盡琳琅，映眼若庭燎。俯仰一室間，百城可寄傲。其中有《蕭選》，夙爲樓主好。夾注雜批點，昕夕苦吟嘯。原期常共保，散失非逆料。不謂遷流中，竟作亡書弔。客臘返汴京，輒爲亡書懊。我藏亦散盡，乃相視而笑。乞鄰而與之，暫假佑參校。（見未刊本《題還書圖歌》）

對此，段凌辰先生也有詩文記之：

自東夷内侵，青雲由魯回豫。避寇於内鄉鎮平間，復隨國立河南大學寄居於嵩縣之潭頭。大人亦於前年秋，攜先慈自廣武來嵩。荒谷流寓，衣食維艱。其他細事，弗遑顧及。不意先慈遽於去歲時憲曆九月初六日棄養。

（《汲西官莊段氏族譜序》，見《儒效》第二卷第四期）

傷心文字讀之愴然，赤子之情浮現筆端，悲憤之意不可遮掩……傷心襟抱，每對人言，血泪聲討，怒火熾燃：

邇來二三載，蝦虜恣猖虐。汴州遘兵戈，舊藏遂見掠（余所有書及諸名賢手稿均藏開封陳允青宅内。日軍陷汴，散失殆盡）。空山對國寶，微言重咀嚼。數簡堪彌珍，孤懷愴所託。（《題宏先校長所藏餘杭章先生手墨二十韻》，見《儒效》第二卷二三期合刊）

杏壇執教留心聲　學子相憶倍關情

國讎家恨繫於一身，漂泊遷移居無定所，失書喪母情何以堪？即使這樣，段凌辰先生也始終堅持設帳，講筵不輟，辛勤筆耕，不敢稍懈：

> 邇來講學仍自竭力，非曰好爲迂闊，自靖自獻，舍此莫由。吾輩本無權藉，幸勿以陸秀夫見誚也。(《題宏先校長所藏餘杭章先生手墨二十韻》，同上)
>
> 靡靡傷往迹，冉冉感頹齡。逝水無時舍，義轡弗暫停。四國分解瓦，一身颭飄萍。瘡痍恨難復，艱險嗟屢經。中宵震鼙鼓，白日聞雷霆。濫炎紅照室，妖氛黑繞欞。是年木在戌，維時門殷丁。厭勝竟無術，禳社空拊瓴(敵機襲內鄉，余幾遇險)。避地曷容緩，違禍不遑寧。驅車月皓皓，越野風泠泠。過都多灰燼，歷塊惟血腥。山行途阻棘，水涉舟滯汀。生涯困寥落，窮路嘆渺冥(新唐之役，余隨河南大學遷嵩縣潭頭)。長念時轉泰，更得鯤化溟。舊業幸未廢，文思不曾扃。(《租昌黎答張徹原韻即效其題酬志剛》，見《儒效》第二卷二三期合刊)

真是一幅流離逃難又毅然獨立不願屈服的高人雅士寫真圖呀，今天有幸讀到這樣的記述，無疑就是一種真切的歷史再現了。而段凌辰先生由此也與河南大學的發展緊密結爲一體，成爲不可分割的歷史遺存了。同仁由衷欽佩其治學精邃，學養豐厚，才華卓然……弟子門人則以得到恩師青睞爲榮，一言之褒如登榮袞。

其弟子,後同爲河大同仁的杞縣楊子固教授有詩記之:

賢者爲誰歟?段公稱碩儒。妙得《文選》理,作賦擬子虛。皋比居上庠,桃李色敷腴。兩河延盛譽,還擁百城居。環壁盡寶典,皇皇若石渠。縹簽分四部,芸香防蠹魚。名貴非所願,朱紫非所須。所須惟此書,終身作歡娛。孰知遭蕩析,片紙竟無餘。公惟國族傷,慷慨悲淪胥。惻惻仁者懷,安爲此嗟吁。楚弓與楚人,得失任所如。(見未刊本《題還書圖歌》,下同)

段凌辰先生早年的學生于安瀾此時早已完成了名動學林的《詩學總論》、《漢魏六朝韻譜》,並在着手印行《畫論叢刊》之時,也因戰火劫難未能付梓刊刻。他對於業師的失書之痛心感身受,對於恩師提攜,力邀自己擔任河大教習之事銘刻在心,故對恩師失書之憂、喪母之慟痛心疾首,溢於言表,此後有詩言之:

擷英樓主謫仙流,廿年文采動中州。詞艷江郎五色管,氣壓元龍百尺樓。博覽百家破萬卷,就中《選學》世無儔。搜羅秘笈實鄴架,坐擁書城笑封侯。東寇如狼忽南下,人士紛紛避胡馬。扶攜老弱行路難,充棟縹緗竟棄舍。虜騎縱横烟塵生,文物飄零不勝情。宋槧元刻覆醬瓿,唐寫晉鈔泥窗櫺。(同上)

對此情景,國學名師段凌辰先生豈能無動於衷。故在此後的詩中這樣描寫：

坐念八年中，豺狼滿華域。流播無啓處，生涯百憂逼。性命難自料，短計惟衣食。區區一書耳，何有得與失？（同上）

真是仁者之語，曠達如是，非聖賢莫及！於是我們就不難理解，當日本投降的消息傳來，河南大學師生在寶鷄石羊廟舉行的慶祝大會上，段凌辰先生作專題報告時，喜泪縱横，即席引杜甫《聞官軍收河南河北》一詩，抑揚頓挫放聲吟詠，會場上爆發起熱烈掌聲，深切表達了師生對先生愛國愛校崇高品質的由衷敬意。抑鬱心胸的國讎家恨也隨着這高聲吟誦再次得到宣泄：他是在借此宣告抗戰的艱苦卓絶，勝利的來之不易；他是在提醒人們必須要富國强兵，以免重新淪爲亡國奴的悲慘歲月。

時至今日，我們耳邊似乎也有那種古樸的吟誦隱約飄來……

千秋佳話助茶餘　不忘勝舉滑州于

1947年夏季，一代名师段凌辰教授因病去世！

限於資料短缺，對此祭事的記載尚未見到，但是留給于安瀾先生的却是一種更加堅實不懈的努力與追求。

三年後，于安瀾找到恩師段凌辰摯友胡朝宗先生，拿出當年爲紀念先師藝林盛事的衆多詩稾，懇請這位通儒撰寫新詞，以誌紀念。胡朝宗先生聞言動容，即席潑墨，於是一幅酣暢淋漓的書法佳作和絶妙好詞留給了世人：

浣溪紗·題還書圖歌並跋

陌路還書叔季無，更難畫伯寫成圖，群賢題詠畫璠璵。從此藝林添故事，千秋佳話助茶餘，不忘勝舉滑州于。

安瀾先生屬書數字，適有北京之行，倚裝口占浣溪紗，草草報命。上注凌辰之亡整三年矣，思之泫然。

五十年六月六日夏際節，黄陂胡朝宗識於開封水車胡衕寄廬。（見未刊本《還書圖歌》）

胡朝宗，字改庵，1912～1914年任職於湖北外交司（後改特派交涉員公署），後由黎元洪接受辭呈。抗戰時期任教河南大學文學院，講授《中國詩史》及《歷代詩選》，與段凌辰先生結爲生死之交，並受其重託，精心撰寫了《段太公妻白太夫人墓誌銘》（見前引），情真意切，文意高邁，有催人欷歔感慨之功。此時又值摯友亡故整三年，門生故舊仍不忘紀念。雖然是參禪問佛、清心已久的世外高人，也不免悚然動容，發爲驪歌。是的，如此賢達通儒英年早逝，留下的孤兒寡母，不免年邁父親白髮人送黑髮人，此情此景，鐵石心腸也會慟哭失聲。

胡朝宗先生靈動飛舞的章草如飛龍、賽疾鳥，筆到意到，氣韻生動，筆墨酣暢，真是一幅名詞名書雙絶之作呀。拙笨無知如我覩之目瞪口呆，噤口不言。幸得著名書家、我社資深編審袁喜生先生即席口誦，並隨手書寫，方得成篇奉獻讀者（直到此時，我仍覺汗顔不已）！

值得指出的是：通觀《還書圖詩》中的筆迹，除了許鈞、许敬参父子，熊緒端，胡朝宗是以其獨到筆意戛戛獨造之外，其餘詩作都由于安瀾先生精心工楷謄寫,以此作爲對先師在天之靈的最好報答,對其家人的最好寬慰。

段凌辰先生有幸,開山弟子終生報答師恩的嘉言懿行還在其後。

于安瀾先生在此後的幾十年裏,辛勤著述,默默耕耘,舊編《畫論叢刊》由北京美術出版社重印,新輯《畫史叢書》由上海美術出版社付印,《畫品叢書》輯録完畢,却因"十年浩劫"而廢,延至1982年方由上海美術出版社付印。《古書文字易解》由河南大學出版社1992年出版,《詩學輯要》由四川人民出版社1992年出版。《畫論叢刊》、《畫史叢書》、《畫品叢書》2009年由河南大學出版社重新排版予以重出,爲中國美術史界留下了寶貴財富,也成爲河南大學出版社的鎮社之寶。林林總總,全由一人之力而竟其功,真不愧是聲冠天下的學人名宿。

> 爲了弘揚優秀民族文化,紀念先哲和我省的歷史文化名人,擴大我省的影響,他在晚年曾多次向河南省有關領導和部門寫信,呼吁爲河南省有重大歷史影響的先哲和文化、藝術名人舉行紀念活動,發掘和利用河南省的歷史文化資源。……近十幾年來,我省先後建立了許慎紀念館、吴道子紀念館、花木蘭紀念館等。每一處紀念館落成,他都應邀前去參加揭幕儀式,并親自爲紀念館題寫匾額、碑文,如許慎紀念館、吴道子故居的碑文,重修開封包公祠的碑文都是他撰寫的。
>
> 他看到(禹州)當地條件落後,由政府出資修建吴道子故居紀念館困難很大,就給好友魏紫熙、李劍晨、劉凌蒼、郭紹綱等衆多的書界泰斗寫信,請他們捐資、捐畫,支

持畫聖吴道子故居紀念館的籌建。

迄今,他雖然長眠地下,但弘揚民族優秀文化的心願已了,南陽的醫聖張仲景紀念館、張衡紀念館均已落成。

(劉仲敏《深切緬懷外祖父于安瀾先生》,同前注)

更難能可貴的是,于安瀾先生仍然一往情深地罣念着恩師的家人,幾十年來,未有絲毫改變！於是,才有了段氏家人辛勤搜覓先賢遺著,百里奔波來社商議出書的故事。

一封短箋寄深情　段選家學現應城

1983年,于安瀾先生向段凌辰先生的長子,時任平頂山師專中文系主任的段佩簡教授發出一封深情無限的信函,今日捧讀,仍覺熾熱燙手:

佩簡師弟:

蘊智、黎陽來校得悉近日身違和,不克出(去)奉評卷,希注意醫治,平復身體。

由於談到你,很自然的聯想到先生。念他一生辛勤學術,沉心鑽研,寫不了(少)的精煉文章,曾登載在各刊物學報中。更皇(遑)在抗戰八年中,人口多,負擔重,喫不少的苦,僅看到解放勝利就逝世了,享年四十八歲,不到下壽。

前些年(轉眼六禾年了)我看到國家領導關懷舊學,有些舊書得到重印,還有些雜誌也登載些古典方面的文章。我曾給佩蘅去信,提出你父親的遺著如《漢書》筆記、

《文選》筆記等能匯集起來，幸舊人多在學校，如景昌、庸懋等，大家分任校勘，把它搞一箇集子，以便流傳，實爲門生所應作。

近來看到各縣修地方志，又有專業志。……因想到你爸在大學任教廿餘年，又是著名的古典作家，也教出不少學生，本省教育志中應有其地位。我希望你若回鄭州去，可和你母親、小兒科家大夫（佩蘭）和佩蘅談談，都各自回憶他的事跡言行和治學的語言……（將）生卒年月寫篇事略寄來，由庸懋、景昌都加以潤色，當比他們才畢業的要全面些。

和蘊智、黎陽談過去先生病故時，你大概不到十歲，轉眼已卅六年矣，益感歲光如流，待作之事多所未辦，亟應乘此夕陽餘暉，督促朋友共勉之。

此問

痊安，並闔第清吉

安瀾手書　七月十九日下午

2009年，段氏家人就是帶着這封信來到河南大學出版社，攜帶着家藏多年的珍寶《還書圖歌詩》長卷和百般收集整理到的《中國文學概論》，商議出書事宜的。

2010年，《中國文學概論》電子版由段凌辰先生的文孫段納副教授精心整理出來，手稿《西洲剩稿》、《碎金小稿》仍存世間亟待整理，還有一些文稿也待重新發現。

作爲他的兒孫，段佩簡先生率領家人新勤搜覓數十年（1980年代至今），使得段凌辰先生的遺作以較爲完整的面貌將重現世間（學術著作《中國文學概論》、《〈漢書〉筆記》、《〈文選〉筆記》及相關論文,詩集《和詠懷詩》、《和沈休文樂府詩》、《撏撦集》,手定稿《西洲剩稿》、《碎金小稿》、《藏篋小稿》等,發表在《儒效》雜誌的相關詩文,乃至我們新近見到的河南大學圖書館民國期刊部所藏的《八代文論史(上)》、《中國文學概論(下)》、《中國文學概論資料選編第二册》,還有發表在《晨鐘》、《勵學》、《夏聲》、《進德》等刊物上的文章也都在集腋成裘),可謂最好的紀念。這一切都令我們在慶幸之餘,倍感欣慰。正是:

維護文化多艱辛,辛勤搜覓賴兒孫;克紹箕裘當有日,段公泉下亦歡欣。

可以想見,隨着段凌辰先生遺著的重新面世,與之相關的學術審視也即將開始。

衷心祝願年輕的段納女士能在精心編校先祖遺著的同時,發奮於學,克紹箕裘,成爲出色的女學人!

感謝衆多前輩學人寫下的精美回憶,使我們如魚得水,藉以成文!

感謝段凌辰先生家人提供的珍貴資料,使我們以粗通文墨的資格走近一代國學名師,並希望先賢在天之靈原宥晚學的淺陋與無知。

見習記者:謝廓　特約撰稿:默茗

2011 年 2 月 25 日晚定稿於開封武夷路默茗書齋

序

汲段凌辰有《中國文學概論》問世。予嘗謂中國哲學史最難爲，以其腹大如洞庭湖；文學史最難爲，以其尾大如揚子江。今段生之爲，其將揚颿鼓柁以泛此浩渼之津耶？是未可知也。予雖無似，願爲水手焉，長年焉。送君者自崖而反，君自此遠矣。

己巳六月盛暑中，黃侃書

自　序

昔明人論文,有"索子散錢"之妙喻;今借以譬中國文論,亦得相通。自近十數年來,國內衡文之士,每好掇拾異土餘論,矜爲新獲;而淺見者流,不讀先民故籍,遂謂中國無文學批評可言。然吾嘗檢彼輩之論,其不爲先民所已發者,十者之中,無一二焉。尋前哲論文之語,多散見羣書,無系統組織;其著爲專書者,亦不屑於章節款目之繁碎。故例以明人之喻,亦適如一屋散錢,所欠者索子而已。

甲子乙丑以來,承乏中州大學,授《中國文學概論》。苦坊間無善本,輒披簡先哲故言,纂成是编。勦襲補綴,自知無當;惟以索子貫散錢,或略有整齊之功。大雅君子有以教之,則幸甚矣。

中華民國十八年四月十七日,
汲縣段凌辰識於河南中山大学

目　錄

中國文學概論

中國文學概論

該書係段凌辰先生早年執教河南中州大學時期精心撰寫的學術專著,作爲“掇英樓文學叢書之一”付梓。上册於 1929 年由瑞安集古齋書社印行(現藏於北京清華大學圖書館);下册於 1933 年由北平著者書店發行(現藏於北京師範大學圖書館)。

因段凌辰先生 1947 年 7 月 26 日英年早逝,家中所藏書籍已盪然無存。今由其文孫段納女士百般輯求,輯爲完璧,以飨讀者。

第一篇　文學之定義

中國人之於學術，向乏系統觀念。高才碩學之士，語其造詣，未嘗無獨到之處；然若詢以某學之定義，則能答者殊鮮。是固不獨文學爲然也。許慎《說文解字》第三下“史部”云：

史，記事者也。

此有似史學定義矣。然若細審之，無論所記何事，均得名之爲史乎？是不問而知其陋也。惟文學亦然。

《易經·繫辭下》曰：

物相雜，故曰文。

此謂物之彩色相雜，非謂文學也。《周禮·冬官考工記》曰：

青與赤謂之文，赤與白謂之章，白與黑謂之黼，黑與青謂之黻，五彩備謂之繡。

此則“文”、“章”與“黼”、“黻”、“繡”連言，與“物雜”之義相類，亦謂采色也。《說文解字》第九上“文部”云：

文，錯畫也，像交文。

此亦沿“物雜”、“青赤”之義而來，明“文”字之本義；若舉以釋文學，斯大謬矣。或又謂“文章”當作“彣彰”，兩義有別，作“文章”者誤也。《說文解字》第九上“彣部”云：

彣，䛐也。

段玉裁《說文解字注》曰：

有部（《說文解字》第七上）曰：“䛐，有彣彰也。”是則有彣彰謂之彣，彣與文義別。凡言“文章”，皆當作“彣彰”，作“文章”者省也。文訓逪畫，與彣義別。

《說文解字》第九上“彡部”彰字下云：

彰，彣彰也。

段玉裁又注曰：

彣，各本作文，今正〇文，逪畫也，与彣義別，古人作

“彣彰”。今人作“文章”，非古也。

懋堂之意，蓋謂“彣”含華美之義，文不過遣畫而已。故力辨“彣”、“文”之別。然“文”訓“物相雜”，訓“青與赤”，訓“遣畫”，何嘗無華美之義乎？果如懋堂所論，則劉熙《釋名》卷第四《釋言語》第十二有曰：

文者，會集衆綵以成錦繡，會集衆字以成辭義，如文繡然也。

此釋“文”字，兼“色彩”“文辭”而爲言，懋堂將何以爲辭乎？蓋彩繡之美，乃“文”本義；屬辭美同彩繡，故亦名“文”。稱“文”已足，“彣”則孳乳之辭。若拘拘於“文”字形體之間，小學家之多事也。故居今日而言文學之定義，當求之於文學本體，不宜於訓詁考據上求之；苟求之於訓詁考據，則非至於穿鑿不止也。

然則吾國之文學定義，究如何乎？曰：國人於學術乏系統觀念，前已言之矣。檢中國歷代論文之書頗不爲少；如求一適當之文學定義，則殊不易得。劉勰《文心雕龍》一書，論文之專籍也。其精到之處，卓絕千古；然徧覽全書，求數語足爲文學之定義而無愧色者，則終不獲見。以舍人之才之學之識，著論文專書；猶尚如此，餘籍蓋可知矣。今舉歷代文人論文之語，有似文學定義者，略評品之，使學者見其一斑焉。

蕭統《文選序》曰：

事出於沈思，義歸乎翰藻。

“事出沈思”,謂精心結撰,非可率爾操觚也。“義歸翰藻”,所謂“綜緝辭采,錯比文華”也(亦《文選序》中語)。此則重視修辭,忽乎文學内藴矣。梁元帝《金樓子立言篇》曰:

吟詠風謠,流連哀思者,謂之文。

此言較昭明爲善。然吟詠風謠,謂韻文也;文體固不盡於有韻,故失之太狹矣。唐宋以來,文士多有所蔽,其言不爲典要;容俟次篇論之,茲不多贅。遞於有清,阮元復祖述昭明之說,明示文學之定義。其《書梁昭明太子文選序後》(《揅經室三集》卷二)曰:

沈思翰藻,始名之爲文。

詳阮氏力崇孔子《文言》,以爲千古文章之正統。其言曰:

孔子《文言》,實爲萬世文章之祖。此篇奇偶相生,音韻相和。如青白之成文,如咸韶之合節。非清言質說者比也,非振筆縱書者比也,非結屈澀語者比也。是故昭明以爲經也史也子也,非可專名之爲文也;專名爲文,必沈思翰藻而後可也。自齊梁而後,溺於聲律,彦和《雕龍》,漸開四六之體。至唐而四六更卑。然文體不可謂之不卑,而文統不可謂之不正。…… 如必以比偶非文之古者而卑之,則孔子自名其言曰文者,一篇之中,偶句凡四十有八,韻語凡三十有五,豈可以非文之正體而卑之乎?(《書

梁昭明太子文選序後》)

阮氏又有《文言說與友人論古文書》(並見《揅經室三集》卷二)亦推闡此說。又著《文韻說》(《揅經室續集》卷二),明駢儷亦爲韻文,持論甚精。其以孔子爲護符,固甚無理;以偶語韻語爲文,專重修辭,其失亦與西儒赫胥黎 Huxley 相同。赫氏之言曰:

> 文學即美麗之文字。

文字美麗,固爲文學要件;而文學之價值,不僅存於文字之間。其說之非,不問可知,然阮氏生于古文昌盛之期,敢擯之於文學之外,不惟不許其爲古文,且不名之爲文(詳見《與友人論古文書》)。亦可謂豪傑之士矣。洎乎近世,章太炎先生又立異說。《國故論衡》中《文學總略》曰:

> 文學者,以有文字箸於竹帛,故謂之文;論其法式,謂之文學。

章氏之所謂"文",即吾人之所謂"文學";其所謂"文學",乃論文學之學,學者不可不知也。依章氏所論,則學校之點名簿,商店之流水賬,皆文字著於竹帛者,皆能名之爲文學乎?其失與西儒安諾德 Mathew Arnold 相似。安氏之言曰:

> 文學者,甚大之名詞也。凡著於竹帛之文字,皆在其中。如游克立德之《幾何原本》Euclids' Elements,牛頓

之《學理之原》Newton's Principia 皆文學也。

此說與章氏均病過寬。蓋章氏爲小學家，止拘於"文"字之訓詁，未見文學之本體也。吾師黄季剛先生《文心雕龍·原道篇札記·論文辭封略》曰：

> 文辭之事，章采爲要，盡去既不可法，太過亦足招譏。必也酌文質之宜而不偏，盡奇偶之變而不滯。復古以定則，裕學以立言。文章之宗，其在此乎。

先生明文質之用，平駢散之爭，其識甚高。惟模仿爲初學之事，必"復古以定則"，則文體將永無變化；其失與今日力主創造者相均。無學固不足以爲文學家，然立言不專爲文學家之能事；蓋文有別材，不盡關於學識也。故"裕學立言"之說，亦有微疵。《胡適文存》卷一《什麼是文學——答錢玄同》曰：

> 文學有三箇要件：第一要明白清楚，第二要有力能動人，第三要美。

胡氏之言，驟觀之似當無病，實則不然。夫文學者，藝術也。藝術以美爲原則，其曰"要美"，吾誠不能反其所論；然美不空存，因物而見；舍物而言美，則所謂美者，失其資藉，亦虚無縹緲之論矣。胡氏之意，以爲美即"明白清楚"也。苟如是，則二者可並而爲一，何必析而爲二？胡氏以爲"動人之力"，即美之力也。如此，則二者又可並而爲一，更不必析而爲二。故胡氏之文學第三要件，不能成立也。

夫文學乃作者情思之流露，與讀者無與。窺作者之初心，固不計讀者爲何等人；甚而有讀者與否，作者亦無容心也。何也？作者流露其情思則已，不問讀者之受用與否也。今胡氏曰："要明白清楚。"夫明白清楚，對深奥難解而言，乃對讀者而言也。茍如是，則作者當作文時，必先審讀者能解與否。使讀者不解，則此文將永遠不作，其情思將永蓄胸中，不使外露，天下寧有斯理乎？且明白清楚與深奥難解，視讀者而異。王漁洋之《秋柳詩》(胡氏《文學改良芻議》所舉)，朱彝尊之《沁園春》(胡氏本篇所舉)，在胡氏讀之，以爲深奥難解易生誤會矣(胡氏不解，不足爲《秋柳》《沁園春》病；二作不善，不足爲王朱病。以舊詩詞不盡如王朱之作；王朱之作，亦不盡如《秋柳》《沁園春》也)；在能詩能詞者讀之，其意固瞭然也。胡氏之《嘗試篇》、《孔丘》、《老鴉》，在胡氏以爲明白清楚有文學之價值矣；而在深於文學者讀之，則用意俗淺，市井童稚之所爲耳。不能以胡氏以爲深奥難解易生誤會，遂謂《秋柳》、《沁園春》爲無文學價值；猶之不能以《嘗試篇》、《孔丘》、《老鴉》，作者個人以爲明白清楚，遂謂其有文學之價值也。或曰：胡氏所以主張文學"要明白清楚"者，乃今日注重平民文學之故也。深奥艱澀者，平民不易解，故胡氏以明白清楚爲言。曰：文學止有是與不是，無平民與否之可言。平民文學，文學也；非平民文學，亦文學也。文學自有文學之原則，合其原則，即爲文學；不合其原則，即非文學。不能以其宜於平民與否，而遂軒輊其價值也。誠如所論，則胡氏之《嘗試集》，宜盡人能解矣。吾見其未必然也。是故施耐庵之《水滸傳》，曹雪芹之《紅樓夢》(以上二書，胡氏均嘗爲作考證)，劉鐵雲之《老殘遊記》(本篇所舉)平民讀之易解，其文學之價值固在(實則《水滸》、《紅樓》，亦非平民盡人所能領會）；屈宋之騷賦，李杜之詩歌，平民讀之，不必盡人能解，其文學之價值，亦仍在也。其價值所在，在其合於文學之原則，不在其平民與否也。嘗試論之，世間深奧之學理，平民多不能解；而其價值，即存乎。是如英儒羅素之哲學，世人鮮有能解之者；而羅素之聲譽，即因此而大。如世人盡爲羅素，其哲學亦不足貴矣。哲學如此，文學亦何獨不然乎？且文學之作品，常以陳意含蓄，與讀者以尋思之餘地，其價值乃見。反是而將本意點破，則讀者索然無味矣。胡氏之《論短篇小說》也（《胡適文存》卷一），亦嘗以此意譏白居易，謂爲“有點迂腐氣”。詳其所以作如是論，以白氏之詩，明白過甚，好將本意點破。今玩此論，始知胡氏自相矛盾，始知其迂腐氣，實更甚於樂天也。吾常謂明白清楚，乃科學哲學記述說理文字之要件，與文學不相關涉，今胡氏持之以談文學，則亦見其淺於文學矣。

胡氏之文學第二要件，爲“有力能動人”。舉《血府逐瘀湯歌訣》及李慈銘《齊子中姜鑄歌》爲例。《齊子中姜鑄歌》，胡氏不解，不足爲其詩病。以中國之舊詩，不盡如此也。《血府逐瘀湯歌訣》，原與百家姓同體，不過取便記誦耳。作者固不期其能感人，讀者亦未嘗以文學許之。故胡氏此例，亦不能成立也。至所謂“有力能動人”。則其作用亦對讀者而言。文學乃作者之心聲，與讀者無與，其理已申於前矣。文之所以能動人者，以其想像高妙也，以其感情深摯也，以其有藝術手段也。苟有高妙之想像，深摯之情感，精美之藝術手段，則不求動人而人自動；不此之求，而坐求其力之能動人，則亦近於愚矣。

總之：胡氏此論，其病根在重視讀者，蔑視作者，欲牽作者以就讀者。充其所論，若世無通文學之人，則文學家即不當有文學作品之表現;苟作者之情感想像,舉世無能喻者,則作者之情感想像,即當深藏五内,即不當表露於外也。惡乎可!

自胡氏以下,言文學定義者,以羅家倫爲最著名。其《什麽是文學——文學界説》(中華書局出版《國語文類選》第一卷第一類)曰:

> 文學是人生的表現和批評,從最好的思想裏寫下來的,有想像,有感情,有體裁,有合於藝術的組織:集此衆長,能使人類普遍心理,都覺得他是極明瞭,極有趣的東西。

此定義較胡氏爲善,然未免失之過繁。"文學爲人生之表現與批評,從最好之思想寫出。"此乃當然之事,無庸明言。至所謂"明瞭有趣",與胡氏之病略同。所謂"普遍心理",亦不無微疵。"普遍"兩字之界限,頗難劃定。剛性之人,愛讀《水滸》,柔性人則否;柔性之人,愛讀《紅樓》,剛性人則否。此二者孰爲普遍心理,孰爲非普遍心理乎?吾意想像豐富感情真摯之文學,即不能盡人受其感動,至少有一部分人,受其感動。止言"想像感情"足矣,不必贅及普遍心理也。羅氏之文學界説,乃總集西洋各家之文學界説而成。然竊觀西儒著名文學批評家溫齊斯特 Winchester 之所言,則異於是。溫氏著《文學批評之原理》,分文學之原質爲四(上海民智書局出版《新文藝評論——什麽是文學》王捷俠譯)。分列於左:

> (1)情緒——……他是高尚文學形體之目的;有時為達到目的的一種方法。

(2) 想像——想像是激醒情緒的要緊條件。沒有想像就沒有警醒情緒的機會;結果文學作品不能到最好的地步。

(3) 思想——……在文學的教訓或誘掖的不同性質裏,思想是狠要緊的原質;因他是作品所以寫出的動機。

(4) 形體——形體本身不是一種目的,乃是思想或感覺藉以表現的方法:也是狠要緊的,因此可以看出來作者之表現能力與藝術的手腕如何。

詳上四端,惟"思想"一端,爲病甚大,此中外談文學者之通病,不獨溫氏爲然也。夫以思想爲文學要素,吾固不能謂爲非是。然試問所謂思想者,理想乎?幻想乎?吾知其答爲理想也。苟如是,則試問宋玉之《神女賦》,曹植之《洛神賦》,文學乎?非文學乎?吾知其答爲文學也。誠如是也,則所謂神女洛神者,實有之事乎?子虛之事乎?易言之,理想乎?幻想乎?吾知其答爲幻想也。是故文學之中,實雜有幻想,即所謂"無理之思想"是也。若然,則與其謂爲"思想",何若謂爲"想像"?蓋思想不能包"幻想",而想像則兼二者而有之。觀古今中外之大思想家,如中國之老莊,法國之柏格森 Bergson,皆不純爲文學家;更觀古今中外之富於想像者,如中國之曹雪芹,英國之沙克雷 W. M. Jhackeray 則皆爲文學家,即知余言不謬矣。或曰:文學家無思想乎?曰:是何言也!凡文人之成家者,皆有特殊之思想,其作品即根此思想而出。惟文學家之思想,見於篇什之間者,非如哲學家之有系統組織也。如李白之思想,與楊朱相近。吾人讀《列子》,可見楊朱思想之大體。若研究李白之思想,則非持《李太白集》幾經分析綜合而不能得。蓋文學家作品之所表現者，爲其對於事物之情感。其對事物所以作此情感，則根其思想而來。故非直接的而爲間接的，與哲學家有別。易言之，即文學家作品之所表現者，非其思想之本體，乃由其思想所產生之物也。斯理也，溫齊斯特非不知之。其言曰："思想是作品所以寫出的動機。"然則思想不過寫出之動機耳，非文學作品中之要素明矣。

近見潘梓年君之《文學概論》(北新書局出版)，其第二講《論内質與外形》，較溫氏爲善。潘氏分文學之要素爲四，表列如下：

文學的要素
1. 智慧的
2. 情緒的 ⎫
3. 想像的 ⎭ 内質
4. 組織或風格或技能的——外形

潘氏所明四端，與溫氏大致相同。惟潘氏雖以"智慧的"爲文學要素，然並未納入文學之"内質與外形"之中。其《關於文學中理智的要素》，另立一講，本講並未論及，此所以較溫氏爲善也。前人文學定義之善否，略如上評。今據其善者，略爲去取，明文學之定義如下：

> 文學者，以美麗之文辭，表達深摯之情感及豐富之想像者也。

以此爲文學定義，庶無大謬。今復將其理由，略申論之。

文學何以必有“美麗之文辭”？曰：文學者，藝術也。藝術以美爲原則；故非綜緝辭采，錯比文華，不足饜讀者之心。

文學何以必有“深摯之情感”？曰：藝術以美爲原則，美於人心屬感情作用，故文學必有情感。如情感不深摯，其所表達者，必不能盡至，欲得讀者之感應難矣。

文學何以必有“豐富之想像”？曰：文學之作用，在滿足人生精神上之需要；而凡人之性，非能以現境界而自滿足者也。然此蠢蠢軀殼，其所能觸能受之境界，又頑狹短局而至有限也。故常欲於其直接以觸以受之外，而間接有所觸有所受，所謂身外之身，世界外之世界也。此等識想，不獨利根衆生有之，即鈍根衆生亦有也。而導其根器使日趨於鈍日趨於利者，其力量無大於文學。文學所以能如此者，全恃其有豐富之想像；使想像不豐富，必不能變換人之常觸常受之空氣，導人遊於他境界也。（自“凡人之性”以下略本梁啓超《論小說與羣治之關係》）

第二篇　歷代文學觀念概述

前篇所述，止及文學之定義，於歷代文學觀念，語焉不詳。茲復雜集歷代文人論文之語，以見某時代文學觀念之同一傾向焉。"文學"一名，初見《論語·先進篇》。其言曰：

> 德行顔淵閔子騫冉伯牛仲弓，言語宰我子貢，政事冉有季路，"文學"子游子夏。

此所謂孔門四科也。詳"文學"與"德行"、"言語"、"政事"對舉，殆泛指一切知識學問，與今日所謂"文學"者有別。故邢昺《論語疏》曰：

> 文章博學，則有子游子夏二人也。

此解可謂達其旨矣。更以游夏二子之自身證之。據《論語·陽貨篇》："子之武城，聞絃歌之聲。"詩樂相通，子游似爲文學之士。然樂本爲儒家治世之具，其事亦無足怪。若證以

《禮記·檀弓》，則子游實明禮之士耳。至於子夏，《論語·八佾篇》雖稱其"可與言詩"。然據《史記·仲尼弟子列傳》："孔子既沒，子夏居西河教授，爲魏文侯師。"又漢代經師，多謂源出子夏；則子夏乃傳經之士也。《論語》其他論文之處甚多，其義亦同於斯。如《學而篇》孔子曰：

> 行有餘力，則以學"文"。

何晏《集解》引馬融曰：

> 文者，古之遺文。

邢昺疏曰：

> 注言古之遺文者，則《詩》、《書》、《禮》、《樂》、《易》、《春秋》六經是也。

是則以六經爲"文"矣。又如《雍也篇》孔子曰：

> 君子博學於"文"，約之以禮。亦可以弗畔矣夫。

邢昺疏曰：

> 此章言君子若博學於先王之遺文，復用禮以自檢約，則不違道也。

此又以先王之遺文爲"文"矣。又如《公冶長篇》子貢曰：

夫子之"文章"，可得而聞也；夫子之言性與天道，不可得而聞也。

邢昺疏曰：

子貢言夫子之述作威儀禮法，有文彩形質著明，可以耳聽目視，依循學習，故可得而聞也。

朱熹《論語集注》亦曰：

文章，德之見乎外者。威儀文辭皆是也。

是則所謂"文章"，又越乎述作文辭之外。與《八佾篇》稱："周監於二代，郁郁乎文哉！"《泰伯篇》稱："煥乎其有文章！"《子罕篇》稱："文王既沒，文不在茲乎！"兼禮樂法度而言，其義相類。故《公冶長篇》子貢問曰：

孔文子，何以謂之"文"也？

孔子答曰：

敏而好學，不恥下問，是以謂之"文"也。

足見孔氏於"文"字之解釋，固甚廣泛矣。其後"文學"之名，又屢見於韓非之書(《墨子》、《荀子》等書中，亦有“文學”之名，其義亦甚廣泛，茲不論)。其《六反篇》曰：

> 學道立方，離法之名也，而世尊之曰“文學之士”。

其下文又曰：

> 寡聞從令，全法之民也，而世少之曰樸陋之民也。

上下相參，則知韓非所謂“文學之士”，乃博學多聞著書立說之人也。其《五蠹》篇曰：

> 儒以“文”亂法。

又曰：

> 夫離法者罪，而諸先生以“文學”取。

又曰：

> 工“文學”者非所用，用之則亂法。

又曰：

> 然則爲匹夫計者，莫如修(行)仁義而習“文學”。……“文學”習則爲明師，爲明師則顯榮。此匹夫之美也。

又曰：

富國以農，拒敵恃卒，而貴"文學"之士……舉行如此，治強不可得也。

又曰：

今修"文學"，習言談，則無耕之勞而有富之實，無戰之危而有貴之尊，則人孰不爲也。

此篇所謂"文"，殆指"書簡之文"、"先王之語"而言；其所謂"文學之士"，殆指"稱先王之道"、"盛容服"、"飾辯說"、"疑當世之法"者而言也(見韓非本書)。《顯學篇》曰：

藏書策，習談論，聚徒役，服"文學"而議說，世主必從而禮之，曰："敬賢士，先王之道也。"夫吏之所稅，耕者也；而上之所養，學士也。耕者則重稅，學士則多賞，而索民之疾作而少言談。不可得也。

此所謂"文學"，亦指智辯而言。故韓非之所謂"文學"，其廣泛亦與孔門相似。於知周秦以前之所謂"文學"，乃兼指一切知識學問而言。其於"文學"之本體，無明瞭之觀念也。

周秦以上之文學觀念，已如上述。

此外孔門之論詩，亦有足稱者。《論語·爲政篇》孔子曰：

《詩》三百，一言以蔽之，曰："思無邪。"

此論殆根其倫理觀念而來。後儒"發乎情止乎禮義"之說，實基於此。言詩而牽及道德，不能謂非孔氏作之俑也。蓋儒家列詩於六藝，以爲治世立身之具。故頗注意其作用，惟恐發生惡影響也。故《衛靈公篇》孔子曰：

放鄭聲，遠佞人。鄭聲淫，佞人殆。

何晏《集解》引孔安國曰：

鄭聲佞人，亦俱能惑人心，與雅樂賢人同，而使人淫亂，故當放遠之。

於此可知孔氏之論詩，仍不離其倫理觀念也。《泰伯篇》孔子曰：

興於詩，立於禮，成於樂。

何晏《集解》引包咸曰：

興，起也。言修身當先學詩。

朱熹《集注》曰：

詩本性情，有邪有正，其爲言既易知；而吟詠之間，抑揚反復，其感人又易入。故學者之初，所以興起其好善惡惡之心而不能自已者，必於此而得之。

《集注》又引程子曰：

天下之英才，不爲少矣。特以道學不明，故不得有所成就。夫古人之詩，如今之歌曲，雖閭里童稚，皆習聞之而知其說，故能興起。今雖老師宿儒，尚不能通其義，況學者乎？是不得興於詩也。

由此觀之，則孔子實以詩爲修身之本，又何怪其有"思無邪"之論乎？惟如是也，故《關雎》之詩，本寫男女戀愛之情，而孔子亦有特殊之解釋。《泰伯篇》孔子曰：

師摯之始，《關雎》之亂，洋洋乎盈耳哉！

《集解》引鄭玄曰：

周道衰微，鄭衛之音作，正樂廢而失節。魯太師摯識《關雎》之聲而首理其亂，有洋洋盈耳，聽而美之。

此純爲贊美之詞。《八佾篇》孔子曰：

《關雎》樂而不淫，哀而不傷。

《集解》引孔安國曰：

樂不至淫,哀不至傷,言其和也。

《集注》曰:

淫者,樂之過而失其正者也。傷者,哀之過而失其和者也。《關雎》之詩,言后妃之德,宜配君子。求之未得,則不能無寤寐反側之憂;求而得之,則宜其有琴瑟鐘鼓之樂。蓋其憂雖深,而不害於和;其樂雖盛,而不失其正。故夫子稱之如此,欲學者玩其辭,審其音,而有以識其性情之正也。

朱氏此解,較孔安國更爲明晰。以仲尼之意如此,故衛宏《關雎序》(從姚際恆《古今僞書考》說)曰:

是以《關雎》樂得淑女以配君子,憂在進賢,不淫其色,哀窈窕,思賢才,而無傷善之心焉。是《關雎》之義也。

實則《關雎》之中,何嘗有"進賢不淫其色"之意乎?又何嘗有"思賢才無傷善之心"之意乎?是皆孔門詩教使然耳。孔氏論詩之用,尚不僅此,《陽貨篇》孔子曰:

小子何莫學夫詩?詩可以興,可以觀,可以羣,可以怨,邇之事父,遠之事君,多識於鳥獸草木之名。

繹其所言,殆謂詩可以"感發意志"、"考見得失"、"羣居切磋”、“怨刺君政”、“教人忠孝”、“資人多識”。其數詩之作用，可謂多矣。又《漢書·藝文志》稱：“古者諸侯卿大夫交接鄰國，以微言相感，當揖讓之時，必稱詩以諭其志。”故詩又與言語有關。此亦詩之作用之一端，孔氏亦甚注意及之。《季氏篇》孔子戒其子伯魚曰：

不學詩，無以言。

《子路篇》孔子曰：

誦詩三百，授之以政，不達。使於四方，不能專對。雖多亦奚以為？

蓋詩之爲教，“溫柔敦厚”(《禮記·經解》)；故“主文而譎諫，言之者無罪，聞之者足以戒”(《關雎序》)。子貢“善爲說辭”，亦以其“可與言詩”乎！由此觀之，孔門論詩，注重詩之作用，殆無可疑矣。詳古者稱詩，本以爲“言志”之物，故《尚書·舜典》曰：

詩言志，歌永言。

而孟子論詩，亦以“不以辭害志”爲言(《萬章》上)。孔氏非不明此義也，《左傳·襄公二十五年》仲尼稱子産曰：

《志》有之：言以足志，文以足言。不言誰知其志？言之無文，行之不遠。

此雖非論詩,尋其旨趣,實與"言志"之義相通也。抑孔氏論詩,所以重在詩之作用者,亦有故焉。閒嘗論之,孔氏所恃以爲治平之具者,政治倫理也。政治倫理之用於社會,以得最大多數之人民之幸福爲準,故不得不期其實效。故孔子所主雖與法家之功利主義有別,然實與功利相近,此其論詩所以然歟?

遞於漢世,文學之觀念,漸趨明瞭(漢令通一藝以上,補文學掌故,郡國舉賢良文學,其名似亦由"知識學問"之義而來,故不備論)。揚雄《法言·問神篇》曰:

> 言,心聲也。書,心畫也。聲畫形,君子小人見矣。聲畫者,君子小人之所以動情乎?

此所謂書,本泛指著於竹帛者而言。然以"心畫"二字形容之,便覺含有藝術性。蓋子雲本爲辭賦家,故能作此妙語也。《漢書·藝文志·六藝略》論詩曰:

> 哀樂之心感,而歌詠之聲發。

《詩賦略》又曰:

> 感於哀樂,緣事而發。

此明詩歌之生,由於情動。後之言文學者,亦莫能外。衛宏《關雎序》曰:

詩者，志之所之也。在心爲志，發言爲詩。情動於中而形於言；言之不足，故嗟歎之；嗟歎之不足，故永歌之；永歌之不足，不知手之舞之足之蹈之也。

衛氏所論，較孟堅更爲透徹。古者詩與音樂舞蹈相合，更可證其爲純粹之藝術也。歷三國至六代，論文之士更多；其文學之觀念，亦甚精絕。然主情之論，則仍沿漢人之舊說。陸機《文賦》，屢以情志爲言，無論矣。摯虞《文章流別論》(據《關隴叢書》張鵬一校補本)曰：

古之作詩者，發乎情止乎禮義。情之發，因辭以形之。

《文心雕龍·明詩篇》曰：

人稟七情，應物斯感，感物吟志，莫非自然。……觀其結體散文，直而不野，婉轉附物，怊悵切情。

《詮賦篇》曰：

原夫登高之旨，蓋覩物興情。情以物興，故義必明雅；物以情覩，故词必巧麗。

《體性篇》曰：

夫情動而言形,理發而文見。蓋沿隱以至顯,因内而符外者也。

《物色篇》曰;

是以詩人感物,聯類不窮。流連萬象之際,沈吟視聽之區。寫氣圖貌,既隨物以宛轉;屬采附聲,亦與心而徘徊。

《金樓子·立言篇》曰:

至如文者,惟須綺縠紛披,宫徵靡曼,脣吻遒會,情靈搖蕩。

鐘嶸《詩品》曰:

氣之動物,物之感人,故搖蕩性情,形諸舞詠。

觀上所舉,六代論文之主情,可見一斑矣。其尤足引起吾人之注意者,則其論文多以音樂繪畫相匹也。古者詩樂舞三者本爲一事,讀《關雎序》可見,茲不多贅。魏文帝《典論·論文》曰:

文以氣爲主,氣之清濁有體,不可力強而致。譬諸《音樂》,曲度雖均,節奏同檢,至於引氣不齊,巧拙有素,雖在父兄,不能以移子弟。

此以音樂喻文人之稟賦也。陸機《文賦》曰：

暨"音聲"之迭代，若"五色"之相宜。

沈約《宋書・謝靈運傳論》曰：

夫"五色"相宣，"八音"協暢。由乎玄黄律吕，各適物宜。欲使宫羽相變，低昂舛節。若前有浮聲，則後須切響。一簡之内，音韻盡殊；兩句之中，輕重悉異。妙達此旨，始可言文。

蕭統《文選序》曰：

衆制鋒起，源流閒出。譬陶匏異器，並爲"入耳之娱"；黼黻不同，俱爲"悦目之玩"。作者之致，蓋云備矣。

《文心雕龍・詮賦篇》曰：

麗辭雅義，符采相勝。如組織之品"朱紫"，畫繪之著"玄黄"。

《情采篇》曰：

故立文之道，其理有三：一曰形文，"五色"是也。二曰聲文，"五音"是也。三曰情文，五性是也。"五色"雜而成黼黻,“五音”比而成韶夏,五情發而爲辭章。

觀上數例,足見一斑。蓋六朝人之視文學,本以爲藝術之一種,故不惟注意其内容之感情,於其外形之辭藻音韻,亦甚注意。辭欲其麗,有似五色;音欲其協,有似八音。故云然也。至彦和“形文聲文情文”之説,則又與西儒黑智爾 Hegel“目藝耳藝心藝”之論暗合,其見識真有足令人驚異者。

閒嘗論之,文學與繪畫、音樂,本屬同源。初民之文字,多象事物之形,故與繪畫相似。文學先有詩歌,初民之詩歌,傳述以口,必音調協暢,足悦口耳,故與音樂相近。後世三藝分立之故,乃文化發達自然之結果也。然文學之内容本爲“情感”。其修辭果能如繪畫,調聲苟能如音樂,則豈非兼三藝之長?故六朝人之文學見解,實遠過唐宋以後也。

降及唐世,文學之觀念大變。其轉變之迹,歷歷可見。集其成者,厥爲韓愈。後世論者專以屬之韓氏一人,謂爲“起八代之衰”,斯大謬也。愈之文學觀念,具見其《答李翊書》、《答劉正夫書》、《與馮宿論文書》、《題歐陽生哀辭後》等篇。《答劉正夫書》曰:

或問:爲文宜何師?必謹對曰:宜師古聖賢人。曰:古聖賢人所爲書俱存,辭皆不同,宜何師?必謹對曰:師其意,不師其辭。

然師古聖賢人,不易驟幾於成也;故必有相當之工力。《答劉正夫書》又曰:

漢朝人莫不能爲文，獨司馬相如太史公劉向揚雄爲之最。然則用功深者，其收名也遠。若皆與世沉浮，不自樹立，雖不爲當時所怪，亦必無後世之傳也。

然則用功之方法如何。《答李翊書》曰：

將蘄至於古之立言者，則無望其速成，無誘於勢利，養其根而竢其實，加其膏而希其光。根之茂者其實遂，膏之沃者其光曄。仁義之人，其言藹如也。

又曰：

學之二十餘年矣。始者非三代兩漢之書不敢觀，非聖人之志不敢存。處若忘，行若遺。儼乎其若思，茫乎其若迷。

又曰：

行之乎仁義之途，游之乎詩書之源。無迷其途，無絕其源，終吾身而已矣。

是其所言，直與修德養性無異。韓氏所以如此云云者，以其視氣爲文章之本，氣之盛否，文章因之。非有相當之修養，不能期氣於盛也。故《答李翊書》又曰：

氣，水也。言，浮物也，水大而物之浮者，大小畢浮。

氣之與言猶是也。氣盛，則言之長短與聲之高下皆宜。

蓋韓氏視道德與文章，本爲一體。既慕古人之道，則不得不通古人之辭。此其所以倡古文也。其《題歐陽生哀辭後》曰：

> 愈之爲古文，豈獨取其句讀不類於今者邪？思古人而不得見，學古道則欲兼通其辭；通其辭者，本志乎古"道"者也。

昌黎之文學觀念，大略如是。惟既以慕古道而學古文，則必尚理，不尚理不足"明古道"也。

故陸希聲《李觀文集序》評之曰：

> 文以理爲本，而辭質在所尚。元賓（李觀字）尚於辭，故辭勝其理；退之尚於質，故理勝其辭。退之雖窮老不休，終不能爲元賓之辭；假使元賓後退之之死，亦不能及退之之質。此所以不相見也。

古文本宜於說理，故此論亦近是。然退之古文之功力甚深，其於"道"猶有未至。退之之所謂"古道"，儒家之言耳。今觀其論述儒道之文，殊無所發明。其所最痛惡者，佛老之學也。今觀其攻擊佛老之語，亦不能中病。如《原道》、《原性》等篇是已。考退之之文學觀念所以如此者，亦自有其淵源在。退之少時，嘗爲蕭穎士所知，又從獨孤及梁肅之門人游。獨孤及出李華之門。梁肅與蕭穎士子存相善。李華宗子翰，退之每稱之；李觀亦華族子，與退之同舉進士。諸人皆善於古文，故退之不能不受其薰染也。李舟《獨孤常州集序》曰：

> 人無文則禮無以辨其數，樂無以成其章，有國者無以行其刑政，立言者無以存其勸誡。文之時用大矣哉！在人賢者得其大者，禮樂刑政勸。誡是也，不肖者得其細者，或附會小説以立異端，或雕斲成言以裨對句，或志近物而玩童心，或順庸氣以諧俚耳。其甚者則矯誣盛德，汚蠛風教，爲蠱爲蠹，爲妖爲孽。噫！文之弊有至是者，可無痛乎？……先大夫嘗因講文爲小子曰：吾友蘭陵蕭茂挺（穎士字），趙郡李遐叔（華字），長樂賈幼鄰（至字），洎所知河南獨孤至之（及字），皆憲章六藝，能探古人述作之旨。賈爲玄宗巡蜀分命之詔，歷歷如西漢時文。若使三賢繼司王言，或載史筆，則典謨訓誥誓命之書，可仿佛於將來矣。……常州發論措詞，皆王霸大略。孝悌之至，達於神明。善與人交，久而敬之。當官正色，不畏強禦。加之以仁惠愛物，吏民敬畏。而文又如是乎？……

觀此序可識退之文學觀念所自矣。

不惟此也，在退之之前，蕭李諸子之外，爲古文者，亦大有人在。與蕭李同時者有元結，退之《送孟東野序》嘗稱道之，皇甫湜所謂"拔戟成一隊"者也。前於蕭李者有陳子昂，其文疏樸近古，退之至有"國朝盛文章，子昂始高蹈"之歎。故盧藏用《唐右拾遺陳子昂文集序》曰：

> 昔孔宣父以天縱之才，自衛反魯，乃删《詩》，定《禮》，

述《易》道而修《春秋》,數千百年,文章粲然可觀也。宋齊之末,蓋顦頓矣。逶迤陵頹,流靡忘返。至於徐庾,天之將喪斯文也。後進之士,若上官儀者,繼踵而生,於是風雅之道,掃地盡矣。《易》曰:物不可以終否,故受之以泰。“道”喪五百歲而得陳君。

由此觀之,則韓氏文學觀念之所從來遠矣。更溯而上之,其文學觀念之所自,實遠在隋以前。李諤《上隋文帝論文體輕薄書》,力主改革文體。文帝發號施令,咸去浮華。煬帝亦有非輕側之論。蓋隋興自北土,進併江南。故朝中文士,多爲北產,與江左文風有異也。魏徵《隋書·文學傳序》,李延壽《北史·文苑傳序》皆曰:

江左宮商發越,貴於清綺;河朔詞義貞剛,重乎氣質。氣質則理勝其詞,清綺則文過其意。理深者便於時用,文華者宜於詠歌。此其南北詞人得失之大較也。

北朝文章重理,於此可見。故北朝文士論文,亦有主理之說。如顏之推《顏氏家訓·文章篇》是已。此篇論文之用,在“敷顯仁義發明功德”。固似後人“文以明道”之論,無論矣。此外尤有吾人所當注意者焉。其言曰:

文章當以理致爲心腎,氣調爲筋骨,事義爲皮膚,華麗爲冠冕。今世相承,趨末棄本,率多浮艷。辭與理競,辭勝而理伏;事與才爭,事繁而才損。放逸者流宕而忘歸,穿鑿者補綴而不足。時俗如此,安能獨違,但務去泰去甚耳。必有盛才重譽、改革體裁者，實吾所希。

故韓氏之文學觀念，實淵源於北朝；而後人專以改革之功，屬之韓氏，何哉？然韓氏不獨爲一代文宗，其言不僅影響於後世，當時亦頗有助之者焉。其友柳宗元《答韋中立論師道書》曰：

> 始吾幼且少，爲文章以辭爲工，及長，乃知文者以"明道"，是固不苟為炳炳烺烺務采色誇聲音而以爲能也。凡吾所陳，皆自謂近"道"。而不知"道"之果近乎遠乎？吾子好"道"而可吾文，或者其於"道"不遠矣。

柳氏既以"明道"爲言，故亦必有相當之工力。《答韋中立論師道書》又曰：

> 故吾每爲文章，未嘗敢以輕心掉之，懼其剽而不留也。未嘗敢以怠心易之，懼其弛而不嚴也。未嘗敢以昏氣出之，懼其昧沒而雜也。未嘗敢以矜氣作之，懼其偃蹇而驕也。抑之欲其奧，揚之欲其明；疏之欲其通，廉之欲其節。激而發之欲其清，因而存之欲其重。此吾所以羽翼夫道也。

此與韓氏之言相似，然則其道將何所本？《答韋中立論師道書》又曰：

> 本之《書》以求其質，本之《詩》以求其恆，本之《禮》以

求其宜，本之《春秋》以求其斷，本之《易》以求其動。此吾所以取道之原也。

此與韓氏"游詩書之源"之言，又若自一口出。是知韓柳之關係，不僅在其友誼矣。李翺爲韓氏高弟，論文亦以"道"爲主。其《答王載言書》曰：

吾所以不協於時而學古文者，悅古人之行也。悅古人之行者，愛古人之"道"也。故學其言不可以不行其行，行其行不可以不重其"道"，重其"道"不可以不循其禮。

此其言承韓氏緒論無疑矣。歷五代而至有宋，文人論文，仍不外韓氏之義。

歐陽修《答吴充秀才書》曰：

聖人之文，雖不可及，然大抵"道"勝者，文不難而自至也。

周敦頤《通書·文辭》第二十八曰：

文所以載"道"也……文辭藝也，"道德"實也。……不知務"道德"，而第以文辭爲能者，藝焉而已。噫！弊也久矣。

永叔爲宋代文宗，茂叔爲理學先導，其文學觀念如是，餘可想見。玆復引李耆卿《文章精義》之説，以爲宋世論文之殿。

其陳騤《文則》，首以"六經之道"爲言。不贅述矣。《文章精義》曰：

《易》，《詩》，《書》，《禮》，《春秋》，《論語》，《大學》，《中庸》，《孟子》，皆聖賢"明道"經世之書，雖非爲作文設，而千萬文章，從是出焉。

元代論文，亦無異說。王構《修詞鑑衡》曰：

夫文，傳"道"而明心也，故聖人不得已而爲之。

明代文人論文，仍掇拾唐宋緒餘，不敢少易。焦竑《與友人論文書》曰：

竊論君子之學，凡以致"道"也。道致矣，而性命之深窅，與事功之曲折，無不瞭然於中者，此豈待索之外哉？吾取其瞭然者而抒寫之，文從生焉。故性命事功其實也，而文特所以文之而已。

方以智《文章薪火》開首便曰：

性"道"猶春也，文章猶花也。

顧亭林《日知錄》卷十九《論文須有益於天下》曰：

文之所以不可絶於天地間者，曰："明道"也，紀政事也,察民隱也,樂道人之善也。

寧人本爲通儒,而亦篤信"文以明道"之説。故知邪説風靡一世,雖豪傑亦不能自拔也。降及清代,古文大盛。雖經錢大昕(《與友人書》)阮元李申耆(《駢體文鈔序》)諸儒之抨擊,而其勢仍不稍衰。故終清之世,爲古文辭者,仍以"明道"爲護符焉。劉大櫆《論文偶記》曰:

作文本以義禮適世用。而明義禮適世用,必有待於文人之能事。

姚鼐《復魯絜非書》曰:

鼐聞天地之"道",陰陽剛柔而已。文者,天地之精英,而陰陽剛柔之發也。

曾國藩《與劉孟容書》曰:

古之知"道"者,未有不明於文字者也。能文而不能知"道"者或有矣,烏有知"道"而不明文字者乎?

又曰:

所貴乎聖人者,謂其立行與萬事萬物相交錯而曲當乎"道",其文字可以教後世也。吾儒所賴以學聖賢者,亦藉此文字以考古聖之行,以究其用心之所在。

又曰：

> 國藩竊謂今日欲“明先王之道”，不得不以精研文字爲要務。……聰明魁桀之士，或有識能譔著，大抵孔氏之苗裔。其文之醇駁，一視乎見“道”之多寡以爲差。見“道”尤多，文尤醇焉，孟軻是也。次多者，醇次焉。見少者，文駁焉。尤少者，尤駁焉。

曾氏此篇，於“文以載道”之旨，言之最詳。文長不多錄。故唐宋以後之文學觀念，皆在韓愈籠罩之中。其言大而無當，安得無說以正之乎？

常謂中國人之言“道”，大抵不出三義。《中庸》曰：“道不遠人，人之爲道而遠人，不可以爲道。”儒者明道德之目爲“仁義禮智信”，均示人以为人之方者。此當屬於倫理學範圍，與文學無關。此其一。老子曰：“天下萬物生於有，有生於無。”又曰：“道生一，一生二，二生三，三生萬物。”是“無”者，老子之所謂道也。此明宇宙變化，哲學之所謂宇宙論耳，於文學又無關。此其二。莊子曰：“夫道無乎不在？在螻蟻，在稊稗，在瓦甓，在屎溺。”故物之存於天地之間者，皆有道寓乎其中。文學將明此“道”乎？是則格物致知，又物質科學之事。與文學又無關。此其三。今曰“文以載道”，其所載於三者果何屬？若以儒者之言爲然，吾見夫今日之講倫理學者，未得稱爲文學也。若以老氏之言爲然，吾見夫今日之講宇宙論者，未得稱爲文學也。若以格物致知爲然，吾見夫今日之講博物理化者，未嘗自命爲文學家也。是故“文以載道”之說，除惑人耳目之外，毫無足取焉。

近年以來,新文學之説大盛。體裁結搆,力傚西洋。於舊日文學,抨擊無所不至。實則新舊之争,甚爲無味。文學祇有是與不是,無新舊之可言。何也?新文學所重者,想像也;舊文學所重者,亦想像也。新文學所重者,感情也;舊文學所重者,亦感情也。新文學之想像,爲吾人之想像;舊文學之想像,亦爲吾人之想像。新文學之感情,爲吾人之感情;舊文學之感情,亦爲吾人之感情。其所異者,乃表達想像、感情之工具耳,即今人之所謂藝術手段是也。藝術手段,文學之外形也;感情想像,文學之内容也。其外形雖異,其内容則同,其爲文學亦同。蓋文學之外形,本不一致。如駢文與散文,韻文與無韻文,其爲文學一也。且文學之外形,常有變動。如文言化爲白話,英文譯爲中文,苟其表達盡致,其價值仍無損也。吾人研究文學,應有文學之統一觀念,焉能以新舊而軒輊其價值乎?平心論之,近年學者之文學觀念,實較往昔爲有系統,第一篇言之詳矣。至其所創作者,除短篇小説之外,其他各體,率不能臻於佳妙。蓋中國文學,與世界各國相較,本自有其特長。以數年之功,欲勝過之,殊爲不易。此則吾人所當努力者也。

第三篇　文學之範圍

文學之定義既明，文學之範圍，自不難定。蓋文學範圍之廣狹，根文學之觀念而生。歷代文學觀念既不相同，文學之範圍，亦因而有殊矣。周秦以前之文學觀念，本不明瞭。故凡先生之遺文，辯士之談說，均納入文學範圍之中（詳見第二篇）。自漢至於六朝，文士論文，以情辭聲韻爲重，故文質之界甚嚴。《文心雕龍・總述篇》曰：

今之常言，有"文"有"筆"。以爲無韻者，"筆"也。有韻者，"文"也。

李延壽《南史・顏延之傳》曰：

宋文帝問延之諸子才能。延之曰："竣得臣'筆'，測得臣'文'。"

據上二例，是"文"與"筆"有別也。姚思廉《梁書・劉潛傳》曰：

> 潛字孝儀，秘書監孝綽弟也。……孝綽常曰："三'筆'六'詩'。"三即孝儀，六孝威也。

《梁書·庾肩吾傳》曰：

> 簡文與湘東王論文曰："陽春高而不和，妙聲絕而不尋。竟不精討錙銖，覈量文質。有異巧心，終愧妍手。是以握瑜懷玉之士，瞻鄭邦而知退；章甫翠履之人，望閩鄉而歎息。'詩'既若此，'筆'亦如之。"

以上二例，"詩筆"並言。"詩"爲韻文之一體，與"筆"對舉，明"筆"爲無韻也，《南史·孔珪傳》曰：

> 高帝取爲記室參軍，與江淹對掌"辭"、"筆"。

姚思廉《陳書·岑之敬傳》曰：

> 之敬始以經業進，而博涉文史，雅有"辭筆"。

據上二證，均"辭筆"並言。按"辭"之爲體，亦異直言。孔子《繫辭》，多用偶語韻文。屈原宋玉之作，漢人標爲《楚辭》，其文不用韻者絕少。是知"辭"者，固以偶語韻文爲限也。由此觀之，六朝文質之經界，可謂嚴矣。然則所謂"筆"者，果何物乎？《梁書·任昉傳》曰：

昉尤長載"筆",才思無窮。

《南史·沈約傳》亦曰:

彦昇工於"筆"。

《禮記·曲禮篇》曰:"史載筆。"任彦昇長於碑版,乃記事之屬,故曰:"筆。"《陳書·徐陵傳》曰:

國家有大手筆,必命陵草之。

《陳書·陸瓊傳》曰:

瓊素有令名,深爲世祖所賞。及討周迪陳寶應等,都官符及諸大手"筆",並敕付瓊。

此亦謂詔制碑版之類。唐張説善碑誌,稱燕許大手"筆",殆以此耳。據此,則"筆"乃官牘史誌無韻文之總名,惟以直質爲工,弗尚藻彩。故《史記》稱孔子修《春秋》亦曰:"筆則筆,削則削。"後世以降,凡散行無韻之質言,皆"筆"類也。六朝文學之經界,既已如此,故選文者亦不得不重時論而嚴其體例。《文選序》曰:

若夫姬公之籍,孔父之書,與日月俱懸,鬼神爭奥,孝敬之準式,人倫之師友。豈可重以芟夷,加之剪截。老莊之作，管孟之流，蓋以立意爲宗，不以能文爲本。今之所撰，又以略諸。若賢人之美辭，忠臣之抗直，謀夫之話，辯士之端，冰釋泉涌，金相玉振。所謂坐狙丘，議稷下，仲連之却秦軍，食其之下齊國，留侯之發八難，曲逆之吐六奇。蓋乃事美一時，語流千載。概見墳籍，旁出子史。若斯之流，又亦繁博。雖傳之簡牘，而事異篇章，今之所集，亦所不取。至於記事之史，繫年之書，所以褒貶是非，紀別異同。方之篇翰，亦已不同。……

昭明所選，固亦未能盡善；然其嚴立文學之封略，不可謂無功也。至唐以後，文學之觀念大變，文學之範圍，亦因之而擴大。韓愈自述其所最服膺之書，曰《易》，曰《書》，曰《詩》，曰《春秋左傳》，曰《莊子》，曰《離騷》（本曾國藩咸豐九年四月二十一日《家書》），此不盡爲文學也。韓愈自述其所服膺之人，曰司馬相如，曰太史公，曰劉向，曰揚雄（《答劉正夫書》）。此不盡爲文學家也。柳宗元自述其所得：正者：曰《易》，曰《書》，曰《詩》，曰《禮》，曰《春秋》。旁者：曰《穀梁》，曰《孟子》，曰《荀子》，曰《老子》，曰《莊子》，曰《國語》，曰《離騷》，曰《史記》（《答韋中立論師道書》）。此不盡爲文學也。韓柳之所祖述者，既不盡爲文學，又何怪後世之宗法韓柳者，其所作軼出文學範圍之外乎？然柳氏之文名，在唐世固不甚大，不爲當時所重。而韓氏則唐人有定評焉。劉禹錫《中山集·祭韓氏郎文》曰：

子長在“筆”，予長在“論”。持矛舉楯，卒不能困。

趙璘《因話錄》曰：

韓文公與孟東野友善。韓公文至高，孟長於五言，時號孟"詩"韓"筆"。

是則退之所善，固非文而爲"筆"也。故杜牧讀《杜韓集》詩曰：

杜"詩"韓"筆"愁來讀，似倩麻姑癢處搔。

然則後世文家奉韓氏爲正宗，均誤"筆"爲"文"，不明文學之範圍，明矣。閒嘗論之，"明道"本非文學專有之事，以"明道"之文爲文學，勢必致軼出文學範圍之外。唐宋以來之文學家，鮮能不犯此病。劉熙載《文概》開首便曰：

六經，文之範圍也。

余生平最惡此語，以六經不盡爲文學，其言大而無當也。唐宋以後，文質之界限既泯，故選文者亦多以非文學之作品入選。姚鼐之《古文辭類纂》，自雜記、箴、銘、贊、頌、辭賦、哀祭諸類之外，其餘各類，鮮有能當文學之名者。王先謙《續古文辭類纂》，更不及姚氏矣。至曾國藩之《經史百家雜鈔》，則直以經史爲名，不問而知其有非文學之作品。故其失與姚王均也。

在清世有宗《文選》之遺意而與古文家爭正統者，厥爲阮元。阮氏既以昭明爲法，故其劃定文學之範圍，亦甚明晰。其《書梁昭明太子文選序後》曰：

昭明所選,名之曰文。蓋必文而後選也。非文則不選也。經也,史也,子也,皆不可專名之爲文也。……專名爲文,必沈思翰藻而後可也。

阮氏既以爲經、史、子與文有別,故於己所著述,亦嚴其鴻溝之界焉。《揅經堂集自序》曰:

余三十餘年以來,說經記事,不能不筆之於書。然求其如《文選序》所謂"事出沈思、義歸翰藻"者甚鮮,是不得稱之爲"文"也。余今年屆六十矣,自取舊帙,授兒子輩。重編寫之,分爲四集。其一,則說經之作。擬於賈邢義疏,已云僭矣。十四卷。其二,則近於史之作,八卷。其三,則近於子之作,五卷。凡出於四庫書史子兩途者,皆屬之。言之無文,惟紀其事達其意而已。其四,則御試之賦,及駢體有韻之作。或有近於古人所謂"文"者乎?然其格亦已卑矣!凡二卷。又詩十一卷,共四十卷。

其子福復師其意著《文筆對》一篇,歷引唐以前史書所載,以成其說。劉師培之《文章辨體》(《中古文學史》第二課),乃承阮氏父子而爲言也。

遞於近世,章太炎先生之說,又與阮氏異。章氏明文學之定義,本甚廣泛。故其定文學之範圍,亦極廣泛。《國故論衡》中《文學總略》曰:

凡云"文"者,包絡一切箸於竹帛者而爲言。故有成句讀"文",有不成句讀"文"。兼此二字,通謂之"文"。

章氏所定文學範圍,既已如此。故凡"表譜之體,旁行邪上,條件相分。會計之簿録,算術之演草,地圖之名字"皆納入文學範圍之中。此其非是,無庸贅述。

吾師黄季剛先生之文學主張,本與昭明阮氏相近。然以其爲太炎高弟也,故論文學範圍,亦左右其詞,不肯顯然相背。黄先生《論文辭封略》曰:

> 竊爲文辭封略,本可弛張。推而廣之,則凡書以文字著之竹帛者,皆謂之"文"。非獨不論其有文飾與無文飾,抑且不論其有句讀與無句讀。此至大之範圍也。……再縮小之,則凡有句讀者皆爲文,而不論其有文飾與無文飾。純任文飾,固謂之文矣。即樸質簡拙,亦不得不謂之文。此類所包,稍小於前,而經傳諸子,皆在其籠罩。若夫文章之初,實先韻語。傳久行遠,實貴偶詞。修飾潤色,實爲文事。敷采摛文,實異質言。則阮氏之言,良有不可廢者。即彦和泛論文章,而《神思篇》以下之文,乃專有所屬,非汎爲著之竹帛者而言,亦不見徧通於經傳諸子。

觀末段可窺見黄先生主張之大略矣。

故論文學之範圍,不宜依體類而定;如依體類而定,則便有絕不可通者。如韻文,文學也。然如陳獻章詩云:"吾道有宗主,千秋朱紫陽。説敬不離口,示我入德方。"此得爲文學乎?下此《百家姓》、《湯頭歌訣》,更無論矣。又如小説,文學也，然如干寶之《搜神記》，任昉之《述異記》，均有文學之價值乎？下此如陸翽《鄴中記》、劉餗《隋唐嘉話》之類，更無足稱矣。常人所以爲韻文小說爲文學者，不過就其多者而言；實則號稱韻文小說者，亦不盡有文學價值也。然此間有一問題焉。陳獻章詩《百家姓》、《湯頭歌訣》、《搜神記》、《述異記》等，何故無文學價值乎？曰：以其外無美麗之文辭，内乏情感想像耳。然則定文學之範圍者，可以知所從事矣。任檢古今人之篇章而分析之，其文辭美麗感情深摯想像豐富者，即爲文學。否則非文學也。例如歐陽修之《朋黨論》：

> 臣聞朋黨之說，自古有之，惟幸人君辨其君子小人而已。大凡君子與君子以同道爲朋，小人與小人以同利爲朋。此自然之理也。
>
> 然臣謂小人無朋，惟君子則有之。其故何哉？小人所好者，利祿也；所貪者，貨財也。當其同利之時，暫相黨以爲朋者，僞也；及其見利而爭先，利盡則交疎。甚者反相賊害，雖其兄弟親戚，不能相保。故臣谓小人無朋，其暫爲朋者，僞也。
>
> 君子則不然。所守者道義，所行者忠信，所惜者名節。以之修身，則同道而相益；以之事國，則同心而共濟。始終如一，此君子之朋也。故爲人君者，但當退小人之僞朋，用君子之真朋，則天下治矣。……

修辭既不足稱，想像感情，亦無可言。此決非文學也。又如劉峻《重答劉秣陵沼書》：

劉侯既重有斯難,值余有天倫之戚,竟未之致也。尋而此君長逝,化爲異物;緒言餘論,蘊而莫傳。或有自其家得而示余者,余悲其音徽未沫,而其人已亡;青簡尚新,而宿草將列,泫然不知涕之無從也。雖隙駟不留,尺波電謝;而秋菊春蘭,英華靡絕。故存其梗概,更酬其旨。若使墨翟之言無爽,宣室之談有徵,冀東平之樹,望咸陽而西靡;蓋山之泉,聞絃歌而赴節。但懸劍空壠,有恨如何!

以此篇與《朋黨論》相較,其修辭之得失,感情想像之豐嗇,真不可同日而語,得不謂之爲文學乎?

或曰:如君所論,則古今作品,能當文學之名者,實不多覯。無乃狹隘過甚乎?

曰:近世學術日精,求精則不厭其狹。故凡某種學科之某部分,可以獨立成科者,不嫌其離母科而獨立,如倫理學心理學之與哲學是也。吾意文學亦不應侵入其他學科範圍之內,應嚴立文學與非文學之界限,確定文學之範圍也。文學之目的,在使人感;而所謂敘述說理之文,其目的則在使人知。敘述之文近於史,說理之精至者,則爲哲學。此與文學判然兩途,擯之於文學範圍之外可也。

或又曰:如君所論,則必文辭感情想像三事兼備,始能當文學之名。然古今文人之文學作品,能三事兼備者,爲數甚少。其僅具一事二事之文,能予之以文學之名否乎?

曰:曹丕有言:"文以氣爲主。氣之清濁有體,不可力彊而致。譬諸音樂,曲度雖均,節奏同檢。至於引氣不齊,巧拙有素。雖在父兄,不能以移子弟。"(《典論·論文》)蓋習文學者,不惟須明師之雅訓,有相當之修養,更應有文學之天才。明師所訓，工力所致，止能及於規矩。至神而明之，則存乎其人之天才。天才難於外假，此文學所以之難能也。自古文士之作，能兼備三事者，不過屈原宋玉等數人；相如子雲以下，俱不及已。故論文亦不宜吹毛索瘢，如必吹毛索瘢，則古今無文學作品矣。故僅具一事二事之文，亦可以文學之名予之，不過其價值有高下耳。且如木玄虛郭景純之《海賦》、《江賦》，其情感固無足取，而修辭則甚博雅。某氏之《今古奇觀》，修辭結構，未臻佳妙；而造情設想，亦有足多者。此等作品，如不予以文學之名，將無所歸矣。

或曰：然則他科假文學爲手段者，將何以名之乎？

曰：此等作品，仍當以其科之所明爲主，不宜與純文學同視。如莊周之《南華經》，哲學而兼文學也；司馬遷之《史記》，歷史而兼文學也；酈道元之《水經注》，地理而兼文學也。然《南華經》本爲哲學，《史記》本爲歷史，《水經注》本爲地理。其假文學爲手段，不過重其效用耳。故仍當以哲學、歷史、地理之名歸之，不宜濫施以文學之名。舉此三例，他亦準是。然於此亦足徵文學之功用所被之廣也。

第四篇　文學之功效

今試任執一人而以詢文學之功效，使其立予以具體之答復，人鮮有能說出之者。此其何故哉？蓋文學之爲用雖廣且大，而非能如物質科學之顯著，故難言也。梅光迪以“非實用的”爲文學特質之一，以爲“文學爲物，飢不可食，寒不可衣，故無功效可言”（《文學概論講義》第一章）。文學之不可衣食，固也，然人類生活之要求，固不盡於物質方面；精神方面，且較之爲尤重焉。其曰不可衣食，止就物質方面而言耳。故梅氏又曰：

> 文學既爲主觀感情描寫事物之具體現象，又無關實用，宜若遭人屏棄。然人皆嗜之，探討不厭者，以其爲美術故也。美術雖無裨於實用，而深合於人性最高一部份之需求。如錦繡之衣，無益於溫；山海之味，無益於飽。然食不厭精，衣不厭華，人性所同。文學功用，亦猶是耳。

文學既深合於人性最高一部份之需求，非其功效而何？惟梅氏之言，止及文學功效之消極方面，其積極方面，則未明言。故所論雖當而未盡也。古人論文,於文之功效亦常注意及之。如孔門論詩,視爲治世立身之具,唐宋以來有文以明道之說,皆就其功效而言,其說已詳於第二篇,茲不贅述。

考文字與語言,本屬同科。以語言不能持久行遠也,故文字因之而生。語言之用,在達情意;文字之用,在代語言。又以質言不便記誦不易動人也,故必加之以文采,諧之以音韻。而文學於是乎生。以此言之,文學之用,豈不彰明較著哉!惟人事日繁,文明日進,故文學之用,亦因之而大。前人所論,有足述者。陸機《文賦》曰:

> 伊茲文之爲用,固衆理之所因。恢萬里使無閡,通億載而爲津。俯貽則於來葉,仰觀象乎古人。濟文武於將墜,宣風聲於不泯。塗無遠而不彌,理無微而不綸。配霑潤於雲雨,象變化乎鬼神。被金石而德廣,流管絃而日新。

此總論文學之功效,驟觀之不易明瞭。詳古人論文之用,有偏重國家社會者;即姚永樸所謂"匡時"也(《文學研究法》卷一《功效》第六)。如衛宏《關雎序》曰:

> 治世之音安以樂,其政和;亂世之音怨以怒,其政乖;亡國之音哀以思,其民困。故正得失,動天地,感鬼神,莫近於詩。先王以是經夫婦,成孝敬,厚人倫,美教化,移風俗。
>
> 上以風化下,下以風刺上,主文而譎諫,言之者無罪,聞之者足以戒。……至於王道衰,禮義廢,政教失,國異

政，家殊俗，而變風、變雅作矣。國史明乎得失之迹，傷人倫之廢，哀刑政之苛，吟詠情性，以風其上，達於事變而懷其舊俗者也。……是以一國之事，繫一人之本，謂之風；言天下之事，形四方之風，謂之雅。雅者，正也，言王政所由廢興也。政有小大，故有小雅焉，有大雅焉。頌者，美盛德之形容，以其成功告於神明者也。……

有偏重個人者，即姚永樸所謂"達情"也(《文學研究法》卷一《功效》第六)。鍾嶸《詩品》曰：

若乃春風春鳥，秋月秋蟬，夏雲暑雨，冬月祁寒。斯四候之感諸詩者也。嘉會寄詩以親，離羣託詩以怨。至於楚臣去境，漢妾離宮。或骨横朔野，或魂逐飛蓬，或負戈外戍，殺氣雄邊。塞客衣單，孀閨淚盡。或士有解佩出朝，一去忘返；女有揚娥入寵，再盼傾國。凡斯種種，感蕩心靈。非陳詩何以展其義？非長歌何以騁其情？故曰："詩可以羣，可以怨。"使窮賤易安，幽居靡悶，莫尚於詩矣。

有合國家社會與個人兼重者。如曹丕《典論·論文》曰：

蓋文章，經國之大業，不朽之盛事。年壽有時而盡，榮樂止乎其身。二者必至之常期，未若文章之無窮。是以古之作者，寄身於翰墨，見意於篇籍，不假良史之辭，不託飛馳之勢，而聲名自傳於後。

《顔氏家訓·文章篇》亦曰：

> 朝廷憲章，軍旅誓誥，敷顯仁義，發明功德，牧民建國，施用多途。至於陶冶性靈，從容諷諫，入其滋味，亦樂事也。

由此觀之，大而國家社會，小而個人，均爲文學功效所能及，其用可謂大矣。故某氏《論中國文之特色》(河南高等學堂《國文講義》)有曰：

> 吾且歷言吾國之文有用之效力乎：《伊訓》五篇，而嗣王克終允德；《盤庚》三命，而新民克奠攸居。此文之用也。秦穆作誓，遂成霸國之基；子産有辭，實爲諸侯之賴。此又文之用也。漢文之賜勅一下，而南粤俯首以輸誠；光武之璽書數言，而竇融傾心而款附。此又文之用也。餘若朝廷下罪己之辭，而軍民爲之感泣；父老觀新主之詔，而扶杖喜其太平。此又文之用也。曠代以來，凡此之類，不可枚舉。至於淳于設辭，罷長夜之飲；長門獻賦，迴主上之心。陳琳之檄愈風，杜甫之詩袪瘧。則固才人之遊戲，亦足徵文字之通靈矣。是故讀歡愉之文，則足以令人喜；讀愁苦之文，則足以令人悲。讀屈原宋玉之文，則令人幽憂而思深；讀相如子雲之文，則令人發揚而意暢。讀孔明之《出師表》，則令人發忠愛之念；讀蘇氏之《族譜序》，則令人生孝悌之心。讀陶靖節之文，能令人蕭然以忘世；讀韓昌黎之文，能令人窮困而益堅。略舉一節，足以爲例。文之感人如此其深也，又如此其淺而易入也。

……

某氏之言，至明且切。然則文學果假何力而能如是乎？梁啓超《論小說與羣治之關係》(《飲冰室壬寅癸卯文集》卷十二)，析小說之力，甚爲詳悉。其言曰：

抑小說之支配人道也，復有四種力：

一曰熏。熏也者，如入雲烟中而爲其所烘，如近墨朱處而爲其所染。《楞伽經》所謂"迷智為識轉識成智"者，皆恃此力。人之讀一小說也，不知不覺之間，而眼識爲之迷漾，而腦筋爲之搖颺，而神經爲之營注。今日變一二焉，明日變一二焉，刹那刹那，相斷相續，久之，而此小說之境界，遂入其靈臺而據之，成爲一特別之原質之種子。有此種子故，他日又更有所觸所受者，旦旦而熏之。種子愈盛，而又以之熏他人，故此種子遂可以偏世界。一切器世間有情世間之所以成所以住，皆此爲因緣焉；而小說則巍巍焉具此威德以操縱衆生者也。

二曰浸。熏以空間言，故其力之大小，存其界之廣狹；浸以時間言，故其力之大小，存其界之長短。浸也者，入而與之俱化者也。人之讀一小說也，往往既終卷後數日或數旬，而終不能釋然。讀《紅樓》竟者，必有餘戀有餘悲；讀《水滸》竟者，必有餘快有餘怒。何也？浸之力使然也。等是佳作也，而其卷帙愈繁事實愈多者，則其浸人也亦愈甚。如酒焉，作十日飲，則作百日醉。我佛從菩提樹下起，便說偌大一部《華嚴》，正以此也。

三曰刺。刺也者，刺激之義也。熏浸之力利用漸，刺之力利用頓。熏浸之力在使感受者不覺，刺之力在使感受者驟覺。刺也者，能使人於一刹那頃，忽起異感而不能自制者也。我本藹然和也，乃讀林沖雪天三限，武松飛雲浦一厄，何以忽然髮指？我本愉然樂也，乃讀晴雯出大觀園，黛玉死瀟湘館，何以忽然淚流？我本肅然莊也，乃讀實甫之《琴心》、《酬簡》，東塘之《眠香》、《訪翠》，何以忽然情動？若是者，皆所謂刺激也。大抵腦筋愈敏之人，則其受刺激力也，愈速且劇。而要之必以其書所含刺激力之大小爲比例。禪宗之一棒一喝，皆利用此刺激力以度人者也。……

四曰提。前三者之力，自外而灌之使入；提之力，自内而脱之使出。實佛法之最上乘也。凡讀小説者，必常若自化其身焉，入於書中而爲其書之主人翁。讀《野叟曝言》者，必自擬文素臣。讀《石頭記》者，必自擬賈寶玉。讀《花月痕》者，必自擬韓荷生，若韋癡珠。讀"梁山泊"者，必自擬黑旋風若花和尚。雖讀者自辯其無是心焉，吾不信也。夫既化其身以入書中矣，則當其讀此書時，此身已非我有，截然去此界以入於彼界。所謂華嚴樓閣，帝網重重，一毛孔中，萬億蓮花，一彈指頃，百千浩劫。文字移人，至此而極。然則吾書中主人翁而華盛頓，則讀者將化身爲華盛頓；主人翁而拿破崙，則讀者將化身爲拿破崙；主人翁而釋迦孔子，則讀者將化身爲釋迦孔子；有斷然也。度世之不二法門，豈有過此？

此四力者，可以盧牟一世，亭毒羣倫，教主之所以能立教門，政治家所以能組織政黨，莫不賴是。文家能得其一，則爲文豪；能兼其四，則爲文聖。有此四力而用之於善，則可福億兆人；有此四力而用之於惡，則可以毒萬千載。而此四力所最易寄者惟小說。可愛哉小說！可畏哉小說！

梁氏又繼述小說功效之大，持論更爲警策。其言曰：

吾中國人狀元宰相之思想何自來乎？小説也。吾中国人佳人才子之思想何自来乎？小説也。吾中國人江湖盜賊之思想何自來乎？小說也。吾中國人妖巫狐兔之思想何自來乎？小說也。若是者豈嘗有人焉，提其耳而誨之，傳諸缽而授之也？而下自屠爨販卒，嫗娃童稚，上至大人先生，高才碩學，凡此諸思想，必居一於是。莫或使之，若或使之。蓋百數十種小說之力，直接間接以毒人如此其甚也（即有不好讀小說者，而此等小說既已漸漬社會，成爲風氣；其未出胎也，固已承此遺傳焉；其既入世也，又復受此感染焉；雖有賢智，亦不能自拔。故謂間接）。今我國民惑堪輿，惑相命，惑卜筮，惑祈禳；因風水而阻止鐵路，阻止開礦；爭墳墓而闔族械鬥，殺人如草；因迎神賽會而歲耗百萬金錢，廢時生事，消耗國力者，曰：惟小說之故。今我國民慕科第若羶，趨爵祿若鶩，奴顏婢膝，寡廉鮮恥；惟思以十年螢雪，暮夜苞苴，易其歸驕妻妾、武斷鄉曲一日之快；遂至名節大防掃地以盡者，曰：惟小說之故。今我國民輕棄信義，權謀詭詐，雲翻雨覆，苛刻涼薄；馴至盡人皆機心，舉國皆荆棘者，曰：惟小說之故。今我國民輕薄無行，沈溺聲色，綣戀床第，纏綿歌泣於春花秋月，銷磨其少壯活潑之氣；青年子弟自十五歲至三十歲，惟以多情多感多愁多病爲一大事業，兒女情多，風雲氣少；甚者爲傷風敗俗之行，毒徧社會，曰：惟小説之故。今我國民綠林豪傑，徧地皆是，日日有桃園之拜，處處爲梁山之盟，所謂"大碗酒大塊肉分秤稱金銀論套穿衣服"一等思想，充塞於下等社會之腦中，遂成爲哥老、大刀等會；卒至有如義和拳者起，淪陷京國，啓召外戎，曰：惟小説之故。嗚呼！小説之陷溺人羣，乃至如是，乃至如是！……

任公之論，論小説也。實則其他詩文，亦皆如是；不過較之小説，有顯晦緩急之別耳。昔沈約《宋書·謝靈運傳論》，有"剛柔迭用"之説；劉勰《文心雕龍·镕裁篇》，亦發"剛柔立本"之論。姚鼐竊之，謂文爲陰陽剛柔之發(《答魯絜非書》)。曾國藩更廣之爲太陽太陰少陽少陰四象(見吴汝綸《記古文四象後》)。此言不盡無理。今就文學之功效言之，大抵陽剛之文，利在刺激；陰柔之文，宜於慰藉。例如駱賓王爲《徐敬業以武后臨朝移諸郡縣檄》：

僞臨朝武氏者，性非和順，地實寒微。昔充太宗下陳，嘗以更衣入侍；洎乎晚節，穢亂春宫。密隱先帝之私，陰圖後庭之嬖。入門見嫉，娥眉不肯讓人；掩袖工讒，狐眉偏能惑主。踐元后於翬翟，陷吾君於聚麀。加以虺蜴爲心，豺狼成性，近狎邪僻，殘害忠良，殺姊屠兄，弑君鴆母。人神之所共疾，天地之所不容。猶復包藏禍心，窺竊神器；君之愛子，幽之於別宫；賊之宗盟，委之以重任。嗚呼！霍子孟之不作，朱虚侯之已亡。燕啄皇孫，知漢祚之將盡；龍漦帝后，識夏庭之遽衰。敬業皇唐舊臣，公侯冢子，奉先君之成業，荷本朝之厚恩。宋微子之興悲，良有以也；袁君山之涕流，豈徒然哉！是用氣憤風雲，志安社稷，因天下之失望，順宇內之推心。爰舉義旗，誓清妖孽。南連百越，北盡三河，鐵騎成羣，玉軸相接。海陵紅粟，倉儲之積靡窮；江浦黃旗，匡復之功何遠。班聲動而北風起，劍氣冲而南斗平；喑嗚則山嶽崩頹，叱咤則風雲變色。以此制敵，何敵不摧；以此圖功，何功不克？公等或家傳漢爵，或地协周親，或膺重寄於爪牙，或受顧命於宣室。言猶在耳，忠豈忘心？一抔之土未乾，六尺之孤安在？倘能轉禍爲福，送往事居，共立勤王之勳，無廢舊君之命，凡諸爵賞，同指山河。若其眷戀窮城，徘徊歧路，坐昧先幾之兆，必貽後至之誅。請看今日之域中，竟是誰家之天下！

此文真所謂“氣薄雲天，筆挾雷霆”，讀之者自不覺爲之慨憤激昂。武后歎爲才人，歸咎於宰相不舉，真可謂臨海知己矣。又如岳飛《滿江紅》：

怒髮衝冠，憑欄處、瀟瀟雨歇。抬望眼，仰天長嘯，壯懷激烈。三十功名塵與土，八千里路雲和月。莫等閒、白了少年頭，空悲切！

靖康恥，猶未雪；臣子恨，何時滅？駕長車，踏破賀蘭山缺。壯志饑餐胡虜肉，笑談渴飲匈奴血。待從頭收拾舊山河，朝天闕。

拔山倒海之氣，足使山岳崩頹，風雲變色。與同志者，固當精神百倍；當其鋒者，誰不退避三舍乎？此所謂陽剛之文，其用利在刺激也。又如陶潛《移居》第一首：

昔欲居南村，非爲卜其宅。聞多素心人，樂與數晨夕。懷此頗有年，今日從此役。弊廬何必廣，取足蔽床席。鄰曲時時來，抗言談在昔。奇文共欣賞，疑義相與析。

又如陶潛《飲酒》第五首：

結廬在人境，而無車馬喧。問君何能爾？心遠地自偏。採菊東籬下，悠然見南山。山氣日夕佳，飛鳥相與還。此中有真意，欲辨已忘言。

又如王維《歸嵩山作》：

清川帶長薄，車馬去閑閑。流水如有意，暮禽相與還。荒城臨古渡，落日滿秋山。迢遞嵩高下，歸來且閉關。

又如王維《歸輞川作》：

谷口疎鐘動，漁樵稍欲稀。悠然遠山暮，獨向白雲歸。菱蔓弱難定，楊花輕欲飛。東皐春草色，惆悵掩柴扉。

讀此等詩，又恍若臨桑田草廬，聽山水清音，瀟灑之想，油然而生。“窮賤易安，幽居靡悶”真非虛語。此所謂陰柔之文，其用宜於慰藉也。文學功效，固不可以一二端盡，然大略已具足矣。

總之，文學之功效，在作者方面，可以發引性靈，播聲百代。在讀者方面，就消極而言，可以滿足人性最高一部份之需求；就積極而言，則不惟滿足需求而已，兼可以轉移人之精神之方向也。又嘗論之，人類之精神，爲其生活之原動力，而文學實可以左右之。其功效之大，可想而知。惟是之故，故凡學術家、政治家欲推行其學説或政見，恆假文學爲手段。清末之立憲運動，近年之新文化運動，清末及近年之革命運動；其恃文學爲宣傳鼓吹之具，尤爲顯著。蓋非是不易轉人之精神，堅人之信仰，其收效不能如是之速也。

第五篇　文學之特質

文學之定義既明,其範圍又已確定。就其本體而論其特質,並非難事。然若不與科學、哲學相比較,其特質不易顯著。明乎文學與科學、哲學相異之點,其特質自見矣。梅光迪謂文學與科學、哲學之異點有四(《文學概論講義》第一章),今本其目而略爲去取,亦著爲四事。至持論則不必定襲梅氏也。

(一) 具體與分析

文學家之目的,與科學家、哲學家之目的,根本不同。蓋一在求美一在求真,迥乎異矣。

惟科學、哲學之目的在求真也,故其於一事也,必將原因結果種種經過,詳爲分析,以求真理之所在。於一物也,必將內外各體,詳爲解剖,而後敢定其是非。非然者,其事非真僞,不敢強爲斷定也。

文學家之目的,既在乎美,而美之存在,恆寄於物之全體。故文學家之觀察一物也,其所見者,常爲全物,而非物之某一部分。蓋美物一經分析，其美即將失去矣。

譬有一花於此，其瓣蕊萼葉枝幹，茂麗異常。植物學家欲研究此花，必將瓣蕊萼葉枝幹，分爲數部；甚或將各部更爲分析，目力之所不及者，更以顯微鏡察之，其研究之結果始見。然若將一花分爲數部，更取各部而分析之，其花之美，尚何存乎？文學家之欣賞此花也，必綜各部而合觀之，然後施以藝術手段之描寫，其青枝緑葉、嫣紅姹紫之態，始畢見紙上矣。

文學家與科學家、哲學家之觀察事物，既已不同如是。故其論斷是務之態度，亦判然異途。

譬如善惡二字，哲學中判斷人生行爲之名詞也。顧哲學家言，必推究何者爲善，何者爲惡，人生行爲爲何宜善而不宜惡，源源本本，成一有系統之學說。文學家則異是。彼不言何者爲善，何者爲惡等問題，而惟狀一善人惡人，使其聲音笑貌，歷歷如生，畢現於讀者之前。不必成一學說，而善惡之價值自見。易言之，即哲學家所用者爲“分析”方法，文學家所用者爲“具體”方法也。兹舉數例，以見一斑。如杜甫之《石壕吏》：

> 暮投石壕村，有吏夜捉人。老翁踰牆走，老婦出門看（一作老婦出看門，又看字或作首）。吏呼一何怒！婦啼一何苦！聽婦前致詞：“三男鄴城戍。一男附書至，二男新戰死。存者且偷生，死者長已矣！室中更無人，惟有乳下孫。有孫母未去，出入無完裙。老嫗力雖衰，請從吏夜歸。急應河陽役，猶得備晨炊。”夜久語聲絶，如聞泣幽咽。天明登前途，獨與老翁别。

此詩不言人主不當窮兵黷武，惟寫戰爭時百姓所受之害，所謂具體方法異乎科學、哲學者也。故胡適評之曰:“這首詩寫天寶之亂,只寫一個過路投宿的客人夜裏偷聽得的事,不插一句議論,能使人覺得那時代徵兵之制的大害,百姓的痛苦,丁壯死亡的多,差役捉人的橫行,一一都在眼前,捉人捉到生了孫兒的祖老太太,別的更可想而知了。”(《胡適文存》卷一《論短篇小說》)又曰:“寥寥一百二十個字,把那個時代的徵兵制度,戰禍,民生痛苦,種種抽象的材料,都一齊描寫出來了。這是何等具體的寫法!”(《談新詩》)又如白居易之《賣炭翁》:

賣炭翁,伐薪燒炭南山中。滿面塵灰煙火色,兩鬢蒼蒼十指黑。賣炭得錢何所營?身上衣裳口中食。可憐身上衣正單,心憂炭賤願天寒。夜來城外一尺雪,曉駕炭車輾冰轍。牛困人飢日已高,市南門外泥中歇。翩翩兩騎來是誰?黃衣使者白衫兒。手把文書口稱敕,回車叱牛牽向北。一車炭,千餘斤,宮使驅將惜不得。半匹紅紗一丈綾,繫向牛頭充炭直。

此詩寫窮民之苦,皇差之暴,直使千載後讀之,猶覺不平。然亦正未論及皇差之不應暴也。此亦所謂“具體”方法,與科學家、哲學家異。又如馬致遠之《天淨沙》(本朱彝尊《詞綜說》):

枯藤老樹昏鴉,小橋流水人家,古道西風瘦馬,夕陽西下——斷腸人在天涯。

胡適評之曰:“這首小曲裏有十個影像,連成一串,並作一片蕭瑟的空氣,這是何等的具體的寫法。”(《胡適文存》卷一《談新詩》）又如王實甫《西廂記》第四劇第四折之〔雁兒落〕：

綠依依墻高柳半遮，靜悄悄門掩清秋夜。疏剌剌林梢落葉風，昏慘慘雲際穿窗月。

繼前文者爲〔得勝令〕，其詞曰：

驚覺我的是顫巍巍竹影走龍蛇，虛飄飄莊生夢蝴蝶。絮叨叨促織兒無休歇，韻悠悠砧聲兒不斷絕。痛煞煞傷別，急煎煎好夢兒難捨。冷清清的咨嗟，嬌滴滴玉人兒何處也？

夢後情景，如在目前。王國維謂其佳處在："以許多俗語自然之聲音形容之。"（《宋元戲曲史》第十二章《元劇之文章》）是固然。然若不以"具體"方法描寫，能感人如是乎？

王國維論詞，曾有境界之說。其《人間詞話》曰：

詞以境界爲最上。有境界則自成高格，自有名句。五代北宋之詞所以獨絕者在此。

然詞之境界之佳者，亦正以其用"具體"寫法也。如秦觀之《踏莎行・郴州旅舍》：

霧失樓臺，月迷津渡，桃源望斷無尋處。可堪孤館閉春寒，杜鵑聲裏斜陽暮！

此詞境界佳矣。其所以佳者,以其用"具體"寫法也。

抑所謂境界者,非專指物境而言,有情境焉。故《人間詞話》又曰:

> 境非獨謂景物也,喜怒哀樂,亦人心中之一境界。故能寫真景物、真感情者,謂之有境界。否則謂之無境界。

又不惟有心境,更有事境焉。故王氏《宋元戲曲史》第十二章《元劇之文章》有曰:

> 元劇最佳之處,不在其思想結構而在其文章。其文章之妙,亦一言以蔽之曰:有意境而已矣。何以謂之有意境?曰:寫情則沁人心脾,寫景則在人耳目,述事則如其口出是也。古詩詞之佳者,無不如是。元曲亦然。

王氏舉鄭光祖《倩女離魂》第三折爲寫情之例,其辭曰:

> [醉春風]空服徧腼眩藥不能痊,知他這腤臢病何日起?要好時直等的見他時,也只爲這症候因他上得,得。一會家縹緲呵,忘了魂靈;一會家精細呵,使著軀殼;一會家混沌呵,不知天地。
>
> [迎仙客]日長也愁更長,紅稀也信尤稀。春歸也奄然人未歸。我則道相別也數十年,我則道相隔着几萬里。爲數歸期,則那竹院裏刻徧琅玕翠。

此詞真如彈丸脱手,後人無能爲役。然所以能沁人心脾者，正以其用具體方法也。王氏又舉關漢卿《竇娥冤》第二折爲情事兼寫之例，其辭曰：

［鬭蝦蟆］空悲戚，沒理會，人生死，是輪迴。感著這般病疾，値著這般時勢，可是風寒暑濕，或是飢飽勞役，各人證候自知。人命關天關地，別人怎生替得，壽数非于今世。相守三朝五夕，說甚一家一計。又無羊酒段匹，又無花紅財禮。把手爲活過日，撒手如同休棄。不是竇娥忤逆，生怕傍人論議。不如聽咱勸你，認箇自家悔氣。割舍的一具棺材，停置幾件布帛。收拾出了咱家門裏，送入他家墳地。這不是你那從小兒年紀指脚的夫妻。我其實不關親，無半點悽惶淚。休得要心如醉，意似癡。便這等嗟嗟怨怨，哭哭啼啼。

此曲直是賓白，令人忘其爲曲。真所謂“若自其口出”者也。如無“具體”寫法，能感人如是乎？由此觀之，文學之特質爲“具體的”，可見一斑矣。抑所謂“具體”者，又非專指其描寫方法而言，文學之本體亦如是也。曾國藩《與劉孟容書》曰：

字與字相續而成句，句與句相續而成篇。

《文心雕龍·章句篇》曰：

夫人之立言，因字而生句，積句而成章，積章而成篇。篇之彪炳，章無疵也；章之明靡，句無玷也；句之清英，字不妄也。

故字實爲文章之本。然文章之美,不在於各個字;而存於“積字而爲句,積句而成章,積章而成篇”。苟任取詩文一篇而分析之,以其各個字置於各處,則詩文之價值盡失。故文學之本體,亦爲“具體的”而非“分析的”也。例如有下列兩組散字:

第一組

二 曾 恨 春 曲 前 人 息 江 十 與 無 千 板 上 今 一 年 美 消 條 橋 別 朝 柳 舊 橋 到

第二組

明 夜 夢 一 可 不 心 雁 天 月 來 游 枕 惜 向 期 將 遠 茫 應 熟 啼 人 吳 誤 秋 青 茫 照 處 秋 生 城 去 山 南 雨 住 暮 橋 路

第一組共二十八字,第二組共四十一字。吾人觀此二十八字或四十一字,絕不能定各個字價值之高下,亦絕不能生美感也。然第一組之二十八字,經劉禹錫以藝術手段連綴之,則爲《楊柳枝詞》:

> 春江一曲柳千條,二十年前舊板橋。曾與美人橋上別,恨無消息到今朝!

第二組之四十一字,經吳文英以藝術手段連綴之,則成《點絳唇·有懷蘇州》:

明月茫茫，夜來應照南橋路。夢游熟處，一枕啼秋雨。可惜人生，不向吴城住。心期誤。雁將秋去。天遠青山暮。

至此吾人復觀前兩組字，頓覺各字皆有光彩，美感亦因之而生。故知文學之美，存乎全體，不在其某部分。易言之，即爲"具體的"而非"分析的"也。

（二）主觀與客觀

科學家、哲學家既以求真爲目的，事物之真僞是非，即存乎事物之本體，研究事物者絕不能以意爲之；甚或幾經實驗，始能施以論斷。故科學家、哲舉家恆持"客觀"態度。"想當然耳"之事，兩家所絕無也。

文學家則不然。文學爲感情之産物，感情之發，存乎自身，故文學家恆持"主觀"態度。雖體物之作，有似客觀，然亦不過因物起興，别有所喻，仍以情感爲主。

惟如是也，故同一花卉，科學家視之，不過瓣蕚枝葉之結合；文學家視之，則興美人香草之思。浮雲蔽白日，科舉家視之，不過物理之變化；文學家視之，乃有佞邪欺君之感。花開花落，理所恆在，文學家或以之而感盛衰；水流山靜，自然現象，文學家或因之而寄幽情。此無他，皆"主觀客觀"爲之也。閒嘗考之，古今文學家同寫一物，無相同者。如上官儀《入朝洛堤步月》：

脈脈廣川流，驅馬歷長洲。

鵲飛山月曙;蟬噪野風秋。

李嶠《中秋月》:

圓魄上寒空,皆言四海同。
安知千里外,不有雨和風。

王维《竹里館》:

獨坐幽篁裏,彈琴復長嘯。
深林人不知,明月來相照。

孟浩然《宿建德江》:

移舟泊烟渚,日暮客愁新。
野曠天低樹,江清月近人。

薛奇童《吴聲子夜歌》:

盡掃黄金堦,飛霜皓如雪。
下簾彈箜篌,不忍見秋月。

韋應物《瑯琊懷深標二釋子》:

白雲埋大壑,陰崖滴夜泉。
應居西石室,月照山蒼然。

錢起《江行無題詩》：

兵火有餘燼，貧村纔數家。
無人爭曉渡，殘月下寒沙。

李益《水宿聞雁》：

早雁忽為雙，驚秋風水窗。
夜長人自起，星月滿空江。

以上所舉，均爲詩人描寫月夜之作，或抒高懷，或發怨思。或寫清曠，或陳寂寞。無相同者。雖曰物境之變，而心境實爲之主焉。梁啓超《飲冰室自由書》有《惟心》一篇，與此間所論，可互相發明。其言曰：

境者，心造也。一切物境皆虛幻，惟心所造之境爲真實。同一月夜也：瓊筵羽觴，清歌妙舞，繡簾半開，素手相攜，則有餘樂。勞人思婦，對影獨坐，促織鳴壁，楓葉繞船，則有餘悲。同一風雨也：三兩知己，圍爐茅屋，談今道故，飲酒擊劍，則有餘興。獨客遠行，馬頭郎當，峭寒侵肌，流潦妨轂，則有餘悶。"月上柳梢頭，人約黃昏後"，與"杜宇聲聲不忍聞，欲黃昏，雨打梨花深閉門"。同一黃昏也，而一爲歡憨，一爲愁慘，其境絕異。"桃花流水杳然去，別有天地非人間"，與"人面不知何處去，桃花依舊笑春風"。同一桃花也，而一爲清靜，一爲愛戀，其境絕異。

"舳艫千里，旌旗蔽空，釃酒臨江，橫槊賦詩"，與"潯陽江頭夜送客，楓葉荻花秋瑟瑟。主人下馬客在船，舉酒欲飲無管絃"。同一江也，同一舟也，同一酒也，而一爲雄壯，一爲冷落，其境絕異。然則天下豈有物境哉？但有心境而已。

任公所論，最爲明晰，不啻爲習文學者說法也。又常論之，一人之感情，亦時有變易。故一人同詠一物，因今昔心境有異，其作品亦異趣焉。李商隱《霜月》詩曰：

初聞征雁已無蟬，百尺樓高水接天。青女素娥俱耐冷，月中霜裏鬬嬋娟。

《月夕》詩曰：

草下陰蟲葉上霜，朱欄迢遞壓湖光。兔寒蟾冷桂花白，此夜姮娥應斷腸。

《常娥》詩曰：

雲母屏風燭影深，長河漸落曉星沈。常娥應悔偷靈藥，碧海青天夜夜心。

《西亭》詩曰：

此夜西亭月正圓，疎簾相伴宿風烟。梧桐莫更翻清露，孤鶴從來不得眠。

《同學彭道士參寥》詩曰：

莫羨仙家有上真，仙家暫謫亦千春。月中桂樹高多少？試問西河斫樹人。

《偶題》詩之二曰：

清月依微香露輕，曲房小院多逢迎。春叢定是饒棲鳥，飲罷莫持紅燭行。

《月》詩曰：

過水穿樓觸處明，藏人帶樹遠含情。初生欲缺虛惆悵，未必圓時即有情。

《夜冷》詩曰：

樹遶池寬月影多，村砧塢笛隔風蘿。西亭翠被餘香薄，一夜將愁向敗荷。

以上所引，均爲義山月夜之作。其所寫情景，亦各不同。物境之變，固亦有焉，心境實爲之主也。沈端節《虞美人》曰：

去年寒食初相見，花上雙飛燕。今年寒食又花開，垂下重簾,不許燕歸來。

寒食猶是也,雙燕猶是也,而心情變矣。朱淑真《生查子·元夕》曰:

> 去年元夜時,花市燈如晝。月上柳梢頭,人約黃昏後。　今年元夜時,月與燈依舊。不見去年人,淚濕青衫袖。

同一元夜也,同一花市也,同一月也,同一燈也,而心境變矣。沈、朱之作,直爲文學家之自述矣。

閒嘗論之,文學家多主汎神論,風花雪月一切無知識之物,文學家咸能加之以人格化,一若其真有感情意志然,故可以任其"主觀"而支配之也。李白《九日龍山飲》曰:

> 九日龍山飲,黃花笑逐臣。
> 醉看風落帽,舞愛月留人。

黃花既不解笑,月亦何能留人。此李白任意支配花月也。《勞勞亭》曰:

> 天下傷心處,勞勞送客亭。
> 春風知別苦,不遣柳條青。

春風何能知離別之苦?柳條之青,亦非所遣,此太白命令春風也。王昌齡《送竇七》曰:

> 清江月色傍林秋，波上熒熒望一舟。鄂渚輕舟須早發，江邊明月爲君留。

月既無識，何解留客？此自欲留客而假月爲辭耳。舉上三例，足見一斑。凡此皆根文學家之“主觀”而生，科學家、哲學家絕不能作此類語也。

（三）真實與虛僞

科學家、哲學家既以求真理爲目的，故研究之結果，或是或非，或“真”或“僞”，其言必甚確實。科學、哲學之可以見諸實驗者，固如是矣。即其不能見諸實驗，而專任理想者，其理想亦必有所根據。據一定之原理，始能得相當之結論，絕無“以意爲之”、“想當然耳”之事也。如哲學家之解釋宇宙，或主進化，或主創化，或主輪化，其論固有不同。然無論所主如何，其言論必有所根據。持之有故，言之成理，始能成一家之學說。故其所言雖未必盡是，而當其發爲此論時，其個人必認爲有“真實”性也。文學則不然。文學之内容，既爲感情想像，感情無評判是非真僞之力，想像亦常流於虛幻，故文學家之目的，惟其美不惟其“真”。蓋真者未必盡美，美者未必盡真也。故劉申叔《論美術與徵實之學不同》（《國粹學報》丁未第三十三期）曰：

> 貴真者近於徵實，貴美者近於飾觀。至於徒尚飾觀，不求徵實，而美術之學遂與徵實之學相違。何則？美術者，以

飾觀爲主者也。既以飾觀爲主,不得不遷就以成其美。

又曰:

> 蓋美術以性靈爲主,而實學則以考覈爲憑。若於美術之微,必欲責其徵實;則與美術之學,反去之遠矣。

文學即美術之一,故文學家之言,亦恆不能徵信。前述《主觀與客觀》,謂文學家主汎神論,一切無知識之物,均能加之以人格化。故李太白可使黄花解笑,王少伯能遣明月留人。此即文學不能徵實之驗也。是理也,古人亦嘗有論之者。《孟子·萬章上》曰:

> ……咸丘蒙曰:"舜之不臣堯,則吾既得聞命矣。《詩》云:'普天之下,莫非王土;率土之濱,莫非王臣。'而舜既爲天子矣,敢問瞽瞍之非臣如何?"曰:"是《詩》也,非是之謂也。勞於王事,而不得養父母也。曰:'此莫非王事,我獨賢勞也。'故説《詩》者,不以文害辭,不以辭害志,以意逆志,是爲得之。如以辭而已矣,《雲漢》之詩曰:'周餘黎民,靡有孑遺。'信斯言也,是周無遺民也。"

《盡心下》孟子又曰:

> 盡信書,則不如無書。吾於《武成》,取二三策而已矣。仁人無敵於天下,以至仁伐至不仁,而何其血之流杵也。

文學家之言不能徵實，蓋孟子有以知之矣。其後荀子謂："善爲詩者不說。"董仲舒謂："詩無達詁。"王應麟《困學紀聞》謂即孟子"不以文害辭不以辭害志"之意。故孟子之說《詩》、《書》，實開後儒無限法門。

劉向《說苑·奉使篇》亦曰：

> 《詩》無通故，《易》無通占，《春秋》無通義。

蓋文學家之語，乃文言而非質言。故每事增益，不如此不足使讀者娛心悅目也。王充《論衡·藝增篇》論此理甚詳。其言曰：

> 著文垂辭，辭出溢其真，稱美過其善，進惡没其罪。何則？俗人好奇，不奇言不用也。故譽人不增其美，則聞者不快其意；毁人不益其惡，則聽者不愜於心。……

《藝增篇》又舉多例以明之。其言曰：

> 《尚書》："協和萬國。"是美堯德致太平之化，化諸夏并及夷狄也。言協和方外，可也；言萬國，增之也。夫唐之與周，其治五千里內。周時諸侯千七百九十三國，荒服戎服要服，及四海之外不粒食之民，若穿胸儋耳焦僥跋踵之輩，并合其數，不能三千。天之所覆，地之所載，盡於三千之中矣。而《尚書》云萬國，褒增過實，以美堯也。欲言堯之德大，所化者衆，諸夏夷狄，莫不雍和，故曰萬國。猶

《詩》曰"子孫千億"矣。美周宣王之德,能慎(一作順)天地,天地祚之,子孫衆多,至於千億。言子孫衆多,可也;言千億,增之也。夫子孫雖衆,不能千億。詩人頌美,增益其實。案:后稷始受邰封,訖於宣王,宣王以至外族内屬,血脈所連,不能千億。夫千與萬,數之大名也。萬言衆多,故《尚書》言萬國,《詩》言千億。《詩》云:"鶴鳴九皐,聲聞於天。"言鶴鳴九折之澤,聲聞於天,以喻君子修德窮僻,名猶達朝廷也。其聞高遠,可矣;言其聞於天,增之也。彼言聲聞於天,見鶴鳴於雲中,從地聽之,度其聲鳴於地,當復聞於天也。夫鶴鳴雲中,人聞聲仰而視之,目見其形,耳目同力,耳聞其聲,則目見其形矣。然則耳目所聞見,不過十里。使參天之鳴,人不能聞也。何則?天之去人以萬數,遠則目不能見,耳不能聞。今鶴鳴從下聞之,其鳴近也。以從下聞其聲,則謂其鳴於地,當復聞於天,失其實矣。其鶴鳴於雲中,人從下聞之;如鳴於九皐,人無在无上者,何以知其聞於天上也?無以知,意從准況之也。詩人或時不知至誠以爲然,或時知而欲以喻事,故增而甚之。《詩》曰:"維周黎民,靡有孑遺。"是謂周宣王之時,遭大旱之災也。詩人傷旱之甚,民被其害,言無有孑遺一人不愁痛者。夫旱甚則有之矣;言無有孑遺一人,增之也。夫周之民,猶今之民也。使今之民也,遭大旱之災,貧羸無蓄積,扣心思雨;若其富人穀食饒足者,廩囷不空,口腹不飢,何愁之有?天之旱也,山林之間不枯;猶地之水,丘陵之上不湛也。山林之間,富貴之人,必有遺脱者矣。而言靡有孑遺,增益其文,欲言旱甚也。

仲任之論，剴切著明。其下文舉證甚多，茲不多引。《論衡》又有《語增》、《儒增》、《書虛》等篇，持論亦與此相近。學者可視覽之。《文心雕龍·夸飾篇》亦論此理，其言曰：

自天地以降，豫入聲貌，文辭所被，夸飾恆存。雖《詩》、《書》雅言，風格訓世，事必宜廣，文亦過焉。是以言峻則嵩高極天，論狹則河不容舠；說多則子孫千億，稱少則民靡孑遺。襄陵舉滔天之目，倒戈立漂杵之論。辭雖已甚，其義無害也。且夫鴞音之醜，豈有泮林而變好；荼味之苦，寧以周原而成飴？並意深褒讚，故義成矯飾。大聖所錄，以垂憲章。孟軻所云："說詩者不以文害辭，不以辭害意"也。

至如氣貌山海，體勢宮殿，嵯峨揭業，熠燿焜煌之狀，光采煒煒而欲然，聲貌岌岌其將動矣。莫不因夸以成狀，沿飾而得奇也。於是後進之才，獎氣挾聲，軒翥而欲奮飛，騰擲而羞跼步；辭入煒燁，春藻不能程其豔；言在萎絕，寒谷未足成其凋。談歡則字與笑並，論慼則聲共泣偕。信可以發蘊而飛滯，披瞽而駭聾矣。

古人論文，此類甚多，不能徧舉。故文學家之言，絕不能科之以真實也。今復舉古人文辭以明之。屈原《離騷》曰：

……跪敷衽以陳辭兮，耿吾既得此中正。駟玉虬以乘鷖兮，溘埃風余上征。朝發軔於蒼梧兮，夕余至乎縣圃。欲少留此靈瑣兮，日忽忽其將暮。吾令羲和弭節兮，望崦嵫而勿迫。路曼曼其脩遠兮，吾將上下而求索。飲余馬於咸池兮，搃余轡乎扶桑。折若木以拂日兮，聊逍遙以相羊。前望舒使先驅兮，後飛廉使奔屬。鸞皇爲余先戒兮，雷師告余以未具。吾令鳳鳥飛騰兮，繼之以日夜。飄風屯其相離兮，帥率雲霓而來御。紛總總其離合兮，斑陸離其上下。吾令帝閽開關兮，倚閶闔而望予。時曖曖其將罷兮，結幽蘭而延佇。世溷濁而不分兮，好蔽美而嫉妬。朝吾將濟於白水兮，登閬風而緤馬。忽反顧以流涕兮，哀高邱之無女。溘吾遊此春宮兮，折瓊枝以繼佩。及榮華之未落兮，相下女之可詒。吾令豐隆乘雲兮，求宓妃之所在。解佩纕以結言兮，吾令蹇脩以爲理。紛總總其離合兮，忽緯繣其難遷。夕歸次於窮石兮，朝濯髮於洧盤。保厥美以驕傲兮，日康娛以淫遊。雖信美而無禮兮，來違棄而改求。覽相觀於四極兮，周流乎天余乃下。望瑤臺之偃蹇兮，見有娀之佚女。吾令鴆爲媒兮，鴆告余以不好。雄鳩之鳴逝兮，余猶惡其佻巧。心猶豫而狐疑兮，欲自適而不可。鳳皇既受詒兮，恐高辛之先我。欲遠集而無所止兮，聊浮游以逍遙。及少康之未家兮，留有虞之二姚。理弱而媒拙兮，恐導言之不固。世溷濁而嫉賢兮，好蔽美而稱惡。閨中既已邃遠兮，哲王又不寤。懷朕情而不發兮，余焉能忍與此終古。……

此段所陳純屬虛搆，絕不能證之以事實也，然此猶不過一篇之中一段耳。古人之文，全篇純屬空想者，亦數見不鮮。屈原《九歌·湘夫人》曰：

帝子降兮北渚，目渺渺兮愁予。嫋嫋兮秋風，洞庭波兮木葉下。登白蘋兮騁望，與佳期兮夕張。鳥何萃兮蘋中，罾何爲兮木上？沅有芷兮澧有蘭，思公子兮未敢言。荒忽兮遠望，觀流水兮潺湲。麋何食兮庭中，蛟何爲兮水裔？朝馳余馬兮江皋，夕濟兮西澨。聞佳人兮召余，將騰駕兮偕逝。築室兮水中，葺之兮荷蓋。蓀壁兮紫壇，播芳椒兮成堂。桂棟兮蘭橑，辛夷楣兮藥房。罔薜荔兮爲帷，擗蕙櫋兮既張。白玉兮爲鎮，疏石蘭兮爲芳。芷葺兮荷屋，繚之兮杜衡。合百草兮實庭，建芳馨兮廡門。九嶷繽兮並迎，靈之來兮如雲。捐余袂兮江中，遺余褋兮醴浦。搴汀洲兮杜若，將以遺兮遠者。時不可兮驟得，聊逍遙兮容與！

湘夫人本爲莫須有之物，而篇中所言，又屬空想，此全篇不能徵實者也。後此如宋玉《神女賦》、曹植《洛神賦》、陶潛《桃花源記》及理想派之小說，亦皆如此。抑文學家之言，不惟其內容不能徵實，其造句亦時違常軌。如江淹《恨賦》曰：

或有孤臣危涕，孽子墜心。

涕當云墜，心當云危，易墜涕爲危涕，易危心爲墜心，顯與事實相違矣。又如杜甫《醉時歌》：

清夜沈沈動春酌，燈前細雨簷花落。

燈簷二字互易，始能有意。故普通所謂文法，不能持之以律文學家之文也。不惟此也，文人之用事，亦有乖於“真實”

者。故劉師培《論美術與徵實之學不同》曰：

> 文人之失，或用事不考其源。如海客乘槎，誤為博望；姮娥竊藥，指爲羿妻，是也。

不惟用事如此，文學家之用字，亦時有乖"實"者。《說文解字》第一上"玉部"云：

> 瓊，赤玉也。

而謝惠連《雪賦》乃曰：

> 庭列瑤階，林挺瓊樹。

此間瓊字作白色解，與字之本義相違矣。

或曰：苟如所論，文學家之言，既不足取信於人。宜其無價值矣。

曰：是不然。文學之作用，在使人受其感動。感情本無辨別是非真僞之力；故吾人讀屈原之《離騷》、《湘夫人》，止覺其情意纏綿，哀婉動人；讀陶潛之《桃花源記》，亦如身入武陵洞中，精神上得大解脫。並不能辨其真僞，亦不暇辨其真僞也。蓋文學家之言，雖時有失實之處；而所言亦自不能越乎人情之外，故胡適評《聊齋志異》曰：

> 蒲松齡雖喜說鬼狐，但他寫鬼狐却都是人情世故，於理想主義之中，却帶幾分寫實的性質。這實在是他的長

處。(《論短篇小說》)

此評甚是。然則古今文人之作品,又豈獨《聊齋志異》爲然哉?

(四) 永久價值與暫時價值

科學哲學之價值,存乎真理。然世間無絶對之真理,苟世間有絶對真理,則世界之進化,將從此而終止矣。故前代所謂真理,後代或視爲妄言。如古人以君臣間之道德爲天經地義,今日三尺童子皆知其謬;以君臣之名既去,其道德亦無所附麗也。蓋科學哲學上之所謂是非真僞,恆有進化,故每一定理發明時,舉世無人反抗者,其定理固能轟動一時。然若有第二定理推倒前一定理時,前一定理即失其價值。此科學哲學所以止有"暫時價值"也。文學則不然。屈宋之騷賦,李杜之詩歌,或代更十數,或時歷千年,後人猶諷高歷賞,讚歎不置。繼此以往,雖百世以下可知矣。

閒嘗論之,文學作品,無理可言。故嚴羽《滄浪詩話》曰:

夫詩有別材,非關書也。詩有別趣,非關理也。

明華亭某氏《雲間雜誌》(見陸烜《奇晉齋叢書》)有曰:

古云:"詩有別才。"吾鄉馮子潛不曾讀《四書》,詩儘佳,有集行世。又一友少讀書至《雍也》第六,即棄去,後作詩,亦有奇句。古語當亦有據。

詩即文學之一體，文學既無關乎書理，故無是非真僞可言。如《古詩十九首・冉冉孤生竹》曰：

> 冉冉孤生竹，結根泰山阿。與君爲新婚，兔絲附女蘿。兔絲生有時，夫婦會有宜。……

以此詩言之，首二句與三四兩句有何關係？第四句與第三句又有何關係？其中絶無道理可言。然此猶可以比語釋之。至五六兩句，則直以因果之口氣出之。以論理學之公式列之，三四五六四句，似當如下式：

大前提　（我）與君（結）爲新婚，（如）兔絲（之）附女蘿。

小前提　（因）兔絲生有時，

結　論　（故）夫婦（即我與君）會有宜。

觀上式不覺令人失笑，因兔絲之生於夫婦之會，絶無因果關係也。然吾人讀此詩，止覺其美，有理無理，不暇置問。故文學之中，實無是非真僞可言；既無是非真僞，故後人不能推倒前人也。試執白居易之詩與吴偉業之詩相比較，其藝術之優劣，因各人眼光不同，容有可議；至談及是非，則無可置喙處。故白吴之作，均有不朽之價值。

抑又有可論者，科學哲學之目的在使人知，文學之目的在使人感。故科學哲學於人心屬理智範圍，文學於人心屬感情範圍。人之判斷是非真僞之能力，常隨知識爲高下；而人之感情則絕不隨知識之高下爲厚薄。故文明人之知識,較野蠻人爲高,其感情不必較野蠻人爲厚。古人之知識,較今人爲低,其感情不必較今人爲薄。蓋知識之進化,甚爲顯著;而感情有無進化,則殊不易言。文學既爲感情之表露,故古人之文學,歷萬代而常新也。

又有一事爲吾人所不可不知者,科學哲學之不朽,全恃其真理之傳播,其著作原文,則無足輕重。故研究地心吸力之理者,不必讀牛頓(Newton)原著;研究幾何學者,不必讀遊克立德(Znclids)原著也。文學則不然。吾人讀古人之詩文,非欲得其真理也;除領略其情志之外,兼欲欣賞其文辭焉。故文學作品之原本,最爲重要。此亦文學有“永久價值”之一因也。

第六篇　文學之起源

古人論文學之起源，約有三說。其一斷自文字發明以後，其二則證之於古代文學之作品，其三則推論於未有文字之前。

主第一說者，以蕭統爲最著。《文選序》曰：

> 式觀元始，眇覿玄風。冬穴夏巢之時，茹毛飲血之世，世質民淳，斯文未作，逮乎伏羲氏之王天下也，始畫八卦，造書契，以代結繩之政，由是文籍生焉。《易》曰："觀乎天文，以察時變；觀乎人文，以化成天下。"文之時義遠矣哉。

後人不明文學原理者，多主此說。直至近世，姚永樸《文學研究法·起源第一》猶引《說文序》而斷斷於文字之間。蓋文學之在後世，與文字本不能相離；故一語及文學，即聯想文字之發明，势宜然矣。實則爲文學爲達情之具，情之在人，與生俱來。小兒啼笑，即存詩意；愚夫談謔，時見雅音。小兒愚夫，固不識文字爲何物；然以其所表達者，書之竹帛，即爲至美之文學。未有文字之前，其人稟氣懷靈，自亦富有情感。其發舒情感，形諸歌詠，即爲文學之起源。故論文學起源，決不能斷自文字發明以後，昭明之言，未足信也。

主第二說者，以鄭玄爲最著。《詩譜序》曰：

> 詩之興也，諒不於上皇之世。大庭軒轅逮於高辛，其時有無，載籍亦蔑云焉。《虞書》曰："詩言志，歌永言，聲依永，律和聲。"然則詩之道放於此乎？

康成之言，亦未足信。"夫人稟七情，應物斯感。感物吟志，詩因以生。情與生俱，詩由情發。雖黄農以上，載籍蔑云；而稟氣懷靈，不容小異。原其所始，貴明情理；文或不傳，何勞舉例乎？"（舊著《毛詩周南經序傳箋文例略說》）

主第三說者，以沈約爲最有名。《宋書·謝靈運傳論》曰：

> 民稟天地之靈，含五常之德，剛柔迭用，喜愠分情。夫志動於中，則歌詠外發。六義所因，四始攸繫。升降謳謡，紛披風什。雖虞夏以前，遺文不覩；稟氣懷靈，理無或異。然則歌詠所興，宜自生民始也。

休文所論，至爲明晰。《文心雕龍·原道篇》之言，似亦與此相近；惟尚依違於庖犧畫卦，故不縏引。王灼《碧雞漫志》曰：

> 或問歌曲所起。曰：天地始著人生焉，人莫不有心，此歌曲所以起也。

此說與休文之言可互相發明。

朱熹《詩集傳序》,更進而論文學起源之理由。其言曰:

人生而靜,天之性也;感於物而動,性之欲也。夫既有欲矣,則不能無思。既有思矣,則不能無言;既有言矣,則言之所不能盡,而發於吁嗟詠歎之餘者,必有自然之音響節奏,而不能已焉。此詩之所以作也。

阮元《文言說》更證明初民文學,必爲韻語。其言曰:

古人無筆砚紙墨之便,往往鑄金刻石,始傳久遠。其著之簡策者,亦有漆書刀削之勞,非如今人下筆千言,言事甚易也。……《左傳》曰:“言之無文,行之不遠。”此何也?古人以簡策傳事者少,以口舌傳事者多。以目治事者少,以口耳治事者多。故同爲一言,轉相告語,必有愆誤(《說文》:“言,从口,辛聲。”辛,愆也。)是必寡其詞,協其音,以文其言;使人便於記誦,無能增改,且無方言俗語雜於其間,始能達意,始能行遠。此孔子於《易》所以著文言之說也。古人歌詩箴銘諺說,凡有韻之文,皆此道也。《爾雅》《釋訓》主於訓蒙,“子子孫孫”以下,用韻者三十二條,亦此道也。

由此言之,未有文字之前,人之傳事,不更當以口舌乎?其爲韻語,更又何疑?故沈王朱阮之說,於文學起源,析論至爲精確,雖西儒之論,亦未能過也。

閒嘗論之，明文學起源，當注意者，有三事焉。第一，當明文學發生之理由。第二，當明文學起源必爲韻語。第三，當明最初文學之特質。此三事也，梅光迪《文學概論》第二章，析論甚詳，今略舉其說以備論焉。

人類何因而有文學？其理由有四：一曰娛樂。人類爲有情動物，避苦就樂，性所同然。文學可以標舉興會，慰藉性靈。因藉以爲娛情之具焉。二曰恢復疲乏。人類操勞過度，或憂患當前，生理心理，俱覺不適。高歌可以忘倦，吟詠足能破悶，因藉之以消遣焉。以上二者，梅氏所謂"遊戲性"也。三曰傳世。梅氏所謂"歷史性"也。不朽之心，賢愚所同。未有文字之前，父祖或酋長之功德，既不能著之竹帛，故每製爲詩歌，以教部下而示子孫，使轉相告語代代不絕。觀古代文學，多敘先民遺烈，即其證矣。四曰自表。己有所感，樂與人共。樂感固爾，悲感亦然。蓋神經一受刺激，即失其平，非經宣洩，則夢寐難安。所謂感物而動，動於中必形於外。雖欲自秘，若有不容自已者，文學爲發引性靈之物，故藉之以宣洩憂樂焉。

有上四因，故文學之發生，或轉較其他美術爲早。蓋其他美術，多由模仿而生。如繪畫由於模仿鳥獸蹄迒之跡，音樂由於模仿鳥獸之鳴聲。而文學則發自內力，不由外仿也。

文學起源何以必先韻語？其理由有二：一曰韻文利於抒情也。文學本爲抒情之物，而發舒情感，散文實遠不及韻文。此理不必於深處追求，止就其能吟詠與否論之，其利鈍自見矣。如韋莊《立春日作詩》曰：

> 九重天子去蒙塵，御柳無情依舊春。今日不關妃妾事，始知辜負馬嵬人。

取此詩而加以改定,令其不合韻。如云:

> 九重天子去蒙塵,御柳無情依舊春,今日不關妃妾事,始知辜負楊貴妃。

"馬嵬人"三字易作"楊貴妃",詩意無變,而表情如有不足,讀者亦減却美感矣。

二曰韻文利於記誦流傳也。文學發生既遠在未有文字之前,自不能不藉有韻之文,以便記誦而資流傳。《漢書·藝文志》曰:

> 孔子純取周詩,上采殷,下取魯,凡三百五篇。遭秦而全者,以其諷誦不獨在竹帛故也。

蓋有韻之文利於記誦,故易於流傳也。

最初文學之特質,可分四端言之:

一曰羣衆的。上古文學流傳至今者,多無作者姓名,不知出自誰何之手。如《擊壤歌》(皇甫謐《高士傳》)、《康衢謠》(《列子》)、《詩三百》篇,大抵多民間歌謠,非如後世詩人專家所作也。

二曰自然的。古代文學,只求聲韻和諧,無格律可言。苟有所感,吐辭即成。閭巷齊命,時有著作。《三百篇》中,不勝枚舉。至後世則格律謹嚴,非文學專家,不能下筆矣。

三曰音樂的。《關雎序》曰:"言之不足,故嗟歎之;嗟歎之不足,故永歌之,永歌之不足,不知手之舞之足之蹈之也。"《詩三百》篇，皆可被之管絃。《左傳》所載，列國往來，亦多歌詩以盡賓主之歡。此可證古初文學與音樂合一。自漢以後，詩樂分離矣。

四曰實用的。《呂氏春秋·季夏紀·古樂篇》曰：

> 昔葛天氏之樂，三人操牛尾投足以歌八闋：一曰《載民》，二曰《玄鳥》，三曰《遂草木》，四曰《奮五穀》，五曰《敬天常》，六曰《建帝功》，七曰《依地德》，八曰《總禽獸之極》。（高誘注曰：上皆樂之八篇名也）

《禮記·郊特牲》載伊耆氏之《蜡辭》曰：

> 土反其宅，水歸其壑，昆蟲毋作，草木歸其澤。

上引兩例，皆農人祀神之曲。蓋原始文學，多起於宗教；而人類自保之具，莫急於食。故於祀神之際，常顯其祈求焉。至於後世，則脫去先民實用之跡，進而爲純粹之藝術矣。

第七篇　文學之進化

文學既以情感爲主,無是非可言,非如科學哲學可以後人推倒前人。故其進化,甚不易明。然亦絕不能謂其有退化也。乃國人好古情深,富保守性,以爲前賢佳製,足以超絕百代;後輩繼作,不易方軌古人,於是反有退化之説焉。

盧藏用《唐右拾遺陳子昂文集序》曰:

> 昔孔宣父以天縱之才,自衛反魯。乃删《詩》定《禮》,述《易》道而修《春秋》。數千百年,文章燦然可觀也。孔子殁二百歲而騷人作,於是怨麗浮侈之法行焉。漢興二百年,賈誼馬遷爲之傑。憲章禮樂,有老成之風。長卿子雲之儔,瑰詭萬變,亦奇特之士也。惜其王公大人之言,溺於流雜而不顯。其後班張崔蔡曹劉潘陸,隨波而作。雖大雅不足,其遺風餘烈,尚有典型。宋齊之末,蓋顦顇矣。逶迤陵頹,流靡忘返。至於徐庾,天之將喪斯文也。後進之士,若上官儀者,繼踵而生。於是風雅之道,掃地盡矣。

此其所論,在吾人觀之,不惟不足證成進化之說,或乃適得其反焉。姚永樸《文學研究法·運會》第七曰:

……今縱而觀之,雖歷代英才,應運而出。然元明清文學遜於宋,宋遜於唐,唐遜於周秦兩漢。豈不能不爲時代所限與?

近見陳懷《辛白論文》,其《總論》第九亦曰:

嗚呼!文章之道,與世運而俱衰。繼而今以往,吾又不知其何所終矣!

周秦漢唐以迄明清之文學,何嘗遞代相遜;文章之道,亦不隨世運以俱衰。曹丕《典論·論文》曰:"常人貴遠賤近。"姚陳二氏之爲此言,將亦泥古不化之謂耶?

近年以來,胡適大昌文學進化之說。其進化觀念,根其歷史的文學觀念而來。其所謂歷史的文學觀念,詳見其所著《歷史的文學觀念論》(《胡適文存》卷一)。其言曰:

居今日而言文學改良,當注重"歷史的文學觀念"。一言以蔽之,曰:一時代有一時代之文學。

一時代有一時代之文學,此言是矣。然不能持此以談文學之進化也。乃胡氏《文學進化觀念與戲劇改良篇》(《胡適文存》卷一)又曰:

文學進化觀念有四層意義，每一層含有一個重要的教訓。第一層總論文學的進化：文學乃是人類狀態的一種記載，人類生活隨時代變遷，故文學也隨時代變遷，故一代有一代的文學。周秦有周秦的文學，漢魏有漢魏的文學，唐有唐的文學，宋有宋的文學，元有元的文學。《三百篇》的詩人做不出《元曲選》，《元曲選》的雜劇家也做不出《三百篇》。左邱明做不出《水滸傳》，施耐菴也做不出《春秋左傳》。這是文學進化觀念的第一層教訓，最容易明白，故不用詳細引證了。……

各代有各代之文學，固也。然漢魏之文學不必較周秦爲善；唐宋元之文學，亦不必遞代相勝也。《三百篇》詩人不能作《元曲選》，左邱明不能作《水滸傳》，固也。然《元曲選》、《水滸傳》之價值，能定其超過《三百篇》、《春秋左傳》乎？由是觀之，胡氏所舉之例，未足證明其文學進化之說也。

然胡氏又有例證焉。其《答錢玄同書》(《胡適文存》卷一)曰：

由詩而變爲詞，乃是中國韻文史上一大革命。五言七言之詩，不合語言之自然，故變而爲詞。詞舊名長短句。其長處正在長短互用，稍近語言之自然耳。……

然詞亦有二短：(一) 字句終嫌太拘束；(二) 只可用以達一層或兩層意思，至多不過能達三層意思。曲之作，所以救此兩弊也。有襯字，則字句不嫌太拘。可成套數，則可以作長篇。故詞之變爲曲，猶詩之變爲詞，皆所以求

> 近語言之自然也。最自然者，終莫如長短無定之韻文。元人之小詞，即是此類。……

胡氏之意，以爲文學由不自然而趨於自然，爲文學之進化。五七言之不自然，固也。然即總五七言律詩之格，不逾十數式。而詞之調名，則数十倍於律詩而不止。且五七言詩，其字數皆有一定，甚爲簡單。而詞之字數，則因调名而異。某句宜爲三字，不能易爲五字；某句宜爲六字，不能易爲七字。又除少數平仄皆可之字外，某句第幾字應爲平聲，不能易爲仄聲；應爲仄聲，不能易爲平聲。某調宜押平韻，不能易爲仄韻；某調宜押仄韻，不能易爲平韻。以與五七言詩相較，孰爲自然，孰爲不自然，明鑑者自能知之。

曲源於詞，而其規則又加嚴密。詞不過辨平仄而已。曲則不僅明四聲，且進而論陰陽焉。故詞之變爲曲，亦有自然而趨於不自然，與胡氏所論適相反也。且即依胡氏之論，五七言詩變爲詞，詞變爲曲，爲由不自然而趨於自然，爲進化。然若由五七言詩溯而上之，五七言之定形詩，固自長短句之不定形詩變化而來也。此亦爲由不自然趨於自然乎？此亦爲進化乎？若更自詞曲之後言之，則胡氏之說，適足自陷。胡氏曰：

> 至於皮簧，則殊無謂。皮簧或十字爲句，或七字爲句，皆不近語言之自然。能手為之，或亦可展舒自如，不限於七字十字之句，如《空城計》之城樓一段是也。然不如直作長短句之更爲自由矣。

皮簧固由曲轉變而來，果如胡氏所論，皮簧不及曲之自然,是反退化矣。何其説之顛倒乎?

或曰:五七言詩變爲詞,詞變爲曲,果爲進化否乎?曰:是進化也。其理當於後幅詳之。惟胡氏以自然不自然爲進化之標準,是大誤耳。舊派退化之説,既不能成立;新派進化之説,又徒自躓而不足服人,於是無進無退之説生焉。吴芳吉《三論吾人眼中之新舊文學觀》(《學衡》第三十一期)曰:

> 新派以歷史爲進化之事,文學原理既根據於歷史觀念,則文學亦有進化。此新派人人所主張者也。自文學之大體觀之,文自二典之後而有羣經,羣經之後而有諸子,諸子之後而有兩京,兩京之後而有六朝,有八家,似進化矣。詩自《三百篇》後而有《楚辭》,《楚辭》之後而有樂府,有古詩,樂府古詩之後,而有近體,而有詞有曲,似亦進化矣。然文之奇者,莫過於周秦;詩之雅者,莫高於唐宋。周秦以後未嘗無文,要皆祖述於彼也;唐宋以後未嘗無詩,要皆取則於此也。果有進化,胡爲至斯而稱極耶?又自個人觀之。文如屈子《卜居》,東方《客難》,揚雄擬爲《解嘲》,崔駰擬爲《達旨》,班固擬爲《賓戲》,張衡擬爲《應閒》,愈下愈劣,至不可讀。詩如蘇李贈答,枚乘託興,阮籍效爲《詠懷》,陸機效爲《擬古》,江淹效爲《雜體》,子昂效爲《感遇》,輾轉相師,了無新氣。似進化之説,未可必也。以是而又有文學退化之説。謂後世之文,如自高降下,每代不如。故科學貴於日新,文學宜於復古。此舊派中人所常談也。然文學果爲退化,則今日所從事者,但有歌謡已足。胡爲後世之文密於戰國,戰國之文美於二代耶?韓愈《進學》一解,跨《卜居》、《客難》而上之;李白大雅之

詞，較蘇李枚乘而無愧。古今文士贏於一時而輸於千載者，蓋不可以數計矣。況復古不必有成，成亦必其無益。李杜已往之詩，韓柳已往之文，縱使依樣復生，何足濟於此世？人貴自立，豈在依附古人爲歟？是退化之說，又未可爲信也。詩之始也，無格調之異也。兩漢以後而古風行，齊梁以後而近體作。古風擅乎自然，而失之平易；近體擅乎工整，而失之雕刻。孰爲進化也歟？孰為退化也歟？文之初也，無體制之異也。至六朝而駢文倡，至中唐而古文盛。駢文之美麗以則，而其弊也淫俗；古文之美質以樸，而其弊也率淺。是又文之進化也歟？退化也歟？詩有近體，便有聲律；文有散行，自生義法。此又不得不謂之進也。然死守聲律，則機械不靈；拘執義法，則空疏無當，致流爲後世索漠寡趣之文運，是又不得不謂之退矣。短篇小說，較章回之體爲有剪裁，進矣。而竟窮濫不可收拾，退也。白話詩歌，較律絕之嚴爲多自由，進矣。而今粗恶不由正道，退也。今之報紙文章，意無不達，以視昔之策論，進矣。而藝術不修，言多益少，退也。今之研究文章者，動引漢學家治經之法，分析綜合，真僞無遺，進矣。而支離瑣碎，不得體要，退也。是又孰真進耶？孰真退耶？孰可以進化論耶？孰可以退化定耶？有進有退，無進無退，旋進旋退，即進即退，進退相尋，終不可息，則吾果安歸耶？然文學之推衍，不如是也。文學固非進化，亦非退化，文學乃由古今相孳乳而成也。古今相孳乳而成者，古今作家相生以成之謂也。如文之生字，字不離文，不得以九千之字，謂爲五百餘文之進化也。如父之生子，子實依父，然父不必賢於其子，子不必不肖於其父也。

文學亦然。古人不必勝於今人，今人不必未及古人。後生可畏，然欲駕五經四史而上之，吾未敢遽信也。去日苦多，然欲得施曹小說，孔洪傳奇而例之，吾未之能見也。……

吴氏所舉之例雖未必盡當，而所論則甚有見地。蓋文學之進化，與科學異。科學進化，後者當時，則前者無用。而文學之佳製，則撼之不倒，擬之不肖，追之不及，僭之不容，矯然特立，萬古恆新。故與其謂文學爲有進化，不若謂爲演化之爲愈也。

然察吴氏所以持無進無退之説者，以進化之標準不易定耳。吾三思之，窮鞫之，有三事足以當文學進化之標準，而與文學有永久價值之論，亦無妨礙焉。三事維何？一曰由簡而繁。如古初文學，本無體製可言；後世文人標新立異，各體互興，是也。二曰由樸而華。如古初文學，陳辭質實而歸於實用；後世則力求新麗而成爲純粹之藝術，是也。斯二事也，蕭統已先我論之矣。《文選序》曰：

> 若夫椎輪爲大輅之始，大輅寧有椎輪之質；增冰爲積水所成，積水曾微增冰之凜。何哉？蓋踵其事而增華，變其本而加厲；物既有之，文亦宜然。隨時變改，難可詳悉。
>
> 嘗試論之，曰：《詩序》云："詩有六義焉：一曰風，二曰賦，三曰比，四曰興，五曰雅，六曰頌。"至於今之作者，異乎古昔。古詩之體，今則全取賦名。荀宋表之於前，賈馬繼之於末。自兹以降，源流寔繁。述邑居，則有"憑虛""亡是"之作；戒畋遊，則有《長楊》、《羽獵》之制。若其紀

一事，詠一物，風雲草木之興，魚蟲禽獸之流，推而廣之，不可勝載矣。又楚人屈原，含忠履潔，君匪從流，臣進逆耳。深思遠慮，遂放湘南。耿介之意既傷，壹鬱之懷靡溯。臨淵有《懷沙》之志，吟澤有憔悴之容。騷人之文，自茲而作。

詩者，蓋志之所之也。情動於中而形於言。《關雎》、《鱗趾》，正始之道著；《桑間》、《濮上》，亡國之音表。故《風雅》之道，粲然可觀。自炎漢中葉，厥塗漸異。退傅有《在鄒》之作，降將著《河梁》之篇，四言五言，區以別矣。又少則三字，多則九言，各體互興，分鑣並驅。頌者，所以游揚德業，褒讚成功。吉甫有"穆若"之談，季子有"至矣"之歎。舒布爲詩，既言如彼；總成爲頌，又亦若此。次則箴興於補闕，戒出於弼匡。論則析理精微，銘則序事清潤。美終則誄發，圖像則讚興。又詔誥教令之流，表奏牋記之列，書誓符檄之品，弔祭悲哀之作，答客指事之制，三言八字之文，篇辭引序，碑碣誌狀，衆制鋒起，源流閒出。譬陶匏異器，並爲入耳之娛；黼黻不同，俱爲悅目之玩。作者之致，蓋云備矣。

三曰由粗疏而精密。由粗疏而精密者，就藝術手段言之也。兩漢小說，其結體散文，不若晉唐小說之精密。宋元明清之小說，又駕晉唐而上之。近日短篇小說結構之精奇，又非宋元明清人所能夢見。此其明證。斯理也，胡適亦嘗論及之。其《論短篇小說》曰：

從唐人的吴保安，變成《今古奇觀》的吴保安；從唐人的李汧公，變成《今古奇觀》的李汧公；從漢人的伯牙子期，變成《今古奇觀》的伯牙子期；這都是文學由略而詳，由粗枝大葉而瑣屑細節的進步。

所謂“由略而詳由粗枝大葉而瑣屑細節”者，即由粗疏而精密之謂也。

又如古代詩歌，本無定形，至漢而五七言之定形詩生矣。五七言詩雖有定形，無格律可言也。齊梁之後迄於唐初，律詩絕句生矣。律詩絕句之格律，甚爲簡單，唐至五代，詞生矣。詞不過明平仄四聲而已，金元之曲，又兼明陰陽焉。凡此，皆由粗疏而精密之證也。然進化必有終極。詩之律至曲而極矣，賦至律賦而極矣。駢文至於死守聲律而極矣，散文至於空談義法而極矣。物不可極，極則止，故不能更有所進也。

第八篇　文學與時代

前篇述文學之進化，歷舉"進化"、"退化"、"無進無退"之說，是即文學之繫於時代者。惟吾所謂"文學之進化"，不過就其可言者而言。實則文學止有演變，何嘗有"進化"乎？蓋一語及進化，則後者當時，前者即歸無用。驗之歷世文學，殊不若此；故與其謂爲"進化"，不若謂爲"演化"也。或又謂文學既有永久價值，更何時代之足言？曰：是不然。文學家之作品，有時代性，更有永久性。就其永久性而言，可以傳之千萬世；就其時代性而言，則可代表一時代之精神與作風也。故梅光迪曰：

> 文學代表一時，亦足代表永久。（《文學概論講義》第八章第二《文學與時代》）

明乎此，則可與論文學與時代之關係矣。

昔《禮記·樂記》論音，嘗有"治世"、"亂世"、"亡國"之分。其言曰：

……是故治世之音安以樂，其政和；亂世之音怨以怒，其政乖；亡國之音哀以思，其民困。聲音之道，與政通矣。

衛宏取此言入《關雎序》。後儒論文，亦因有“治世”、“衰世”、“亂世”之説焉。朱子曰：

有治世之文，有衰世之文，有亂世之文。六經，治世之文也。如《國語》委靡繁絮，真衰世之文耳。是時語言議論如此，宜乎周之不能振起也。至於亂世之文，則《戰國》是也。然有英偉之氣，非衰世《國語》文之比也……

汪琬亦曰：

昌明博大，盛世之文也；煩促破碎，衰世之文也；顛倒悖謬，亂世之文也。

前人之論，似此者甚多，兹不多舉。吾師羅田王季薌先生更舉歷代之文，以爲“治世”、“衰世”、“亂世”之證（詳見《古文辭通義》卷十四）。其略曰：

國運盛則其文必盛。舉證以示例：惟漢自開國後，以武帝時之文最隆；宋仁宗時次之。東京之初盛唐開元元大德明宣正之時，亦略有之。清康乾時亦如之。……國運衰則其文必衰。舉證以示例：惟宋明季年之文最弱。

……世既亂則其文必亂，舉證以示例：惟六朝五季爲最下。……蓋時運之變遷，徵諸人心；人心之隆汙，形諸言論；言論之和平噍厲，迎機互引。和平引和平，噍厲引噍厲。出於口爲言論，筆於書爲文章。所謂文以引聲，聲亦足以引文；故文者，人心之聲也。《詩序》以聲音區別治世衰世亂世，同此理也。秦人望東南而識漢天子之盛氣，邵雍因鵑聲而識宋朝廷之衰氣；矧文字其著者乎？……

王先生又爲辭以狀“盛世”、“衰世”、“亂世”之文品曰：

大抵盛世之文，必氣象光明正大。朱子所謂前輩爲文，務爲明白磊落，指事切情，而無含糊鬱卷睢盱側媚之態。使讀者不過一再，即曉然知其論某事某策……衰世之文，必氣象圓美，晻昧没滅。……亂世之文，非含鋒厲殺伐之氣，即含詭譎慘刻之氣，與夫破決歧裂之氣，不出此三等而已。……

文學既隨世運爲高下，故先儒論文，有文學與世運遞降之説。魏禧曰：

自唐虞至於兩漢，與世運遞降者也。三代之文，不如唐虞；秦漢之文不如三代。此易見也。

魏源《古文類鈔序》曰：

文章與世道爲隆汙。南宋之文，必不如北宋；晚唐之文,必不如中唐;兩晉六季之文,必不如兩漢;而東漢之文,必不如西京。

邵長蘅《三家文鈔序》曰:

> 論者謂文章與世遞降,信夫。六經不可以文論。周秦而下,文莫盛於西京,漢氏之東稍衰矣。沿至六朝,文幾亡。唐振之,而唐之文不如漢。唐末更五代之亂,文又亡。宋振之,而宋之文不迨唐。歷元迄明而元明之文不迨宋。譬之大江然。岷峨導源,西京則瞿唐灩澦也,唐則嶓冢大别也,宋則潯陽馬當也,元明至今,則金陵揚子而下流分派别,而瀠洄於吴會者也。

二魏邵氏之説,蓋本於宋之陳師道。《後山詩話》曰:

> 余以古文有三等:周爲上,七國次之,漢爲下。周之文雅,七國之文壯偉,其失騁;漢之文華贍,其失緩;東漢而下無取焉。

此亦文學與世遞降之説也。

詳察前引諸論,實有不容贊同者。文學隨世運而轉變,固也。然世運之盛衰,殊不足以作文學美惡之標準。夫政治之施,期於修明,其美在乎中和;而文學之作,緣於激刺,其用存於哀樂。哀樂若用其極,即非中和之度。故治世之文,不過粉飾太平歌詠功德而已;而亂世之文,則感於時難,鋪述得失,反較治世爲合於文學原理也。《周頌》,《魯頌》,治世之音,質樸無文;較之變風變雅,音清辭麗;其相去可以道里計乎?兩漢詞人之侈陳畋遊,鋪敘京邑,固有似治世之文,而乃不能免供奉文學之誚;較之曹王之梗概多氣,怊悵述情;其價值之高下,不待明者而後定也。陳叔寶之詩,李後主之詞,昔人所謂亡國之音。然其辭采明麗,歡怨情深,固居文學之最上乘。於此益知文學與治道不相謀矣。故上引諸人所云云者,或未識文學之本體,或因於宗派之異同,均不得爲定論也。

且即諸人所論,有一人而持二說者。魏禧既主張文學與世運遞降之說,又兼發文學不與世運遞降之論。其言曰:

> 自魏晉以迄於今,不與世運遞降者也。魏晉以來,其文靡弱,至隋唐而極。而韓愈李翱諸人,崛起八代之後,有以振之,天下翕然敦古。梁唐以來,無文章矣;而歐蘇諸人,崛起六代之後,古學於是復振。若以世代論,則李忠定之奏,卓然高出於陸宣公;王文成之文章,又豈許衡虞集諸人所可望?蓋天下之運,必有所變。而天下之變,必有所止。使變而不止,則日降而無升。自魏晉靡弱,更千數百年以至於今,天下尚有文章乎?故曰:不與世運遞降者也。

既言文學與世遞降,又云不與世遞降,幾自相矛盾矣。

不惟此也,古人論文學與時代之關係,有全與前論相反者。顧仲恭《文章關乎世運論》曰:

> 文章之盛衰,非與世運合者也,乃與世運反者也。何以明之?三代以前,吾不得而知已。春秋之時,文莫盛於

魯,而魯日以削。戰國之時,文莫盛於楚,而楚懷客死,頃襄東走於陳。文士之聚,莫盛於齊之稷下,而齊湣至擢筋廟梁。秦燔詩書,尚耕戰,遂以混一六國。漢之文,莫盛於孝武,而海内虚耗,文景之業替焉。成哀之世,書疏賦頌爛然也,而漢鼎爲大盗移矣。靈帝尚詞賦,建鴻都之學,而東漢遂亡。建安之七子,足以旗古今矣,而魏祚竟不永。自晉宋以迄梁陳,幾於人握靈珠,而南風卒不競。唐之文,一盛於開元,而玄宗有安史之阨;再盛於元和,而憲宗有不得正其終之恨。宋之文,莫盛於熙豐之際,而黨禁遂起,宋業以衰。徽宗著博古圖,鑄鼎作樂,而舉族有北轅之禍。元之興也,初無文字,逮至正之季,文乃彌盛。此往事之彰明較著者也。國朝聖德神功,奚啻跨漢唐而上之,而論文乃出宋元之下。弘正之際,稍增氣色,而武廟幾至大亂。嘉隆而後,國運浸昌,文運浸晦。萬曆之末,文體敗壞極矣,章奏穢雜,蓋童稚皆唾罵之。而神廟之享國長久,古今未有。由是以談,則今之公卿不好士,後進不悦學,古雅散佚,俚淺流傳,蓋皆盛主萬壽之徵,國祚無疆之驗。所當用爲歡慶,不足慨惜也。

顧氏之論,固未盡是。然以破文運遞降之説,則綽綽然有餘裕矣。

文運遞進遞降之説,既不足以服吾人;然則文學與時代之關係,果如何乎?曰:一言以蔽之,一代有一代之文學而已。

昔袁宏道序《雪濤閣集》嘗曰:"文之不能不古而今也,時使之也。"(《瓶花齋集》卷六)誠哉斯言!夫文學既以時代而變遷,變遷所極,必有專至,不相借亦不相掩。惟其不相掩借,故各代皆能標其勝美而見異於他代也。是理也，前人多有論之者。沈寵綏《度曲須知》上卷論《曲運隆衰》有曰：

> 粤徵往代，各有專至之事以傳世。文章矜秦漢，詩詞美宋唐，曲劇侈胡元。至我明則八股文字姑無置喙，而名公所製南曲傳奇，方今無慮充棟，將來未可窮量。是真雄絕一代，堪傳不朽者也。

沈氏謂各代各有專至之事，其識甚高。惟所言甚略，不若焦循《易餘籥錄》所論之詳也。焦氏之言曰：

> 商之詩，僅存頌，周則備風雅頌，載諸《三百篇》者尚矣；而楚《骚》之體，則《三百篇》所無也；此屈宋所以爲周末大家。其韋玄成父子以後之四言，則三百篇之餘氣游魂也。漢之賦，爲周秦所無。故司馬相如揚雄班固張衡爲四百年作者；而東方朔劉向王逸之騷，仍未脱周楚之科臼矣。其魏晉以後之賦，則漢賦之餘氣游魂也。楚《騷》發源於《三百篇》，漢賦發源於周末，五言詩發源於漢之《十九首》及蘇李，而建安而後，歷晉宋齊梁周隋，於此爲盛。一變於晉之潘陸，宋之顏謝，易樸爲雕，化奇爲偶；然晉宋以前，未知有聲韻也。沈約卓然創始指出四聲，自時厥後，變蹈厲爲和柔，宣城水部，冠冕齊梁，又開潘陸顏謝所未有矣。齊梁者，樞紐於古律之間者也。至唐遂專以律傳。杜甫劉長卿孟浩然王維李白崔灝白居易李商隱等之五律七律，六朝以前所未有也。若陳子昂張九齡韋應物之五言古詩，不出漢魏人之範圍。故論唐人詩以七律

五律爲先,七古七絕次之。詩之境至是盡矣。晚唐漸有詞,興於五代而盛於宋,爲唐以前所無。故論宋宜取其詞。前則秦柳蘇晁,後則周吴姜蔣,足與魏之曹劉唐之李杜相輝映焉。其詩人之有西崑江西諸派,不過唐人之緒餘,不足評其乖合矣。詞之體盡於南宋,而金元乃變更爲曲。關漢卿喬夢符馬東籬張小山等,爲一代鉅手。乃談者不取其曲,仍論其詩,失之矣。有明二百七十年,鏤心刻骨於八股,如胡思泉歸熙父金正希張大力數十家,洵可繼楚《骚》漢賦唐詩宋詞元曲以立一門户;而李何王李之流,乃沾沾於詩,自命復古,殊可不必者焉。夫一代有一代之所勝,合其所勝以就其所不勝,皆寄人籬下者耳。余嘗欲自楚《騷》以下,至明八股,撰爲一集。漢則專取其賦,魏晉六朝至隋則專錄其五言詩,唐則專録其律詩,宋則專錄其词,元專錄其曲,明專錄其八股,一代還其一代之所勝,然而未暇也。偶與人論詩而記於此。

焦氏之論,甚爲精絶。然此将就文學體類而言耳。實則各時代之作風,亦不相同焉。沈約《宋書·謝靈運傳論》曰:

……至於建安,曹氏基命,三祖陳王,咸蓄盛藻。甫乃以情緯文,以文被質。……降及元康,潘陸特秀。律異班賈,體變曹王。縟旨星稠,繁文綺合。……自建武至於義熙,歷載將百,雖比響聯辭,波屬雲委,莫不寄言上德,託意玄珠。遒麗之辭,無聞焉爾。……

是則"以情緯文以文被質",乃建安時代之作風也。"縟旨星稠繁文綺合”，乃西晉文學之作風也。“寄言上德託意玄珠”，乃東晉文學之作風也。前人論文，似此者甚多，今不繁引。又就文學之體類而言，一代有一代之所勝，如唐詩宋詞元曲是也。然當一代新體盛行時，其前代之文體，非即消滅。如詞曲固爲宋元盛行之文體，然當詞曲盛行時，漢魏六朝唐以來之五七言詩，亦隨詞曲延其生命焉。六朝之詩與漢魏異趣；唐宋元明清之詩，又遞代相異。故就文學中之一體而論，亦一代有一代之特點也。嚴羽《滄浪詩話》嘗依時代分詩爲以下各體：

建安體漢末年號。曹子建父子及鄴中七子之詩。
黃初體魏年號。與建安相接，其體一也。
正始體魏年號，嵇阮諸公之詩。
太康體晉年號。左思潘岳三張二陸諸公之詩。
元嘉體宋年號。鮑顏謝諸公之詩。
永明體齊年號。齊諸公之詩。
齊梁體通兩朝而言之。
南北朝體通魏周而言之。與齊梁體一也。
唐初體唐初猶襲陳隋之體。
盛唐體景雲以後開元天寶諸公之詩。
大歷體大歷十才子之詩。
元和體元白諸公。
晚唐體
本朝體通前後而言之。
元祐體蘇黃陳諸公。
江西宗派體山谷爲之宗。

嚴氏所列,雖亦未必盡當;然文學之時代作風,實有不容泯滅者。試以李商隱之詩,置之杜甫集中,觀其體氣之強弱,必不相同。以李賀之詩,置於李白詩中,其修辭疏密之異,亦可立辨。此無他,時代爲之也。故嚴氏《滄浪詩話》又曰:

> 大歷以前分明別是一幅言語,晚唐分明別是一幅言語,本朝諸公分明別是一幅言語。

常謂欲明歷代作風不同之處,可於古人引用成文模擬舊作中求之。司馬遷《史記·五帝本紀》、《夏本紀》等篇,引用《尚書》成文甚多。其引用之語,多改易《尚書》本字。此漢代作風,異於三代以上也。《古詩十九首·明月何皎皎》曰:

> 明月何皎皎,照我羅牀幃。憂愁不能寐,攬衣起徘徊。客行雖云樂,不如早旋歸。出戶獨彷徨,愁思當告誰?引領還入房,淚下沾裳衣。

陸機《擬古詩》十二首《擬明月何皎皎》曰:

> 安寢北堂上,明月入我牖,照之有餘暉,攬之不盈手。涼風繞曲房,寒蟬鳴高柳。踟躕感節物,我行永已久。遊宦會無成,離思難常守。

以二詩參較,一則如芙蓉出水,天然美妙;一則如錯采鏤金,多見雕飾(芙蓉錯采二語,乃湯惠休評謝靈運顏延年語,見鍾嶸《詩品》)蓋晉世作風,與漢代有異也。

文學之有時代色彩,既如上述。其所以蔚成一時代之特色者,亦有故焉。嘗考文學盛衰轉變之因,其顯然可指者,約有數端。《文心雕龍·時序篇》曰:

> 昔在陶唐,德盛化鈞。野老吐"何力"之談,郊童含"不識"之歌。有虞繼作,政阜民暇,"薰風"詩於元后,"爛雲"歌於列臣。盡其美者,何乃心樂而聲泰也。至大禹敷土,"九序"詠功;成湯聖敬,猗歟作頌。逮姬文之德盛,《周南》勤而不怨;大王之化淳,《邠風》樂而不淫。幽厲昏而《板》《蕩》怒;平王微而《黍離》哀。故知歌謠文理,與世推移;風動於上,而波震於下者。

又曰:

> 自獻帝播遷,文學蓬轉,……觀其時文,雅好慷慨。良由世積亂離,風衰俗怨。並志深而筆長,故梗概而多氣也。

是則文情之變,由於政治之理亂,世道之險夷者也。《文心雕龍·時序篇》又曰:

> 春秋以後,角戰英雄。……鄒子以談天飛譽,騶奭以雕龍馳響。屈平聯藻於日月,宋玉交彩於風雲。觀其豔說,則能籠罩《雅頌》。故知暐燁之奇意,出乎縱横之詭俗也。

又曰：

中興(光武)之後,羣才稍改前轍。華實所附,斟酌經辭。蓋歷政講聚,故漸靡儒風者也。

檀道鸞《續晉陽秋》曰：

正始中,王弼何晏好老莊玄勝之談,而俗遂貴焉。至過江,佛理尤勝。故郭璞五言,始會合道家之言而韻之,許詢及太原孫綽,轉相祖尚;又加以三世之辭(釋氏說過去見在未來爲三世),而詩騷之至盡矣。(《續晉陽秋》已佚,此見王應麟《困學紀聞》及李善《文選注》)

《宋書·謝靈運傳論》曰：

在晉中興,玄風獨扇。爲學窮於柱下,博物止乎七篇。馳騁文辭,義殫乎此。

《文心雕龍·時序篇》亦曰：

自中朝貴玄,江左稱盛。因談餘氣,流成文體。是以世極迍邅而辭意夷泰,詩必柱下之旨歸,賦乃漆園之義疏。故知文變染乎世情,興廢繫乎時序。原始以要終,雖百世可知也。

是則文風之變，由於世情之取舍學術之向背者也。
《謝靈運傳論》又曰：

自漢至魏，四百餘年，辭人才子，文體三變。相如工爲形似之言，二班長於情理之說，子建仲宣，以氣質爲體，並標能擅美，獨映當時。是以一世之士，各相慕習。源其飈流所始，莫不同祖風騷。

鍾嶸《詩品》曰：

降及建安，曹公父子，篤好斯文；平原兄弟，鬱爲文棟，劉楨王粲，爲其羽翼。次有攀龍托鳳自致於屬車者，蓋將百計。彬彬之盛，大備於時矣。……逮於有晉，太康中，三張二陸，兩潘一左，勃爾復興，踵武前王。風流未沫，亦文章之中興也。……元嘉中有謝靈運，才高詞盛，富豔難縱。固已含誇劉郭，陵轢潘左。故知陳思爲建安之傑，公幹仲宣爲輔；陸機爲太康之英，安仁景陽爲輔；謝客爲元嘉之雄，顏延年爲辅。斯皆立言之冠冕，文詞之命世也。

此謂文風之成，必有命世之才，爲之先導。
《文心雕龍·時序篇》曰：

爰自漢室，迄至成哀。雖世漸百齡，辭人九變；而大抵所歸，祖述《楚辭》。靈均餘影，於是乎在。

此謂前人佳製，後賢模效者衆，因成文風。綜上所言，是又文風之變，有因於文士之提倡辭人之祖述者矣。

《時序篇》又曰：

> 逮孝武崇儒，潤色鴻業。禮樂爭輝，辭藻競騖。柏梁展朝讌之詩，《金堤》製恤民之詠。徵枚乘以蒲輪，申主父以鼎食。擢公孫之對策，歎倪寬之擬奏。買臣負薪而衣錦，相如滌器而被繡。於是史遷壽王之徒，嚴終枚皐之屬，應對固無方，篇章亦不匱。遺風餘采，莫與比盛。越昭及宣，實繼武績。馳騁石渠，暇豫文會。集雕篆之軼材，發綺縠之高喻。於是王褒之倫，底祿待詔。

此謂西漢中葉文學之盛，由於武宣之崇尚也。

《時序篇》又曰：

> 建安之末，區宇方輯。魏武以相王之尊，雅愛詩章；文帝以副君之重，妙善辭賦；陳思以公子之豪，下筆琳琅。並體貌英逸，故俊才雲蒸。仲宣委質於漢南，孔璋歸命於河北，偉長從宦於青土，公幹徇質於海隅，德璉綜其斐然之思，元瑜展其翩翩之樂，文蔚休伯之儔，子叔德祖之侶。傲雅觴豆之前，雍容衽席之上。灑筆以成酣歌，和墨以藉談笑。……

此謂建安文學之盛，由於魏武父子之崇尚也。又曰：

> 元皇（晉元帝）中興，披文建學。劉刁禮吏而寵榮，景

純文敏而優擢。逮文帝秉哲，雅好文會。升儲御極，孳孳講藝。練情於誥策，振采於辭賦。庾以筆才逾親，温以文思益厚。揄揚風流，亦彼時之漢武也。

此謂東晉文學之盛，由於元明二帝之崇尚也。準斯以談，則文學之盛衰，又有因於君上之崇替者矣。故文學變遷之原因，實未可以一二端盡。

右方所述，皆根環境而言，不關文學之本體。更自其本體言之，則文學之變，實有不得不變者存焉。蓋文體之演進，必有終極，不能久而不弊；人之恆情，好奇務異，故恆去舊而就新。阮元《與友人論古文書》曰："夫勢窮者必變，情弊者務新，文家矯厲，每求相勝。"此言洵不誣也。姜宸英《古詩選序》曰：

文章之流弊，以漸而致。《六經》深厚，至於《左氏内外傳》，而流爲衰世之文。戰國繼之，短長之策，孟荀莊韓之書，奇橫恣肆雜出；而左氏之委靡繁絮之習，泯焉無餘矣。此一變也。自是先秦西漢文益奇偉。至兩漢之衰，體勢日趨於弱。下逮魏晉六朝，而文章之敝極焉。唐興，諸賢病之而未能革也。迨貞元大儒出，始倡爲古文；易排而散，去靡而樸，力芟六代浮華之習。此一變也。惟詩亦然。自春秋以迄戰國，國風之不作者僅百年。屈宋之徒，繼以騷賦；荀況和之，風雅稍興。此詩之一變也。漢初蘇李贈答《古詩十九首》，以五言接《三百篇》之遺。建安七子，更唱迭和，號爲極盛。餘波及於晉宋，頹靡於齊梁陳隋，淫豔佻巧之辭劇，而詩之敝極焉。唐承其後，神龍開寶之間，作者坌起，大雅復陳。此又詩之一變也。……

姜氏之論，雖未盡是；其弊極而變之說，固亦理之所在也。章太炎先生《國故論衡》中《辨詩》曰：

語曰："在心爲志，發言爲詩。"此則吟詠情性，古今所同；而聲律調度異焉。魏文侯聽今樂則不知倦，古樂則臥。故知數極而遷，雖才士弗能以爲美。《三百篇》者，四言之至也。在漢獨有韋孟，已稍淡泊。下逮魏氏，樂府獨有《短歌》、《善哉》諸行爲激卬也。自王粲而降，作者抗志欲返古初，其辭安雅，而惰弛無節者衆。若束晳之《補亡詩》，視韋孟猶登天。嵇應潘陸，亦以楛窳。"悠悠大上，民之厥初。""於皇時晉，受命既固。"蓋庸下無足觀。非其材劣，固四言之執盡矣。漢世《郊祀》、《房中》之樂，有三言七言者。其辭閎麗詄蕩，不本《雅》、《頌》；而聲氣若與之呼召。其風獨五言爲善。……蘇李之徒，結髮爲諸吏騎士，未更諷誦，詩亦爲天下宗。及陸機鮑照江淹之倫，擬以爲式，終莫能至。由是言之，情性之用長，而問學之助薄也。……及其流風所扇，極乎王粲曹植阮籍左思劉琨郭璞諸家，其氣可以抗浮雲，其誠可以比金石。終之上念國政，下悲小己，與十五《國風》同流。其時未有雅也。謝瞻承其末流，《張子房詩》本之，"《王風》哀思，周道無章。"浸淫及於《大小雅》矣。世言江左遺彥，好語玄虛。孫許諸篇，傳者已寡。陶潛皇皇，欲變其奏，其風力終不逮。玄言之殺，語及田舍；田舍之隆，旁及山川雲物，則謝靈運爲之主。然則《風》、《雅》道變，而詩又幾爲賦。顏延之與謝靈運，深淺有異，其歸一也。自是至於沈約邱遲，

> 景物復窮。自梁簡文帝初爲新體，牀笫之言，揚于大庭。訖陳隋為俗。陳子昂張九齡李白之倫，又稍稍以建安為本；白亦下取謝氏，然終弗能遠至。是時五言之勢又盡。杜甫以下，辟旋以入七言。七言在周世，《大招》爲其萌芽。漢則《柏粱》，劉向亦時爲之；顧短促未能成體，而魏文帝爲最工。唐世張之以爲新曲，自是五言遂無可觀者。然七言在陳隋，氣亦宣朗，不雜傳記名物之言。唐世浸變舊貫，其勢則不可久。哀思主文者，獨杜甫爲可與。韓愈孟郊，蓋《急就章》之別辭；元稹白居易，則日者瞽師之誦也。自爾千年，七言之數以萬，其可諷誦者幾何？重以近體昌狂，篇句塡委，凌雜史傳，不本情性。……訖於宋世，小說雜傳禪家方技之言，莫不徵引。夫以孫許高言莊氏，雜以三世之辭，猶云"風騷體盡"。況乎辭無友紀，彌以加厲者哉？宋世詩勢已盡，故其吟詠情性，多在燕樂。……

章氏所言，不僅關於詩體，於其內容亦論及焉。故久而必敝，敝則新生，實文學轉變之大因也。至歷代文學盛衰遷變之迹，讀各史《文苑傳序》可以識其大較，今爲篇幅所限，不具論矣。

第九篇　文學與地域

文學作品，就時間而言，則一代有一代之特點，前篇論之詳矣。若就空間而言，則一地有一地之特性，此本篇所宜討論者也。夫人類之生活，不能超乎環境之外；文學乃人類生活之寫真，自亦不能不帶環境之色彩。近山者自多樵唱，濱水者易聞漁歌。居塞北者，難興柳鶯花蝶之吟；住江南者，自無胡風朔雪之句。文學之因地而異，乃事理之所必然者矣。昔《呂氏春秋·季夏紀·音初篇》嘗別四方聲音，論其所始。其言曰：

> 夏后氏孔甲田於東陽萯山，天大風晦盲，孔甲迷惑，入於民室；主人方乳。或曰："后來見，良日也，之子是必大吉。"或曰："不勝也，之子是必有殃。"后乃取其子以歸，曰："以爲余子，誰敢殃之？"子長成人，幕動柝撩，斧斫其足，遂爲守門者。孔甲曰："嗚呼！有疾，命矣夫。"乃作為《破斧之歌》，實始爲東音。禹行功，見塗山之女，禹未之遇，而巡省南土。塗山氏之女乃令其妾待禹於塗山之陽，女乃作歌。歌曰："候人兮猗！"實始作爲南音。周公及召

公取風焉,以爲《周南》、《召南》。周昭王親將征荆,辛餘靡長且多力,爲王右。還反,涉漢,梁敗,王及蔡公擅於漢中。辛餘靡振王北濟,又反振蔡公,周公乃候之於西翟,實爲長公。殷整甲徙宅西河,猶思故處,實始作爲西音。長公繼是音以處西山;秦繆公取風焉,實始作為秦音。有娀氏有二佚女,爲之九成之臺。飲食必以鼓,帝令燕往視之,鳴若謚隘。二女愛而爭搏之,覆以玉筐。少選,發而視之,燕遺二卵北飛,遂不反。二女作歌一終。曰:"燕燕往飛。"實始作爲北音。

此則詩歌之聲音,因方域而相異矣。孔子刪詩,分《國風》爲十五,曰《周南》,曰《召南》,曰《邶》,曰《鄘》,曰《衛》,曰《王》,曰《鄭》,曰《齊》,曰《魏》,曰《唐》,曰《秦》,曰《陳》,曰《檜》,曰《曹》,曰《豳》。各地之經界,說詩者率能詳之,茲不多贅。惟以地域區分文學,則大有可注意者。依儒者之說,詩之以地域分,似亦因聲音之異焉。《禮記・樂記》載子夏對魏文侯曰:

鄭音好濫淫志,宋音燕女溺志,衛音趨數煩志,齊音敖辟喬志。……

《樂記》又曰:

子貢見師乙而問焉。曰:"賜聞歌聲各有宜也,如賜者宜何歌也?"師乙曰:"乙,賤工也,何足以問所宜。請誦其所聞,而吾子自執焉。寬而靜柔而正者,宜歌《頌》;廣大而靜疏達而信者，宜歌《大雅》；恭儉而好禮者，宜歌《小雅》；正直清廉而謙者，宜歌《風》；肆直而慈愛者，宜歌《商》；温良而能斷者，宜歌《齊》；…… 故《商》者，五帝之遺聲也。……《齊》者，三代之遺聲也。……”（《禮記》文倒錯失敘，茲依《史記・樂書》）

《左傳》襄公二十九年載吴公子札聘魯觀周樂，亦曰：

使工爲之歌《周南》、《召南》，曰：“美哉！始基之矣，猶未也，然勤而不怨矣！”爲之歌《邶》、《鄘》、《衛》，曰：“美哉！淵乎，憂而不困者也！吾聞衛康叔武公之德如是，是其衛風乎！”爲之歌《王》，曰：“美哉！思而不懼，其周之東乎！”爲之歌《鄭》，曰：“美哉！其細已甚，民弗堪也；是其先亡乎！”爲之歌《齊》，曰：“美哉！泱泱乎，大風也哉！表東海者，其大公乎！國未可量也！”爲之歌《豳》，曰：“美哉！蕩乎！樂而不淫，其周公之東乎！”爲之歌《秦》，曰：“此之爲夏聲。夫能夏則大，大之至也，其周之舊乎！”爲之歌《魏》，曰：“美哉！渢渢乎，大而婉，險而易行；以德輔此，則明主也。”爲之歌《唐》，曰：“思深哉！其有陶唐氏之遺民乎！不然，何憂之遠也？非令德之後，誰能若是？”爲之歌《陳》，曰：“國無主，其能久乎！”自《鄶》以下無譏焉。……

子夏師乙純以聲音爲言，季札所云，大致亦以聲音爲斷。蓋聲音產乎人心，感於心則蕩乎音。故聞其聲而知其風，察其風而知其志，觀其志而知其德也。（《呂氏春秋・季夏紀・音初篇》）然詩樂本爲一事，聲音以地域分，即詩歌因地域而異矣。更進言之，各地文學之異，實非聲音一端所能盡；其所以致異之由，亦甚複雜。《漢書·地理志》曰：

凡民函五常之性，而其剛柔緩急音聲不同，繫水土之風氣，故謂之風。好惡取舍，動静無常，隨君上之情欲，故謂之俗。……

是則風俗之構成，一由於水土風氣之不同，二繫於君上政教之漸染也。文學與風俗有密切關係，則各地文學之互異，自亦不僅繫於地理，更受政教之影響焉。《地理志》又曰：

秦地，……詩風兼秦豳兩國。昔后稷封斄，公劉處豳，大王徙郊，文王作酆，武王治鎬。其民有先王遺風，好稼穡，務本業，故《豳》詩言農桑衣食之本甚備。……天水隴西，山多林木，民以板爲室屋。及安定北地上郡西河，皆迫近戎狄，修習戰備，高上氣力，以射獵爲先。故《秦詩》曰："在其板屋。"又曰："王于興師，修我甲兵，與子偕行。"及《車轔》、《四載》、《小戎》之篇，皆言車馬田狩之事。……景武間，文翁爲蜀守，教民讀書法令，未能篤信道德，反以好文刺譏貴慕權執。及司馬相如游宦京師諸侯，以文辭顯於世，鄉黨慕循其迹，後有王褒嚴遵揚雄之徒，文章冠天下。繇文翁倡其教，相加爲之師。故孔子曰："有教亡類。"……

魏地，……河内本殷之舊都。周既滅殷，分其畿内爲三國，《詩風》邶鄘衛國是也。鄁巳封紂子武庚；鄘，管叔尹之;衛,蔡叔尹之;以監殷民,謂之三監。故《書序》曰:“武王崩,三監畔。”周公誅之,盡以其地封弟康叔,號曰孟侯,以夾輔周室;遷邶鄘之民於雒邑,故邶鄘衛三國之詩,相與同風。邶詩曰:“在浚之下。”邶又曰:“亦流於淇。”“河水洋洋。”鄘曰:“送我淇上。”“在彼中河。”衛曰:“瞻彼淇澳。”“河水洋洋。”……河東土地平易,有鹽鐵之饒。本唐堯所居,《詩風》唐魏之國也。……其民有先王遺教,君子深思。小人儉陋。故唐詩《蟋蟀》、《山樞》、《葛生》之篇曰:“今我不樂,日月其邁。”“宛其死矣,他人是媮。”“百歲之後,歸於其居。”皆思奢儉之中,念死生之慮。……魏國亦姬姓也,在晉之南河曲。故其詩曰:“彼汾一曲。”“寘諸河之側。”……

韓地,……及《詩風》陳鄭之國,與韓同星分焉。鄭國今河南之新鄭。……右洛左泲,食溱洧焉。土陿而險,山居谷汲,男女亟聚會,故其俗淫。鄭詩曰:“出其東門,有女如雲。”又曰:“溱與洧,方灌灌兮。士與女,方秉菅兮。恂盱且樂,惟士與女,伊其相謔。”此其風也。……陳國,今淮陽之地。……婦人尊貴好祭祀,用史巫,故其俗巫鬼。陳詩曰:“坎其擊鼓,宛丘之下,亡冬亡夏,值其鷺羽。”又曰:“東門之枌,宛丘之栩,子仲之子,婆娑其下。”此其風也。……

趙地,……趙中山地薄人衆,猶有沙丘紂淫亂餘民,丈夫相聚遊戲,悲歌忼慨,起則椎剽掘冢,作姦巧,多弄物,爲倡優女子,彈弦跕躧,游媚富貴,徧諸侯之後宮。……

齊地,……詩風齊國是也。臨甾名營丘,故齊詩曰:

"子之營兮,遭我虖嶩之間兮。"又曰:"竢我於著乎而。"此亦其舒緩之體也。……:

魯地,……其民有聖人之教化,故孔子曰:"齊一變,至於魯;魯一變,至於道。"言近正也。瀕洙泗之水,其民涉度,幼者扶老而代其任。俗既益薄,長老不自安,與幼少相讓。故曰:魯道衰,洙泗之間,齗齗如也。孔子閔王道將廢,迺修六經以述唐虞三代之道。弟子受業而通者,七十有七人。是以其民好學,上禮義,重廉恥。……今去聖久遠,周公遺化銷微,孔氏庠序衰壞。……喪祭之禮,文備實寡;然其好學猶愈於他俗。……

衛地,……有桑間濮上之阻,男女亦亟聚會,聲色生焉。故俗稱鄭衛之音。……

吴地,……壽春合肥,受南北湖皮革鮑木之輸,亦一都會也。始楚賢臣屈原被讒放流,作《離騷》諸賦以自傷悼。後有宋玉唐勒之屬,慕而述之,皆以顯名。漢興,高祖王兄子濞於吴,招致天下之娱遊子弟,枚乘鄒陽嚴夫子之徒,興於文景之際。而淮南王安亦都壽春,招賓客著書;而吴有嚴助朱買臣,貴顯漢朝,文辭并發。故世傳《楚辭》,其失巧而少信。……

詳孟堅所論,可知各地文學之異點,不僅在聲音一端;其修辭之彩色,亦自不同。更可知文學上方隅色彩之搆成,不僅因於地理政教二事,人力亦爲之主。如王褒嚴遵揚雄之於司馬相如,宋玉唐勒等之於屈原,是也。然古者政教之設施,胥本乎風土人情;而大文學家之成就,亦皆與環境有關。故仍可謂之繫乎地域也。

文學之因地而異，已如上述。驗之後代，其迹亦甚顯著。故自來論文之士，亦頗注意及之。兹更述其著者以見一斑焉。昔孔子嘗析南北之强爲二(《禮記·中庸》)，孟軻亦有齊語楚語之説(《孟子·滕文公下》)。蓋中國幅員廣大，有黄河長江二水，横貫其中。土地異生，風氣殊宜；故風俗民情，犁然可劃。龔自珍《已亥雜詩》三百五十首下注云：

> 渡黄河而南，天異色，地異氣，民異情。

此則南北天時人事之不同。本乎自然者也。俞樾《九九消夏録》曰：

> 凡事皆言南北，不言東西，何也？蓋自鄭君説《禹貢》導山有陽列陰列之名，而後世遂分爲南北二條。南條之水江爲大，北條之水河爲大。西北之地，皆河所環抱，故三代建都，皆在河北。東南之地，皆江所環抱，故荆楚之强，自三代至今未艾。南北之分，實江河大勢使然。風尚因之而異也。

此明南北分言之由兼示風尚殊别之因於地理也。惟是之故，故凡百學術事物，莫不以南北而歧其指歸。如六朝學派有南北之異(見《北史·儒林傳序》)，佛氏有南北二宗之分(見《傳燈録》及《九九消夏録》)。道家亦分南北二宗(見明都印《三餘贅筆》)；書家亦有南北派之説(見梁章鉅《退菴隨筆》包世臣《藝舟雙楫》康有爲《廣藝舟雙楫》)，畫家亦有南宗北宗之論(見明莫是龍《畫説》)。此其彰明較著者。其他如堪輿技擊之類，亦莫不因南北而見殊異(堪輿家分南北二派,見李次青《地理小補序》及王禕《青巖叢錄》。技擊分南北二派,見《少林術》)。由此觀之,地理之影響於文化,不可謂不大矣。徵之文學,亦復如是。故自來評文之士,亦恆以南北立論。昔劉師培嘗著《南北文學不同論》(見《國粹學報》,忘其年月期數)。歷述南北文學之異點,析論甚精。往者余亦有《中國文學二源論》一篇(載《孤興》第一期),於古代南北文化文學相異之處,曾略述及,今以限於篇幅,不復稱引;僅以古今人區論南北文學之著者著於篇。王季薌先生《論文之總以地理者》(《古文辭通義》卷十四)有曰:

> 大河流域,士風腿重;大江流域,士風輕英。輕英炳江漢之靈,其人深思而美潔,故南派善言情。腿重含河海之質,其人負才而敦厚,故北派善說理與記事。

先生以言情、說理、記事爲南北文學之特點,其識甚高;驗之歷代文學,皆有與此相近之同一傾向。尋前人論文,亦曾盛暢斯旨。《北史·文苑傳序》、《隋書·文學傳序》曰:

> 江左宮商發越,貴於清綺;河朔詞義貞剛,重乎氣質。氣質,則理勝其詞;清綺,則文過其意。理深者便於時用,文華者宜於詠歌。此其南北詞人得失之大較也。

文采清綺,故宜於述情;詞義貞剛,故宜於說理。此又以情理區別南北文學之特質也。馮班《滄浪詩話糾謬》曰:

> 南北文章,頗爲不同,北多骨氣而文不及南。

南人尚文,北人尚氣,尚氣故毗於剛,尚文故近於柔。剛柔偏畸,亦南北文學之大别也。故唐順之《東川子詩集序》有曰:

> 西北之音慷慨,東南之音柔婉。……若其音之出於風土之固然,則未有能相易者也。故其陳之足以觀其風,歌之足以貢其俗。……

南北文學之特點,大較如是。至其細微之處,則有非筆墨所能盡述者。魏際瑞《伯子論文》,析論南北曲不同之點甚多,讀之亦可見南北文學不同之大略,兹録之以備參鏡。其言曰:

> 南曲如抽絲,北曲如輪鎗。南曲如南風,北曲如北風。南曲如酒,北曲如水。南曲如六朝,北曲如漢魏。南曲自然者,如美人淡粧素服,文士綸巾羽扇;北曲自然者,如老僧世情物價,老農晴雨桑麻。南曲情聯,北曲情斷。南曲圓滑,北曲勁澀。南曲柳顫花搖,北曲水落石出。南曲如珠落玉盤,北曲如金戈鐵馬。……北曲步步蹻高,南曲層層轉落。北曲枯折見媚,南曲宛轉歸正。北曲似粗而深厚,南曲似柔而筋節。北白似生似呆,南白貴温貴雅。北白或過文或眼目或案斷,南白有穿插有挑撥有埋伏。北白冗則極冗,簡則極簡。南白匀停而已。……

今就南北文學之異點,以數語簡括之:

依文學之内容而言,則南文尚情,北文尚理。依其修辭而言，則南人尚文，北人尚質。依其文氣而言，則南文氣柔，北文氣剛。依其音調而言，則南文細緩，北文粗急。此其可言者也。若以古代文學之實例證之，則與以上所云云者，亦大致相合。如《詩三百篇》爲北方之產物，《楚辭》作自南人。其華實剛柔緩急之異，觸處可辨。故唐順之《東川子詩集序》曰：

> 余讀《詩》至《秦風》，其言盡田獵戰鬭之事，其人翹然自喜，慨然有躍馬賈勇之氣。已而讀《楚騷》諸篇，其言鬱紆而切怛，則愀然有登山臨水羈臣棄婦之思。夫《秦風》慷慨而入於猛，《楚騷》柔婉而鄰於悲。……

實則以《三百篇》與《楚騷》相較，處處皆能發見其異點，不獨《秦風》爲然也。至於後世，則南人多《子夜》、《懊儂》之歌，北人多《出塞》、《隴頭》之詠。其異點亦顯然可指（詳見郭茂倩《樂府詩集》、《横吹曲辭》、《清商曲辭》）。

然後世南北作風之在文人，則有未可以一概論者。蓋中國文人好爲模倣，以北人而效南音，以南人而擬北體，此乃常見之事。加以朝廷之提倡，世風之所趨，故混合之迹，所在多有。不能如各方民歌，全爲本地風光也。故蕭子顯《南齊書・文學傳贊》曰：

> 江左風味，盛道家之書：郭璞舉其靈變，許詢極其名理。仲文玄氣，猶不盡除；謝混清新，得名未盛。……

此南人染北方說理之風也。《隋書・文學傳序》曰：

> 梁自大同之後，雅道淪缺，漸乖典則，爭馳新巧。簡文湘東，啓其淫放；徐陵庾信，分路揚鑣。其意淺而繁，其文匿而采。詞尚輕險，情多哀思。格以延陵之聽，則亦亡國之音乎？周氏吞併梁荆，此風扇於關右，狂簡斐然成俗，流宕忘反，無所取裁。

此則北方又染南人輕靡之習矣。更以文學家生産之地域證之，則産於南方者，多爲辭賦家；産於北方者，多爲歷史家或哲學家。如屈原宋玉等生於楚國，其騷賦爲後世所宗；孔丘孟軻生於鄒魯，其哲學獨照耀萬代；左邱明亦北人，故善於記述。遞於漢世，鼂錯（潁川人）司馬遷（生於龍門）五邱壽王（趙人）主父偃（齊國臨菑人）徐樂（燕郡無終人）嚴安（臨菑人）終軍（濟南人）賈捐之（洛陽人）賈山（潁川人）鄒陽（齊人）路溫舒（鉅鹿東里人）董仲舒（廣川人）公孫弘（菑川薛人）劉向劉歆谷永（長安人）杜鄴（魏郡繁陽人）等皆北人，皆善於敘事說理。司馬相如（蜀郡成都人）嚴忌嚴助（助，忌子。會稽吴人）朱買臣（吴人，善言《楚辭》）枚乘枚皋《皋，乘子，淮陰人）王褒（蜀人）揚雄（蜀郡成都人）等皆爲南人，亦皆善於辭賦。

故視文人生産之地域，亦可略定其南北之派别也。惟此種鑒别，止能得其大較，亦未可以一概論。蓋各人之天性不同，其所祖述者各異。又一人不能常居故鄉，其所遊之處，即爲其習染之漸。如荀况本爲趙人，祖述孔子，宜其善於說理。而《荀子》書中又有《成相》、《賦篇》，此因其嘗至楚邦，受南人之習染也。賈誼爲洛陽人，宜其善於說理。而《弔屈原賦》、《服賦》諸作，頗足繼軌楚人。此因其遷謫長沙，故不能不受靈均之影響也。陸賈本爲楚人，以其天性不同，祖述有異，乃亦善於記事說理。古今文人,類此者不勝枚舉。自唐宋以來,祖述韓柳者,以說理記事爲宗。於是文學上南北之界限,泯滅無餘矣。

第十篇　文學家之個性

文學作品以時間而論，則一代有一代之特色；以空間而論，則一地有一地之異彩。其義已詳於前。更以個人言之，則一人又有一人之個性在。蓋文學家之作品，雖不能不受時地之限制；而人心不同，各如其面，稟賦既殊，才性因異。世間無絕對相同之人，世人亦無絕對相同之性。常人論性，好以剛柔爲判，此就大體而言也。實則剛之中不知有幾多歧異，柔之中亦自有無量差別；以其歧理差別者見之於文字，則文學家之個性存焉。嘗謂古今文家之作品，異時異地者，其音辭情思，固各不同；即同時同地者，因其性情各別，其見於字裏行間者，亦自異趣。故自文學上之時地與個性言之，適如用同種顔料，染異種布匹；其所染之顔色，雖無紅紫之大殊，難免濃淡之小異也。（語本日本厨川白村《近代文學十講·序論》第三頁）

昔子貢問師乙以歌，師乙舉類而使之自擇（見《文學與地域》）。蓋人性情既殊，其好尚自異；好尚有别，故有善有不善也。曹丕《典論·論文》曰：

> 夫文本同而末異。蓋奏議宜雅，書論宜理，銘誄尚實，詩賦欲麗。此四科不同，故能之者偏也。……

此言人性不同，文非一體，故各得其性之所近也。《典論·論文》又曰：

> 王粲長於辭賦；徐幹時有齊氣，然粲之匹也。如粲之《初征》、《登樓》、《槐賦》、《征思》，幹之《玄猿》、《漏卮》、《圓扇》、《橘賦》，雖張蔡不過也；然於他文，未能稱是。陳琳阮瑀之章表書記，今之儁也。應瑒和而不壯，劉楨壯而不密。孔融體氣高妙，有過人者；然不能持論，理不勝辭，以至乎雜以嘲戲；及其所善，揚班儔也。

其《又與吴質書》亦曰：

> ……孔璋章表殊健，微爲繁富。公幹有逸氣，但未遒耳；其五言詩之善者，妙絕時人。元瑜書記翩翩，致足樂也。仲宣獨自善於辭賦，惜其體弱，不足起其文；至於所善，古人無以遠過。

子桓標舉各家新長，論其優劣，甚爲的當。蓋人非通才，鮮能備善；性情所偏，各有獨至。長卿善爲辭賦，遷固長於史傳，陳遵善於尺牘（《漢書·游俠傳》），谷永善於筆札（見《漢書·樓護傳》），潘岳長於哀誄，孟郊長於五言。前史所稱，難以枚舉。故論各家之文，當遺其所短，論其所長。若責屈原以不善策論，斥杜甫以不能散文；則亦如曹植之譏陳琳（見《與楊德祖書》),盡人而知其非是也。更有進者,因各家之所善有殊,其作風之見於文字間者,亦各不相襲;是亦繫乎各人之個性者也。沈約《宋書·謝靈運傳論》曰:

……相如工爲形似之言,二班長於情理之説,子建仲宣,以氣質爲體。並標能擅美。獨映當時。

休文所論,止指出各家作風之不同,並未言其所以不同之故,不若劉勰所論之明晰也。《文心雕龍·體性篇》曰:

夫情動而言形,理發而文見;蓋沿隱以至顯,因内而符外者也。然才有庸儁,氣有剛柔……故辭理庸儁,莫能翻其才;風趣剛柔,寧或改其氣?……各師成心,其異如面。……才力居中,肇自血氣;氣以實志,志以定言;吐納英華,莫非情性。是以賈生俊發,故文潔而體清。長卿傲誕,故理侈而辭溢。子雲沈寂,故志隱而味深。子政簡易,故趣昭而事博。孟堅雅懿,故裁密而思靡。平子淹通,故慮周而藻密。仲宣躁競,故穎出而才果。公幹氣褊,故言壯而情駭。嗣宗俶儻,故響逸而調遠。叔夜俊俠,故興高而采烈。安仁輕敏,故鋒發而韻流。士衡矜重,故情繁而辭隱。觸類以推,表裏必符。豈非自然之恆資,才氣之大略哉?……

由此觀之,可知各家之文,各不相同;其所以不同之故,則由於各人性情之有異也。然彥和所言各家之作風,猶甚簡略,不若蘇洵所論之詳明。蘇氏《上歐陽内翰書》有曰:

> 孟子之文，語約而意盡，不爲巉刻斬絕之言，而其鋒不可犯。韓子之文，如長江大河，渾浩流轉，魚黿蛟龍，萬怪惶惑；而抑遏蔽掩，不使自露；而人望見其淵然之光，蒼然之色，亦自畏避不敢迫視。執事之文，紆餘委備，往復百折；而條達疏暢，無所間斷，氣盡語極，急言竭論；而容與間易，無艱難勞苦之態。此三者，皆斷然自爲一家之文也。惟李翱之文，其味黯然而長，其光油然而幽，俯仰揖讓，有執事之態；陸贄之文，遺言措意，切近的當，有執事之實。而執事之才，又自有過人者；蓋執事之文，非孟子韓子之文，而歐陽子之文也。

明允所論，雖未必盡當；然因此可見古來文人之成家者，其所爲作品，必各有獨到之處；易言之，即一人有一人之個性也。更進言之，不惟各家之作風有別，即其著作時之遲速難易，亦各不同；是亦根其天性而來，不容勉免强也。

禰衡《鸚鵡賦序》曰：

> 時黃祖太子射賓客大會，有獻鸚鵡者；舉酒於衡前曰："禰處士！今日無用娛賓，竊以此鳥自遠而至，明慧聰善，羽族之可貴；願先生爲之賦，使四坐咸共榮觀，不亦可乎？"衡因爲賦，筆不停綴，文不加點。

陳壽《三國志・王粲傳》曰：

> ……善屬文，舉筆便成，無所改定，時人常以爲宿搆。

然正復精意覃思,亦不能加也。

此正平仲宣之著述速而且易也。韓愈《答李翊書》曰:

……當其取於心而注於手也,惟陳言之務去,戛戛乎其難哉!

柳宗元《答韋中立論師道書》,亦詳言其作文時戒慎恐懼不敢輕易下筆之狀。此退之子厚之著述遲而且難也。蓋人之稟賦各異,文之體制不同;故或遲或速,或難或易,不僅關於才性之利鈍,亦有因於體制之大小者焉。

《文心雕龍·神思篇》曰:

人之稟才,遲速異分;文之體制,大小殊功。相如含筆而腐毫,揚雄輟翰而驚夢。桓譚疾感於苦思,王充氣竭於思慮。張衡研《京》以十年,左思練《都》以一紀。雖有巨文,亦思之緩也。淮南崇朝而賦《騷》,枚皋應詔而成賦。子建援牘如口誦,仲宣舉筆似宿構。阮瑀據案而制書,禰衡當食而草奏。雖有短篇,亦思之速也。

由是觀之,文人運思之緩急,固因才性而異;其著作之遲速,亦與篇幅長短攸關焉。故吾人評論古人之作品,止當就其作品而論其優劣,不宜以作者之遲速緩急而高下其價值也。

《漢書·枚乘傳》曰:

(皋)從行至甘泉雍河東,東巡狩,封泰山,塞決河宣

> 房，游觀三輔離宫館，臨山澤弋獵射馭狗馬，蹴鞠刻鏤，上有所感，輒使賦之。爲文疾，受詔輒成，故所賦者多。司馬相如善爲賦而遲，故所作少而善於皋。皋賦辭中自言爲賦不如相如。……凡可讀者百二十篇，其尤嫚戲不可讀者，尚數十篇。

是故作品之佳惡，止存於作品之自身，與成文之遲速無關。文人之成家與否，止存於作品之佳惡，與作品之數量亦無關。稍讀唐人詩者，無不知有張若虛其人。而若虛之名篇，惟《春江花月夜》一首。王闓運稱其“孤篇横絕，遂成大家”(《論唐詩諸家源流·答陳完夫問》)。多云乎哉？

《文心雕龍·神思篇》又曰：

> 若夫駿發之士，心總要術，敏在慮前，應機立斷。覃思之人，情饒歧路，鑒在疑後，研慮方定。機敏故造次而成功，慮疑故愈久而致績。難易雖殊，並資博練。若學淺而空遲，才疏而徒速，以斯成器，未之前聞。

彦和之論，百代不刊；後之矜才夸速者，其亦可以休矣。以上所論，乃總合各代文家而言，實則同時代之文人，其作品亦仍有個性在。劉義慶《世説新語·文學篇》引孫興公云：

> 潘文爛若披錦，無處不善；陸文若排沙簡金，往往見寶。

安仁士衡，時居同代，其所作或簡或繁，有二致矣。他如李杜同時,其詩歌迥然有異;韓柳共代,其行文亦自殊趣。此理易明,無待多述。更有進者,不惟同時之人,其作品因個性而殊;即同時同地之人,其個性亦有可言者。如曹丕曹植兄弟也,其居養相同,環境無別,宜其作品無大差異。然《文心雕龍·才略篇》評二子曰:

……子建思捷而才儁,詩麗而表逸。子桓慮詳而力緩,故不競於先鳴;而樂府清越,《典論》辯要;迭用短長,亦無懵焉。……

又如陸機陸雲,兄弟也。《文心雕龍·鎔裁篇》評之曰:

士衡才優,而綴辭尤繁;士龍思劣,而雅好清省。

舉茲兩例,他亦準是。其所以如此者,才性有異也。

右方所述,乃綜合各體而言。更以文學中之一體證之,亦不能外是。文天祥《跋周汝明自鳴集》(陸烜《奇晉齋叢書·文山題跋》)曰:

天下之鳴多矣:鏘鏘鳳鳴,雝雝雁鳴,喈喈雞鳴,嘒嘒蟬鳴,呦呦鹿鳴,蕭蕭馬鳴。無不善鳴者,而彼此各不相為,各一其性也。其於詩亦然。鮑謝自鮑謝,李杜自李杜,歐蘇自歐蘇,陳黄自陳黄。鮑謝之不能爲李杜,猶歐蘇之不能爲陳黄也。吾鄉周君性初善爲詩,署其集曰《自鳴》。予讀之,能知其激揚變動,音節之可愛而已。予亦好吟者,然予能爲予之言,使予髣髴性初一語,不可得也。

予以予鳴，性初以性初鳴，此之謂《自鳴》。

文山所謂“不能相爲，各一其性”。即吾人所謂個性也。趙執信《談龍錄》曰：

崑山吴修齡（喬）論詩甚精，所著《圍爐詩話》，余三客吴門，徧求之不可得。獨見其《與友人書》一篇，中有云："詩之中，須有人在。"余服膺以爲名言。夫必使後世因其詩以知其人；而兼可以論其世，是又興於禮義之大者也。若言與心違，而又與其時與地不相蒙也，將安所得知之而論之？

汪師韓《詩學纂聞》亦曰：

古今人說詩多端；約舉之則惟三有已耳。其始作也，有感焉。…… 其方作也，有義焉。……其既成章也，有我焉。一人有一人之詩，一時有一時之詩；故誦其詩可以知其人論其世也。若彼我之無分，後先之如一，闡闠混混，詩奚以進於經史哉？

秋谷所謂有人，杼懷所謂有我，均謂個性也。蓋詩雖爲文學中之一體，若就其風格而論，則固有無量差別；故學詩者，能以其天稟之異，各得其性之所近。故錢泳《履園譚詩》曰：

古人以詩觀風化，後人以詩寫性情。性情中有中正和平姦惡邪散之不同，詩亦有溫柔敦厚噍殺浮僻之互異。

惟如是也，故古今文人之所得於詩者，各不相同。《文心雕龍·明詩篇》曰：

> ……華實異用，唯才所安。故平子得其雅，叔夜含其潤，茂先凝其清，景陽振其麗，兼善則子建仲宣，偏美則太冲公幹。

各家之所得於詩者，既不相同；則其個性之見於詩者，可得而論也。鍾嶸《詩品》載湯惠休評顏延之謝靈運之言曰：

> 謝詩如芙蓉出水，顏如錯彩鏤金。

此謂謝尚自然，顏崇雕飾，其作風異矣。《南史·邱遲傳》評范雲邱遲之詩曰：

> 范雲婉轉清便，如流風回雪；邱遲點綴映媚，似落英依草。

是則邱范之詩，亦有自然雕斲之分也。魏慶之《詩人玉屑》載《雪浪齋日記》之言曰：

> 爲詩欲詞格清美，當看鮑相謝靈運；渾成而有正始以來風氣，當看淵明；欲清深閑淡，當看韋蘇州柳子厚孟浩然王摩詰賈長江；欲氣格豪逸，當看退之李白；欲法度備足，當看杜子美。……

是雖爲學詩者說法，亦足見各家之不同也。葉燮《原詩外篇》曰：

六朝詩家，惟陶淵明謝靈運謝朓三人最傑出，可以鼎立。三家之詩不相謀：陶澹遠，靈運警秀，朓高華。各闢境界，開生面，其名句無人能到。左思鮑照次之，思與照亦各自開生面，餘子不能望其肩項。

所謂各闢境界自開生面者，即個性之謂也。《原詩內篇》又曰：

杜甫之詩，包源流，綜正變，自甫以前，如漢魏之渾朴古雅，六朝之藻麗穠纖澹遠韶秀，甫詩無不一備。然出於甫，皆甫之詩，無一字句爲偷人之詩也。自甫以後，在唐如韓愈之奇奡，劉禹錫杜牧之雄傑，劉長卿之流利，溫庭筠李商隱之輕豔；以至宋金元明之詩家，稱巨擘者無慮數十百人，各自炫奇立異，而甫無一不爲之開先。……

徐增《而菴詩話》亦曰：

太白以氣韻勝，子美以格律勝，摩詰以理趣勝。太白千秋逸調，子美一代規模，摩詰精大雄氏之學，篇章字句，皆合聖教。……

嚴羽《滄浪詩話》亦曰：

> 高岑之詩悲壯，讀之使人感慨；孟郊之詩刻苦，讀之使人不懽；玉川之恠，長吉之瑰詭，天地間自欠此體不得。

前人論詩，似此類者，不可一二數。總之，各家有各家之長，凡詩人之成家者，必各具個性也。惟一種個性，既爲其人所獨有，則於其作品中，處處可以尋見；其人雖欲舍己從人，亦勢有所不能也。故《滄浪詩話》曰：

> 太白有一二妙處，子美不能道；子美有一二妙處，太白不能道。

又曰：

> 子美不能爲太白之飄逸，太白不能爲子美之沈鬱。

又曰：

> 太白《夢遊天姥吟》、《遠別離》等，子美不能道；子美《北征》、《兵車行》、《垂老別》等，太白不能作。

嚴氏之論，至爲的當。惟如是也，故各家有各家之體；各家之體，即其個性之所在。

《滄浪詩話》嘗依人分詩爲以下各體：

蘇李體：李陵蘇武

曹劉體：子建公幹
陶體：淵明
謝體：靈運
徐庾體：徐陵庾信
沈宋體：佺期之問
陳拾遺體：陳子昂
王楊盧駱體：王勃楊炯盧照鄰駱賓王
張曲江體：始興文獻公九齡
少陵體：
太白體：
高達夫體：高常侍適
孟浩然體：
岑嘉州體：岑參
王右丞體：王維
韋蘇州體：韋應物
韓昌黎體：
柳子厚體：
韋柳體：蘇州與儀曹合言之
李長吉體：
李商隱體：即西崑體也
盧仝體：
白樂天體：
元白體：微之與樂天，其體一也。
杜牧之體：

張籍王建體：謂樂府之體同也。

賈浪仙體：

孟東野體：

杜荀鶴體：

東坡體：

山谷體：

后山體：后山本學杜，其語似之者但數篇，他或似而不全。又其他，則本其自體耳。

王荆公體：公絶句最高。其得意處，高出蘇黄陳之上，而與唐人，尚隔一關。

邵康節體：

陳簡齋體：陳去非與義也。亦江西之派而小異。

楊誠齋體：其初學半山后山，最後亦學絶句于唐人。已而盡棄諸家之體，而别出機杼。蓋其自序如此也。

嚴氏所析，雖似過於細密；然若就各家個性而言，實有如此者，未能遽謂其不當也。以上所論，特就詩之一體而言；實則其他各體，無不如此。《文心雕龍·詮賦篇》曰：

> 觀夫荀結隱語，事數自環；宋發巧談，實始淫麗。枚乘《菟園》，舉要以會新；相如《上林》，繁類以成豔。賈誼《鵩鳥》，致辨於情理；子淵《洞簫》，窮變於聲貌。孟堅《兩都》，明絢以雅贍；張衡《二京》，迅發以宏富。子雲《甘泉》構深偉之風；延壽《靈光》，含飛動之勢。凡此十家，並辭賦之英傑也。及仲宣靡密，發端必遒；偉長博通，時逢壯

采。太冲安仁，策勳於鴻規；士衡子安，底績於流制。景純綺巧，縟理有餘；彥伯梗概，情韻不匱。亦魏晉之賦首也。

此就賦體而言，各家亦各有其個性也。

又嘗論之，各家之稟賦既殊，其官感之敏鈍自異。因其官感之敏鈍有差，故其寫事體物，各有獨至。今人張耀翔君曾分析屈原杜甫白居易三家之作品，謂屈原之嗅覺獨靈，杜甫之視覺特敏，白居易之聽覺甚聰（見《心理雜誌》第一卷第三期《文學家之想像》）。其分析雖未必精密，而大體當不大謬。此亦個性不同之一端也。

文學家之作品，既因人而異；故細繹某家之作品，即可見某家之性格。今人所謂人格之表現是已。蓋言爲心聲；文爲心畫；聲畫既形，善惡自見；如影之逐形，響之隨聲，絲毫無爽也。《孟子·萬章下》有曰：

> 頌其詩，讀其書，不知其人可乎？

此謂人之善惡賢愚，皆見於其作品之中，故頌詩讀書可知其人也。然則知之，之道奈何？《易經·繫辭下》有曰：

> 將叛者其辭慙，中心疑者其辭枝，吉人之辭寡，躁人之辭多，誣善之人其辭游，失其守者其辭屈。

《孟子·公孫丑下》曰：

詖辭知其所蔽，淫辭知其所陷，邪辭知其所離，遁辭知其所窮。

此雖就言語立論，推之文事，亦復如此。王充《論衡·佚文篇》曰：

賢聖定意於筆，筆集成文，文具情顯。後人觀之，見其正僞，安宜妄記。足蹈於地，跡有好醜；文集於札，志有美惡。故夫占跡以覩足，觀文以知情。

惟如是也，故古人有由文觀人之論。王通《中說·事君篇》曰：

子謂文士之行可見：謝靈運小人哉！其文傲，君子則謹。沈休文小人哉！其文冶，君子則典。鮑照江淹，古之狷者也，其文急以怨。吴均孔珪，古之狂者也，其文怪以怒。謝莊王融，古之纖人也，其文碎。徐陵庾信，古之夸人也，其文誕。或問孝綽兄弟，子曰：鄙人也，其文淫。或問湘東王兄弟，子曰：貪人也，其文繁。謝朓淺人也，其文捷。江總詭人也，其文虛。皆古之不利人也，子謂顏延之王儉任昉有君子之心焉，其文約以則。……子曰：君子哉，思王也！其文深以典。

是雖未必盡然，要亦不爲無見。韓愈《歐陽生哀辭》曰：

……讀其文，知其慈孝最隆也。

此由文可知其人之性情也。吴處厚《青箱雜記》曰：

> 小説載盧杞貌陋，以文章干韋宙。韋氏子弟，多肆輕侮。宙曰："盧雖人物不揚，觀其文章有首尾，異日必貴。"後竟如其言。（此事見孫光憲《北夢瑣言》）

此由文可決其人之前途也。前人論文，似此者甚多，今不具引。惟後世人情險詐，亦有心懷奸惡辭吐忠正者；故因文責實，有時竟至不驗。《文心雕龍·情采篇》曰：

> ……後之作者，採濫忽真。遠棄風雅，近師辭賦。故體情之製日疏，逐文之篇愈盛。故有志深軒冕，而汎詠皐壤；心纏幾務，而虚述人外。真宰弗存，翩其反矣。夫桃李不言而成蹊，有實存也；男子樹蘭而不芳，無其情也。夫以草木之微，依情待實；況乎文章，述志爲本，言與志反，文豈足徵？

皮日休《桃花賦序》曰：

> 予嘗慕宋璟之爲相，疑其鐵腸與石心，不解吐婉媚詞。及覩其文，而有《梅花賦》。清便富豔，得南朝徐庾體。

元遺山《論詩》三十首有云：

心畫心聲總失真，文章寧復見爲人，高情千古《閒居賦》，爭信安仁拜路塵。

此則由文觀人之說，又似不能全信矣。魏禧更進而論其所以不能置信之故，其言曰：

古之文章，足以觀人；今之文章，不足以觀人。蓋古人文章，無一定格例。各就其造詣所至，意所欲言者，發抒而出。故其文純雜瑕瑜，瞭然並見。至於後世，則古人能事已備。有格可肖，有法可學。忠孝仁義有其文，智能勇功有其文。孰者雄古，孰者卑弱。父兄所教，師友所傳。莫不取其尤工而最篤者，日夕揣摩，以取名於時。是以大姦能爲大忠之文，至拙能襲至巧之論；則雖有孟子之知言，亦孰從而辨之哉？

魏氏之論，可謂能發後世文人內外不符之底蘊矣。然諸人所言，究屬偶然。文辭縱能欺人於一時，必不能欺人於永久。苟識者取其全數作品及同時所與有關之作品而細繹之，其善惡之蛛絲馬跡，終可尋見。故謂後世不能因文定人可也，若謂其能欺盡天下後世，則不可也。陳師道《後山詩話》曰：

退之詩云："長安衆富兒，盤饌羅羶葷。不解文字飲，惟能醉紅裙。"然此老有二妓，號絳桃柳枝。故張文昌詩云："爲出二侍女，合彈琵琶箏"也。又爲李于志敍當世名貴服金石藥欲生而死者數輩，著之石，藏之地下；豈爲一世戒耶，而竟以藥死。故白傅云："退之服硫黃，一病竟不痓”也。

由此觀之,昌黎“非聖人之志不敢存”之言(《答李翊書》)何嘗欺盡天下後世哉?羅大經《鶴林玉露》曰:

> 後世之學爲詩,其胸中之不醇不正,必有不能掩者矣。雖貪者賦廉詩,仕者賦隱逸詩,亦豈能逃識者之眼哉?

顧亭林《日知錄》卷十九《論文辭欺人》曰:

> 末世人情彌巧,文而不慙,固有朝賦《采薇》之篇,而夕有捧檄之喜者。苟以其言取之,則車載魯連,斗量王蠋矣。曰:是不然。世有知言者出焉,則其人之真僞,即以其言辨之,而卒莫能逃也。《黍離》之大夫,始而搖搖,中而如噎,既而如醉,無可奈何而付之蒼天者,真也。汨羅之宗臣,言之重,辭之複,心煩意亂,而其詞不能以次者,真也。栗里之徵士,淡然若忘於世,而感憤之懷,有時不能自止而微見其情者,真也。其汲汲於自表暴而爲言者,僞也。

亭林之論,殆爲明末士大夫投身異姓者而發。徵之古來文士,亦正如此。謝靈運雖有“韓亡子房奮,秦帝魯連恥”之句,而史臣書之以逆,後世亦未嘗以魯連子房許之;王維雖有高人之名,而《凝碧池頭》之作,猶存集中,雖欲欺人得乎哉?然則今之欲以文辭欺世者,亦宜知所戒矣。

第十一篇　創造與摹倣

一人之文,有一人之個性,依其個性而發展之,是即其人之創造也。夫文學與科學矣,科學之職,在明是非真僞;是非真僞,皆有定準,故前人定理,後人或有不能不因襲者。文學之職,在寫性靈,常人之情,賤故貴新,故文人爲文,恆趨創造而避摹仿,誠以生吞活剝,句摹字仿,不足以爲有價值之文學也。古人論文,多見及此。陸機《文賦》曰:

……收百世之闕文,採千載之遺韻。謝朝華於已披,啓夕秀於未振。

……雖杼軸於予懷,怵他人之我先。

韓愈《答李翊書》曰:

……當其取於心而注於手也,惟陳言之務去,戛戛乎其難哉!

韓愈《南陽樊紹述墓誌銘》稱樊之文章亦曰：

……多矣哉,古未嘗有也。然而必出於己,不襲蹈前人一言一句,又何其難也!

《樊紹述墓誌銘》又曰：

惟古於詞必己出,降而不能乃剽賊,後皆指前公相襲,從漢迄今用一律。

李翺《答王載言書》曰：

……創意造言,皆不相師。故其讀《春秋》也,如未嘗有《詩》也;其讀《詩》也,如未嘗有《易》;其讀《易》也,如未嘗有《書》也;其讀屈原莊周也,如未嘗有六經也…… 如山有恆華嵩衡焉,其同者高也,其草木之榮,不必同也。如瀆有淮濟河江焉,其同者出源到海也,其曲直淺深色黄白,不必均也。如百品之雜焉,其同者飽於腸也,其味鹹酸苦辛,不必均也。此因學而知者也,此創意之大歸也。……陸機曰:怵他人之我先。韓退之曰:唯陳言之務去。假令述笑哂之狀:曰莞爾,則《論語》言之矣;曰啞啞,則《易》言之矣;曰粲然,則穀梁子言之矣;曰攸爾,則班固言之矣;曰囅然,則左思言之矣。吾復言之,與前文何以異也,此造言之大歸。……

習之之論,區分言意二端,殆謂文學之外形與内容,均貴創造，較之陸韓所論，更爲明晰。此文學貴創造之説也。

洪邁《容齋隨筆》卷七曰：

枚乘作《七發》，創意造端，麗旨腴詞，上薄騷些，蓋文章領袖，故爲可喜。其繼之者，如傅毅《七激》，張衡《七辯》，崔駰《七依》，馬融《七廣》，曹植《七啟》，王粲《七釋》，張協《七命》之類，規仿太切，了無新意。傅玄又集之以爲《七林》，使人讀未終篇，往往棄諸几格。…… 東方朔《答客難》，自是文中傑出。揚雄擬之爲《解嘲》，尚有馳騁自得之妙。至於崔駰《達旨》班固《賓戲》張衡《應閒》，皆章摹句寫，其病與《七林》同。

顧炎武《日知録》卷十九《論文人摹倣之病》有曰：

近代文章之病，全在摹倣。即使逼肖古人，已非極詣，況遺其神理而得其皮毛者乎。……效《楚辭》者，必不如《楚辭》；效《七發》者，必不如《七發》。蓋其意中先有一人在前，既恐失之，而其筆力復不能自遂，此壽陵餘子學步邯鄲之説也。……如揚雄擬《易》而作《太玄》，王莽依《周書》而作《大誥》，皆心勞而日拙者矣。

《日知録》卷二十一《論詩體代降》又曰：

詩文之所以代變，有不得不變者。一代之文，沿襲已久，不容人人皆道其語。今且千數百年矣，而猶取古人之陳言一一而摹仿之，以是爲詩可乎？故不似則失其所以爲詩,似其失其所以爲我。李杜之詩所以高出於唐人者,以其未嘗不似而未嘗似也。知此者,可與言詩也已矣。

蓋文學以表達個人情志爲主,若處處依傍他人,則與作文之旨相悖,此《曲禮》所以有勦説雷同之戒也。洪顧之言,至爲的當。此文學不貴摹倣之説也。近年以來,胡適倡新文學,對於此點,尤致意焉。胡氏著《文學改良芻議》,標出八不主義,八不主義之第二曰不摹倣古人,其言曰:

> 今之文學大家,文則下規姚曾,上師韓歐;更上則取法秦漢魏晉;以爲六朝以下無文學可言,此皆百步與五十步之别而已,而皆爲文學下乘。即令神似古人,亦不過爲博物院中添幾許"逼真贋鼎"而已,文學云乎哉!

胡氏之論,不過承古人緒餘,其見與洪顧等,並無特異之處。而今人崇奉八不主義,如金科玉律,一若非胡氏不能及此者,此吴芳吉輩所以有《再論吾人眼中之新舊文學觀》之作也。(見《學衡》第二十一期轉載《湘君季刊》)

文學重創造不重摹倣,已如上述。然若謂從事文學之人當勉爲創造則是,謂必不當摹倣則非。何則?夫摹倣者,人類之天性也。吾人自呱呱墮地以後,一切語言行爲,何一非自摹倣得來者?若并人類之摹倣性而盡絶之,則世界之文化,或幾乎息矣。吾人見一偉大人物,聞其議論,觀其動作,不覺油然生效法之心。吾人誦一佳文,賞其麗辭,愛其雅音,及操筆自作,自不禁動摹擬之興。故文學上摹倣之事,就文學本身言之,固難免奴性之譏;而自人類天性言之,則出於自然,不帶絲毫勉强也。近年從事新文學者,固人人以創造爲言矣。然即新派本身言之,其較爲特出之士冠冕於一黨者,不過三五;而附和盲從者,何止千萬?此千萬人者,於其三五首領之作,自抒情立意,口吻章法,以至聲調語氣,無不摹倣逼肖。而所謂三五首領者,雖於本國文學不屑摹倣,而於外國文學,則依然摹倣甚肖。覩於此益知摹倣一事,爲人類之天性也(《東方雜誌》第二十四卷第二十三號有梁實秋《近年來中國之文藝批評》一篇,亦有此論)。且學術上創造之事,人非生而即能;必有相當修養,而後始能有所創造。就文學言之,其當修養期間,舍讀他人作品外,别無所由。誦讀既熟,則援筆操觚,自見摹擬之迹;摹之既久,始能有所樹立。試繙覽古今號爲能創造者之文豪之作品,其集中衆製,亦不必篇篇皆爲創造。如杜甫,人所共知爲詩中之創造者也。然檢其《草堂》之作,其摹倣《木蘭辭》之痕跡,甚爲顯著。工部若此,下此可知矣。故由摹倣而創造,由創造而樹立,其致力也,固未可以獵等。惟人之才力,至爲不齊。有僅至第一步之摹倣而止焉者。有進至第二步之創造而止焉者。亦有初能摹倣,繼能創造,卒能樹立成一家者。其能樹立成一家者,人皆以創造許之;其僅至第一步至摹倣而止焉者,人遂以鈔胥奴婢目之矣(鈔胥奴婢乃胡適《文學改良芻議》譏陳伯嚴語)。然依摹倣本身論之,文學爲藝術之一種,摹倣亦藝術之一法,如江淹《雜體詩》三十首,盡取古來名家而摹倣之,其藝術之價值固在,於文學何傷乎?總之,創造爲文學之能事,而摹倣爲進至創造必經之階級,欲去摹倣而專事創造,其創造將無所由。是以古來論文之士,多謂摹倣爲初學之事,與創造兩不相妨也。朱子嘗曰(王季薌先生《古文辭通義》卷一《解蔽篇》一引):

古人作文，多摹倣前人，學之既久，自然純熟。

梁章鉅《退菴隨筆》曰：

李文貞教人作詩，先將《十九首》之類，句句摹倣，先教像了，到後來自己做出，自無一點不似古人，却又指不出是像那一首。

王闓運《論文法》答張正暘问有曰：

文有時代而無家數，今所以不及古者，習俗使之然也。韓退之遂云非三代兩漢之書不敢觀，如是僅得爲擬古之文，及其應世，事迹人地，全非古有，則失其故步，而反不如時手駕輕就熟也。明人號爲復古，全無古色；即退之文，亦豈有一句似子長揚雄耶？故知學古當漸漬於古，先作論事理短篇，務使成章，取古人成作，處處臨摹，如倣書然，一字一句，必求其似。如此者，家信帳記，皆可摹古。然後稍記事，先取今事與古事類者，比而作之；再取今事與古事遠者，比而附之；終取今事爲古所絕無者，改而文之。如是，非十餘年之專功，不能到也。……詩則有家數，易摹擬，其難亦在於變化。於全篇摹擬中，能自運一兩句；久之可一兩聯，又久之可一兩行，則自成家數矣。

觀此可知摹倣爲學文之唯一良法，其歸仍在於創造也。古今文家，大抵多始於摹倣，終於創造，鮮有例外。古來文人，惟揚雄終身依傍他人。今檢其所作,《法言》做《論語》,《太玄經》做《易》,《訓纂》做《凡將》、《急就》,《州箴》做《虞箴》,賦做相如,《解嘲》做東方朔《答客難》,《諫不受單于朝》做《諫伐韓》。惟《酒箴》一篇,無所依傍。故論子雲之文學,止能就其摹做而定其價值也。

更自摹做本身論之,同一摹做也,乃有工拙之別。其摹做之工者,與創造兩不相妨;其拙者,則所謂畫虎不成反類犬也。故劉知幾《史通·摹擬篇》論之曰:

> 蓋摹擬之體,厥途有二:一曰貌同而心異,二曰貌異而心同。何以言之?蓋古者列國命官,卿與大夫爲別。必於國史所記,則卿亦呼大夫。此《春秋》之例也。當秦有天下,地廣殷周。變諸侯爲帝王,目宰輔爲丞相。而譙周作《古史考》,思欲擯抑馬記,師放孔經。其書李斯人棄市也,乃云秦殺其大夫李斯。夫以諸侯之大夫,名天子之丞相。以此而擬《春秋》,所謂貌同而心異也。當春秋之世,列國甚多。每書他邦,皆顯其號。至於魯國,直云我而已。如金行握紀,海内大同。君靡客主之殊,臣無彼此之異。而干寶撰《晉紀》,至天子之葬,必云葬我某皇帝。時無二君,何我之有。以此而擬《春秋》,又所謂貌同而心異也。……昔《家語》有云:蒼梧人娶妻而美,以讓其兄。雖爲讓,非讓道也。又《楊子法言》曰:士有姓孔字仲尼,其文是也,其質非也。如向之諸子所擬古作,其殆蒼梧之讓姓孔字仲尼者歟?蓋語曰:世異則事異,事異則備異。必以先王之道,持今世之人。此韓子所以著《五蠹》之篇稱宋人有守株之說也。世之述者,鋭志於奇。喜編次古

文,撰敘今事。而巍然自謂五經再生,三史重出,多見其無識者矣。惟夫明識之士則不然。何則?其所擬者,非如圖畫之寫真,鎔鑄之像物,以此而似也。其所以爲似者,取其道術相會,義理玄同,若斯而已。亦猶孔父賤爲匹夫,棲皇放逐,而能祖述堯舜,憲章文武。亦何必居九五之位,處南面之尊,然後謂之連類者哉?蓋左氏爲書,敘事之最。自晉以降,景慕者多。有類效顰,益增其醜。然求諸偶中,亦可言焉。蓋君父見害,臣子所恥。義當略說,不忍斥言。故《左傳》敘桓公在齊遇害,而云彭生乘公,公薨於車。如干寶《晉紀》,敘愍帝歿於平陽,而云晉人見者多哭,賊懼帝崩。以此而擬左氏,所謂貌異而心同也。……夫將敘其事,必預張其本。彌縫混說,無所睚言。如《左傳》稱叔輒聞日融而哭,昭子曰:子叔其將死乎?秋八月,叔輒卒。至王劭《齊志》稱張伯德夢山上掛絲,占者曰:其爲幽州乎?秋七月,拜爲幽州刺史。以此而擬左氏,又所謂貌異而心同也。……蓋貌異而心同者,摹擬之上也;貌同而心異者,摹擬之下也。然人皆好貌同而心異,不尚貌異而心同者,何哉?蓋鑑識不明,嗜愛多僻,悅夫似史而憎夫真史。此子張所以致譏於魯侯有葉公好龍之喻也。

子玄之言,雖爲史家說法,若以論文學,亦得相通。昔劉肅《大唐新語》於唐人竊詩有活剝王昌齡生吞郭正一之誚,是即剽賊前言句摹字倣,所謂貌同而心異者也。釋惠洪《冷齋夜話》引黄山谷語謂作詩有奪胎換骨諸法,是即襲前人之意而自鑄其詞,所謂貌異而心同者也。

嘗析文學上摹擬之法，大抵不外三端，釋皎然《詩式》三同之説，與余意若合符節。其言曰：

三同之中，偷語最爲鈍賊，……其次偷意，……其次偷勢。……偷語詩例，如陳後主入隋《侍宴應詔詩》："日月光天德"取傅長虞《贈何劭王濟詩》："日月光太清"，上三字同，下二字義同。偷意詩例，如沈佺期《酬蘇味道詩》："小池殘暑退，高樹早涼歸。"取柳惲《從武帝登景陽樓詩》："太液滄波起，長楊高樹秋。"偷勢詩例，如王昌齡《獨遊詩》："手攜雙鯉魚，目送千里雁。悟波飛有適，嗟此罹憂患。"取嵇康《送秀才入軍詩》："目送歸鴻，手揮五絃。俯仰自得，游心太元。"

皎然所論，甚爲有理。余嘗分摹倣爲倣句、倣體、倣意三種。倣句者，一篇中一句或數句摹倣古人者也。如《木蘭詩》：

……爺娘聞語來，出郭相扶將，阿姊聞妹來，當戶理紅妝。小弟聞姊來，磨刀霍霍向豬羊。

杜甫《草堂詩》曰：

……舊犬喜我歸，低徊入衣裾；鄰里喜我歸，沽酒攜胡盧；大官喜我來，遣騎問所須；城郭喜我來，賓客隘村墟。……

此其摹擬之迹，甚爲顯著；惟太偏於形似，故爲劣也。

又如《古詩十九首·東城高且長》一首有曰：

……迴风動地起，秋草萋已綠。……

岑參《登慈恩寺塔詩》有曰：

……秋色從西來，蒼然滿關中。……

其摹擬之跡，全然不露，所謂神似者也。

倣體者，謂倣古人全篇之章法也。古今文人此類作品甚多。如漢晉《七林》、《京都》諸賦，篇篇相因，幾無生氣，古人所謂屋下架屋（《世說新語》謝安稱庾仲初《揚都賦》語），真倣體之劣者。又如張表臣稱韓愈《南山詩》類杜甫《北征》（《珊瑚鈎詩話》），王闓運謂杜甫《北征》學蔡琰《悲憤》，張若虛《春江花月夜》用《西洲》格調（《論唐詩諸家源流》答陳完夫問）。今持諸家作品兩兩相較，真如羚羊掛角，無跡可求，是乃倣體之善者也。

倣意者，用古之故事演爲篇章，或襲古人文中成意演繹成篇者，皆屬之。屬於前者，如自陶潛作《桃花源記》以後，諸家遂襲其意作《桃源行》是也。屬於後者，魏泰《臨溪隱居詩話》曰：

詩恶蹈襲古人之意，亦有襲而愈工，若出於己者。蓋思之愈精，則造語愈深也。魏人章疏云："福不盈身，禍乃溢世。"韓愈則曰："歡華不满眼，咎責塞兩儀。"李華《弔古戰場文》曰："其存其沒，家莫聞之。人或有言，將信將疑。睊睊心目，夢寐見之。"陳陶則云："可憐無定河邊骨，猶是深閨夢裏人。”蓋愈工於前也。

又如楊慎《藝林伐山》曰：

唐劉采春詩：“那年離別日，只道往桐廬。桐廬人不見，今得廣州書。”此本詩疏何斯違斯一句。其疏云：“君子既行王命，于彼遠方，謂適居此一處，今復乃去此，更轉遠於餘方。”韋蘇州詩：“春潮帶雨晚來急，野渡無人舟自横。”此本於《詩》“汎彼柏舟”一句。其疏云：“舟載渡物者，今不用而與衆物汎汎然俱流水中，喻仁人之不見用。”其餘尚多類是。《三百篇》爲後世詩人之祖，信矣。

古人倣意之作，似此者甚多。吾師黄季剛先生謂白居易《新樂府・井底引銀瓶》一首，本詩《氓之蚩蚩》；龔自珍《佳人詩》，本《古詩十九首・西北有高樓》。亦與用修之言相似。惟此類作品，雖納之摹倣範圍之中，實與創造無異也。

總之，摹擬之作，要以神似爲歸。若過於形似，則難免效顰之譏。古今論文之士，惟王闓運一人，力主形似。其《論文法》答陳完夫問有曰：

退之自命起衰，首倡復古。心摹子雲，口誦馬遷，終身爲之，乃無一似。最有名者記張巡傳毛穎，游戲之作，宜可優孟，乃亦是凡近之詞。其述睢陽，便似小説，反不及侯朝宗《馬伶傳》爲能起予。蓋懲子雲之儗，而創爲遺貌取神之術者也。夫神寄於貌，遺貌何所得神。優孟去其衣冠，直一優耳。不學古何能入古乎？古之名篇，乃自相襲，由近而遠，自有階梯。譬之臨書，當須池水盡墨。至其渾化，在自運耳。晉人行草，大抵相類；漢魏之文，約略大同。知此可知學古矣。

壬秋之言，未免過當。若就神似形似兩說而兼采之，則曾國藩所謂“以脫胎之法教初學，以不蹈襲教成人”，其至論乎！

或曰：君論文既重個性，又不廢摹倣，兩者得無相牴牾乎？曰：是不然。人之誦讀詩文，各喜其性之所近；故其摹倣詩文，亦各摹倣其性之所近。其性所不近之詩文，平日既不喜讀，安得取之而摹倣乎？故其摹倣之作，亦仍有個性在也。且人類天性，各不相同。其摹擬古人，除生吞活剝者外，亦決不能全似古人（莫是龍《筆塵》亦有此論）。觀陸機之《擬古詩》，其中仍有士衡個性在，何嘗盡似古詩乎？後之摹擬杜甫者，臨川所得者爲臨川之杜甫，山谷所得者爲山谷之杜甫，放翁所得者爲放翁之杜甫。諸家何嘗盡似杜甫，又何嘗不盡似杜甫？所謂仁者見仁，智者見智，諸家之個性各別，故其所得，各爲工部之一體。於此益可證摹倣與個性兩不相妨矣。《文心雕龍·辨騷篇》曰：

才高者菀其鴻裁，中巧者獵其豔辭，吟諷者銜其山川，童蒙者拾其香草。

舍人之意，亦謂人之性情既異，楚騷之所含不一。故能各依其個性而得其一體也。

第十二篇　文學與道德

昔蕭綱《誡當陽公大心書》有云:“立身之道,與文章異。立身先須謹重,文章且須放蕩。”簡文之言,曉然明白,文學道德,本爲二事。觀古今文人,類不護細行,鮮能以名節自立。(曹丕《與吴質書》)蓋可證矣。然自來文士論文,多好涉及道德問題。亦若文學與道德不能分離者。不知文學自文學,道德自道德,文人之情,別有所寄;世俗所謂道德,不足累及文人也。欲破俗見,乃著斯篇。

《易·乾文》言:“修辭立其誠,所以居業也。”《論語·憲問篇》曰:“有德者必有言,有言者不必有德。”文德之論,殆放於此。揚雄《法言·吾子篇》曰:“或問景差唐勒宋玉之賦也,益乎?曰:必也淫。淫則奈何?曰:詩人之賦麗以則,辭人之賦麗以淫。”又曰:“或曰:女有色,書亦有色乎?曰:有。女恶華丹之亂窈窕也,書惡淫辭之淈法度也。”衛宏《關雎序》:“變風發乎情,止乎禮義。發乎情,民之性也;止乎禮義,先王之澤也。”此亦繼孔氏而爲論,惟未標文德之名耳。文德之名,見於《尚書》。“帝乃誕敷文德”是也。《大禹謨》既屬僞造,所言又

非文學,故不足徵。其標舉文德之名而論文學者,始於東漢王充。《論衡·佚文篇》曰:

文人宜遵五經六藝爲文,諸子傳書爲文,造論著說爲文,上書奏記爲文。文德之操爲文,五文在世皆當賢也。

又曰:

上書陳便宜,奏記薦吏士,一則爲身,二則爲人。繁文麗辭,無上書文德之操。治身完行,殉利爲私無爲主者。

厥後魏楊遵彦沿《論衡》之名,著《文德論》,以爲"古今辭人,皆負才遺行,澆薄險忌。惟邢子才王元景温子昇彬彬有德素"(《魏書·文苑傳》)。

及清章學誠著《文史通義》,亦有以《文德》名篇者。其較略曰:

凡爲古文辭者,必敬以恕。臨文必敬,非修德之謂也;論古必恕,非寬容之謂也。敬非修德之謂者,氣攝而不縱,縱而不能中節也。恕非寬容之謂者,爲古人設身處地也。

其論亦有所見。惟學誠以爲"未見有論文德者"矜爲獨得。學誠固非不讀書者,其爲此言,實近剽竊。章太炎先生譏之,宜矣(《國故論衡》中《文學總略》)。又學誠本爲史家,故其所論,近史而非文。察所舉例爲《三國志》、《漢晉春秋》、《通鑑綱目》,又謂“文由史出”。以史賅文,是其過又不止於竊焉已也。

詳察前人之論文德,不出三義。一爲文人之德,楊遵彦所論是也。二爲文章之德,《法言》所論是也。三爲臨文之德,章學誠所論是也。文人之德與文章之德,二者本爲一貫。蓋文章即文人情志之見於文字者;而文人之德,乃其情志之見於行爲者也。至臨文之德,則劉勰所謂“爲文之用心”耳(語見《文心雕龍·序志篇》)。臨文不敬,則不能中節;不設身處地,則未易得情之實。是則侵入修辭學之範圍,非茲篇所宜越俎矣。

昔班固序《離騷》有曰:

> 屈原露才揚己,競乎危國羣小之間,以離讒賊。然責數懷王,怨惡椒蘭,愁神苦思,强非其人。忿懟不容,沈江而死。

曹丕《典論·論文》曰:

> 文人相輕,自古而然。傅毅之於班固,伯仲之間耳;而固小之。與弟超書曰:“武仲以能屬文,爲蘭臺令史,下筆不能自休。”

《顏氏家訓·文章篇》曰:

> 自古文人,多陷輕薄。屈原露才揚己,顯暴君過。宋玉體貌容冶,見遇俳優。東方曼倩滑稽不雅。司馬長卿竊資無操。王褒過章《僮約》。揚雄德敗《美新》。李陵降

辱夷虜。劉歆反覆莽世。傅毅黨附權門。班固盜竊父史。趙元叔抗竦過度。馮敬通浮華擯壓。馬季長佞媚獲誚。蔡伯喈同惡受誅。吴質詆訶鄉里。曹植悖慢犯法。杜篤乞假無厭。路粹隘狹已甚。陳琳實號粗疏。繁欽性無檢格。劉楨屈强輸作。王粲率躁見嫌。孔融禰衡,誕傲致殞。楊修丁廙,扇動取斃。阮籍無禮敗俗,嵇康凌物凶終。傅玄忿鬭免官。孫楚矜誇凌上。陸機犯順履險。潘岳乾没取危。顔延年負氣摧黜。謝靈運空疏亂紀。王元長凶賊自貽,謝玄暉侮慢見及。凡此諸人,皆其翹秀者。不能悉紀,大較如此。至於帝王,亦或未免。自昔天子而有才華者,唯漢武帝魏太祖文帝明帝宋孝武帝。皆負世議,非懿德之君也。

此外諸書言文人之德者,不可一二數。舉茲數則,足見概畧。夫屈原之德,古今論者非一人矣。淮南王劉安《敘離騷傳》有曰:

> 蟬脱濁穢之中,浮游塵埃之外,皭然泥而不滓。推此志,雖與日月爭光可也。

王逸《楚辭章句序》曰:

> 屈原膺忠貞之質,體清潔之性。直若砥矢,言若丹青。進不隱其謀。退不顧其命。此誠絶世之行,俊彦之英也。

試檢中國文學史，求其道德文章兼備如靈均者，能有幾人？而猶貽露才揚己之誚，其餘文士，猶復有完人乎？俗議之苛，乃至如是。復何言哉！復何言哉！

夫論人而求全責備，吹毛索瘢；則自有生民以來，應無一人稱人意者；不獨少數文士然也。姬旦孔丘，人中之麟鳳也。王充劉知幾輩，曾有《問孔》、《惑經》之作；而蘇軾等且以《周公》爲篇目矣。昔章學誠之論文德也，曰："論古必恕。"嗚呼何古今論文德者之不恕之甚乎！

人有恆言曰："文人無行，才士無德。"以此言科之古今文士，似亦近實。恆人之所以作如是論者，蓋多依世俗之道德觀念，檢點古今文士之篇什，因辭度意，而遂斷其無行無德也。昔金聖歎謂："風花雪月，爲填詞家一半本事。"觀古今文士之所綴屬，常依依於風月兒女之間，以寄其忠貞愛戀之思。此所謂"主文而譎諫"，未必實有其事也。詩文之所以能動天地感鬼神者，亦正以此。蓋文學者，抒情之物也。"物之興衰，情之起伏，惟妃匹之間爲甚。故文人多託以爲喻"（黃季剛先生《詠懷詩補註》語）。

《九章·抽思篇》曰：

> 結微情以陳詞兮，矯以遺夫美人。昔君與我成言兮，曰黄昏以爲期。羌中道而回畔兮，反既有此他志。憍吾以其美好兮，覽余以其修姱。與余言而不信兮，蓋爲余而造怒。

此間所謂美人者，君也。言君與己始親後疏，君又自多其能，但以惡我之故，爲我作怒也（略本朱熹《楚辭集註》）。阮籍

《詠懷詩》第二首曰：

> 二妃遊江濱，逍遙順風翔。交甫懷環珮，婉孌有芬芳。猗靡情歡愛，千載不相忘。傾城迷下蔡，容好結中腸。感激生憂思，萱草樹蘭房。膏沐爲誰施，其雨怨朝陽。如何金石交，一旦更離傷。

此藉男女之事，喻人情之無定也。其意若曰："交甫見欺，虛懷環珮，而千載不忘；傾城見悅，至於蓬首，而終焉離隔。人情無定若此，雖復金石之交，庸足賴乎？"（黄先生《詠懷詩補註語》）

若必因其辭而證之以事，則屈原必曾結識某某美人，阮籍必有男女失戀之事。高叟說詩，孟子以"固哉"稱之。古今文士所以不見恕於世俗者，豈不以此乎？然而世俗妄論，未有終極；文士情懷，焉能不吐？於是論者自論，作者自作；一爲文士，而輕薄無行之謗至矣！《舊唐書・文苑傳》稱李商隱："文思清麗，而無持操。恃才詭激，爲當塗者所薄。"《新唐書・文藝傳》亦稱商隱"詭薄無行"。固知玉溪生香奩詩體，必不免於世議。今讀其《有感詩》，果自解曰："非關宋玉有微詞，却是襄王夢覺遲。一自《高唐賦》成後，楚天雲雨盡可疑。"嗚呼，此乃千古文士未申之公憤，不獨義山一人也！

然則文人之德，遂無可議乎？曰是又不然。以上云云，不過謂文人不盡無德無行耳。實則無德無行者固多。且一爲文人，便易流於無德無行。其所以然之故，《顏氏家訓・文章篇》曾略論之。其言曰：

> 文章之體，標舉興會，發引性靈，使人矜伐。故忽於持操，果於進取。

之推之言，當矣，而未能盡也。夫文人之文章行事，皆與其思想有關。以文章行事，皆思想之表露於外者也。杜工部之思想，近於儒家。今觀其詩，渾厚樸茂；而其行爲，亦拘謹忠貞，不爲非常。李太白之思想，道家也。今觀其詩，豪發英放，好爲大言，而其行爲，亦誕傲凌物。所謂“天子不能臣，諸侯不能友”。與少陵迥異矣。故論文德，必先明於文人之思想；不明文人之思想，而妄論文德，如隔靴搔癢，必不着矣。

凡一國之文學，足以存在於世界而有價值者，必有其文學之特色。文辭猶其餘事，其文中所蘊蓄之精神，乃其最重要者也。故凡一國之文學，足以永存於世界，繹其所有文學作品而總核之，必有一種思想，貫澈於多數文人之腦中，使其精神作同一之傾向。此驗之各國文學史，莫不皆然。中國亦何能獨外乎？中國文人精神之同一傾向，今人劉永濟君曾略論之。其言曰：

> 後世文人，多不能出孔門以外。……故論我國文學之觀念，宜先知孔門文學之觀念。(《學衡》第九期《中國文學通論》)

此論驟然觀之，似當無病。自漢武崇儒以還，中國學術統於一尊。孔學影響於後世，誠亦大矣。然若語及文學，則此論殊弗澈底。夫孔門之學術，多屬政治倫理，此與文學判然兩途。其用文學，不過以爲化民致治之工具耳。故曰：“興於詩，立於禮，成於樂。”又曰：“行有餘力，則以學文。”孔門弟子，屬文學之科者，惟子游子夏二人，均無歌詠見於後世，蓋其證矣。梁簡文帝《與湘東王書》亦曰：

> 若夫六典三禮，所施則有地；吉凶嘉賓，用之則有所。未聞吟詠情性，反擬《内則》之篇，操筆寫志，更摹《酒誥》之作。遲遲春日，翻學《歸藏》；湛湛江水，遂同《大傳》。

惟此之故，故中國後世之倫理政治，受儒家之影響爲多。而文人之精神，因與禮法有不相容處，不惟不受儒家之感化，其精神之見於篇什者，且時與儒家相背戾也。杜少陵之思想，依大體而論，屬儒家無疑矣。然其《醉時歌》有云：

> 儒術於我何有哉！孔丘盜跖俱塵埃。不須聞此意慘愴，生前相遇且銜杯。

其《蘇端薛復筵簡薛華醉歌》有云：

> 氣酣日落西風來，願吹野水添金杯。如澠之酒常快意，亦知窮愁安在哉？忽憶雨時秋井塌，古人白骨生青苔，如何不飲令心哀。

此言何等狂放？徧檢孔門之書，能得其語之髣髴者乎？韓昌黎著《原道》等篇，生平以衛孔自任，其《石鼓歌》乃云：

> 陋儒編詩不收入，二雅褊迫無委蛇。

千古編詩者,惟孔子一人。呼孔子爲陋儒,是衛孔者之口吻乎?

閒嘗論之。文人好率真,而仁義務於理僞;文人尚從容,而禮法期於抑引;文人貴虛無,而政教希乎實效;文人尊兼同,而人倫辨乎等夷。此儒家與文學,所以不能不相牴牾也。嵇康有言:"鳥不毁以求馴,獸不羣而求畜。"(《難張遼叔自然好學論》)如文人而好儒術,則是鳥求馴獸求畜,一入拘束之途,必不能精矣。

或曰:中國文學之帶儒家色彩,此驗之歷代文人而多然也。今子獨反是論,將置歷代史實而不顧乎?

曰:八家以來至於桐城及宋明以來習理學者所謂明道之文,真文之近於儒氏者也。然析其内容,則多屬哲學倫理政治,絶不得濫冒文學之名。至詞章家之稱述孔子,不過因朝廷尊孔之故,假其語以自重,非真能服膺孔子也。故以杜工部之儒家思想,猶時作放蕩之辭,儕孔丘盜跖於視一。去此以往,更可知矣。

此理也,劉君永濟非不知之。其言有曰:"後世文人,……或且假孔子以自重,…… 亦往往迴護其詞,未肯顯然相背。"(《學衡》第九期《中國文學通論》)嗚呼!後世文人假孔子以自重者,何如是其多?惜劉君未之深思也。

然則中國文人之思想,受何家響影最大乎?曰:道家也,老莊也。何以見之?

曰:魏晉之間,自王弼何晏好老莊玄勝之談,而俗遂貴焉。其後因談餘氣,流成文體。自建武至於義熙,歷載將百。雖比響連辭,波屬雲委,莫不寄言上德託意玄珠。所謂詩必柱下之旨歸，賦乃漆園之義疏者，蓋紀實也（語本檀道鸞《續晉陽秋》、沈約《宋書・謝靈運傳論》、劉勰《文心雕龍・時序篇》）。此老莊之學，影響於魏晉文學，夫人而知之矣。實則老莊影響於後世文學界者，殊不止此。常欲爲專篇論之，牽於俗務，迄未能就。今又爲篇幅所限，不能細論，僅言其大較焉。老子曰：

> 衆人熙熙，如享太牢，如登春臺。我獨泊兮其未兆，如嬰兒之未孩，儽儽兮若無所歸。
>
> 衆人皆有餘，而我獨若遺。我愚人之心也哉。沌沌兮。俗人昭昭，我獨昏昏；俗人察察，我獨悶悶。澹兮其若海，飂兮若無止。衆人皆有以，而我獨頑似鄙。我獨異於人，而貴食母。

後世文人之思想，什九皆屬頹廢派也。其於國家社會，什九皆持達觀主義者也。此頹廢之思想，與"終日乾乾"之儒家精神，適相背戾；此達觀之心理，與"非斯誰與"之儒家態度，適相水火。故非謂其出於老莊不可也。

嘗試檢閱歷代文人之詩詞歌賦，其不有"終日昏昏醉夢間"之行爲者，蓋百不得一焉。其不有"又得浮生半日閒"之希望者，蓋百不得一焉。其不有"且盡生前有限杯"之心思者，蓋百不得一焉。其不發"孔丘盜跖同塵埃"之浩歎者，蓋百不得一焉。天下興亡，匹夫有責，文人則曰："自有周公孔聖人。"社會改造，端賴互助，文人則曰："誰管他人瓦上霜。"此等思想之造成，其原因固非一種；而受老莊之影響，則其尤大者也。故"頭面一月十五日不洗，小便令胞中略轉乃起"（嵇康《與山巨源絕交書》）。古今文人率皆有與此相似之行爲，不過魏晉間人爲尤甚耳。蓋老莊"恬澹之辭,謬悠之理,可以排除憂患,消遣年涯。故智士以之娱生,文人於焉託好"也(黄季剛先生《文心雕龍·明詩篇札記》)。此等頹廢之思想,達觀之心理,引而申之,則犯教傷義,與世多忤。蓋簡與禮相悖,自得與兼善不能並存也。古今文人之易遭世忌,謂非以此乎?

或曰:苟如所論,則文人犯教傷義,是文人無道德矣。

曰:周孔以來所謂禮教,不過爲民上者用以箝制黔首之工具耳。其虚僞不澈底處,老子莊周,早已言之,無庸贅論。文人之生活,偏於感情;文人之道德,近乎超人;文人之行爲,好爲真實。惟其偏於感情也。故以從容爲歡,從欲爲得,不樂仁義嬰其心,名分檢其外,不須犯情之禮律也(語本嵇康《難張遼叔自然好學論》)。惟其近乎超人也。故世俗之車馬,不足乘也,必駟玉虬乘瑤象。世俗之儀仗,不足用也,必使望舒率雲霓。世俗之布帛,不足服也,必製荷衣集蓉裳。世俗之女色,不足樂也,必友宓妃留二姚。世俗之宫室,不足居也,必葺荷屋成椒堂。乃至惡濁之世界,不足戀也,必陟赫戲遊春宫。

極而言之,文人之思想行爲,無一非超乎常人者。世俗之道德,在文人視之,真所謂"非爲我輩設"矣。且人之行爲,貴乎真實,真實即道德所在。如内懷放僻,外爲仁義,僞君子有逾於真小人乎?第五倫嘗語人曰:

> 吾兄子常病,一夜十往,退而安寢。吾子有疾,雖不省視,而竟夕不眠。(《後漢書》卷四十一本傳)

嗚呼!伯魚之貞白,即存乎此。蔡邕謂盧植曰:

吾爲碑銘多矣,皆有慙德。惟郭有道無媿色耳!(《後漢書》卷六十八《郭泰傳》)

後世文人即有此事,亦不肯明言。此伯喈之德,所以爲高也。梁蕭統之序《陶淵明集》也,曰:

白璧微瑕,惟在《閑情》一賦。揚雄所謂勸百而諷一者,卒無諷諫,何必搖其筆端。惜哉無是可也。

此非深知淵明者。常謂此文在後世僞理學家,必不肯作;而淵明所以高於僞理學家,亦正以此。往者黄季剛先生常言:

韓退之滿口仁義,而受人諛墓之金;方望溪貌爲道德,居母喪見妻子而動心。故因文論人,不可語於唐宋以後。

今持以較伯喈淵明,知其信然。唐寅《焚香默坐歌》曰:

爲人能把口應心,孝悌忠信從此始。其餘小德或出入,焉能磨涅吾行止。頭插花枝手把杯,聽罷歌童看舞女。食色性也古人言,今人乃以之爲恥。及至心中與口中,多少欺人没天理。陰爲不善陽掩之,則何益矣徒勞耳。

《晉書·阮籍傳》曰:

母終。正與人圍碁，對者求止，籍留與決賭。既而飲酒一斗，舉聲一號，吐血數升。及將葬，食一蒸肫，飲二斗酒，然後臨訣。直言窮矣，舉聲一號，因又吐血數升，毀瘠骨立，殆致滅性。

又曰：

鄰家少婦有美色，當壚沽酒。籍常詣飲，醉便臥其側。籍既不自嫌，其夫察之，亦不疑也。

兵家女有才色，未嫁而死。籍不識其父兄，徑往哭之，盡哀而返。

唐寅之文之德，固不足道。然以歌中所言，較之陰惡陽善如韓方輩者，猶覺光明磊落。以其胸有是懷，筆作是語也。況文人之行，常"外坦蕩而內淳至"(《阮籍傳》語)，任實情篤，不作僞態，如阮嗣宗之事者，所在多有；更何傷於道德乎？

抑文人輕視世俗道德，固自有其人生觀在。夫世人熙熙攘攘，其目的究何屬？簡言之，不過求生活之安樂耳。然人生不得意事常八九，可歡笑者無二三。生活之安樂，豈易言哉？於此，聖哲仙佛帝王之教興焉。聖哲教人積善累德，以求最後之樂利；而天之福善禍淫，每見乖謬。夷齊餓死顏回短命，跖蹻莽操反以富壽終。則人生貴賤壽夭，固有命在，非可强致也。故文人之言曰：

射鉤後呼父，釣翁王者師。無國要孟子，有人毀仲尼。秦因逐客令，柄歸丞相斯。安知魏齊首，見斷簀中屍。給喪蹶張輩，廊廟冠峨危。珥貂七葉貴，何妨戎虜支。蘇武卻生還，鄧通終死飢。主張既難測，翻覆亦其宜。（杜牧《杜秋娘詩》）

文人又曰：

堯得舜可禪，不以瞽瞍疑。禹竟代舜立，其父吁咈哉。嬴氏并六合，所來因不韋。漢祖把左契，自言一布衣。當塗佩國璽，本乃黄門攜。長戟亂中原，何妨起戎氏。不獨帝王爾，臣下亦如斯。伊尹佐興王，不藉漢父資。磻溪老釣叟，坐爲周之師。屠狗與販繒，突起定傾危。長沙啓封土，豈是出程姬。帝問主人翁，有自賣珠兒。武昌昔男子，老苦爲人妻。蜀王有遺魄，今在林中啼。淮南雞舐藥，翻向雲中飛。大鈞運羣有，難以一理推。顧於冥冥内，爲問秉者誰；我恐更萬世，此事愈云爲。猛虎與雙翅，更以角副之。鳳凰不五色，聯翼上雞棲。……（李商隱《井泥四十韻》）

故曰："實命不同。"（《詩・召南・小星》）又曰："人生由命非由他。"（韓愈《八月十五夜贈張功曹》）

文人於此，蓋深致慨焉。宗教家以神仙天堂地獄來世禍福諸說，勸懲世人，使之去惡就善。而神仙之有無，固不可知。即或有之，就記籍所載，亦"特受異氣，稟之自然，非積學所能致"（嵇康《養生論》）。秦皇漢武求仙不可謂不切，而世人亦惟見其金棺葬寒灰耳。至天堂地獄來世禍福，幾人曾目見耶？

"無參驗而必之者，愚也。非能必而據之者，誣也。"（《韓

非子·顯學》)

智如文人,當不之信。故文人之言曰:

仙人王子喬,難可與等期。(《古詩十九首·生年不滿百》)

又曰:

人生忽如寄,壽無金石固。萬歲更相送,聖賢莫能度。服食求神仙,多爲藥所誤。(《古詩十九首·驅車上東門》)

文人又曰:

海客談瀛洲,烟濤微茫信難求。(李白《夢遊天姥吟留別》)

又曰:

秦王掃六合,虎視何雄哉!……徐市載秦女,樓船幾時回。但見三泉下,金棺葬寒灰。(李白《古風》五十九首其三)

又曰:

人生七十古來有,處世誰能得長久。光陰真是過隙駒，綠髩看看成皓首。積金到斗都是閒，幾人買斷鬼門關？不將樽酒送歌舞，徒把鉛汞燒金丹。白日昇天無此理，畢竟有生還有死。……古稀彭祖壽最多，八百歲後還如何？……（唐寅《閒中歌》）

百年大限，聖賢莫度。文人亦無如何焉？自昔帝王所恃以勸人者，不過功名富貴忠臣孝子後世之令名耳。然朝爲卿相暮遭殺戮者，比比皆是。富貴功名，焉能常保？一朝被讒，株連族戚。欲牽黄犬於上蔡，聽華亭之唳鶴，亦已晚矣。比干見戮，申生被誅。忠臣孝子，又當如何？至於流芳百世，遺臭萬年，則墓門一閉，千載不寤。芳臭實非所覺，更不足以動人矣。故文人之言曰：

德尊一代常轗軻，名垂萬古知何用？……儒術於我何有哉？孔丘盜跖俱塵埃。（杜甫《醉時歌》）

又曰：

官高何足論？不得收骨肉。（杜甫《佳人》）

又曰：

青門種瓜人，舊日東陵侯。富貴故如此，營營何所求？（李白《古風五十九首》其九）

又曰：

趙有豫讓楚屈平，賣身買得千年名。巢由洗耳有何益？夷齊餓死終無成。(李白《笑歌行》)

又曰：

鳳鳥不至河無圖，微子去之箕子奴。漢帝不憶李將軍，楚王放却屈大夫。(李白《悲歌行》)

又曰：

功名富貴若常在，漢水亦應西北流。(李白《江上吟》)

又曰：

豈不見：挽長弓，揮短鏑。挽長戈，操短戟。投鞭斷流，鏖兵赤壁。志小鴻溝，眼高絕域。又不見：樓上樓，屋上屋。置黃金，藏白玉。紫標身，紅腐粟。錦帳五十里，胡椒八百斛。貴爲萬戶侯，富食千鍾祿。英雄富貴安在哉？北邙山下俱塵埃。(唐寅《嘅歌行》)

《九章·惜誦》篇曰：

吾誼先君而後身兮，羌衆人之所仇也。專惟君而無他兮，又衆兆之所讎也。壹心而不豫兮，羌不可保也。疾親君而無他兮，有招禍之道也。

思君其莫我忠兮,忽忘身之賤貧。事君而不貳兮,迷不知寵之門。

忠何罪以遇罰兮,亦非余之所志也。行不羣以顛越兮,又衆兆之所咍也。紛逢尤以離謗兮,謇不可釋也。情沈抑而不達兮,又蔽而莫之白也。

心鬱邑余侘傺兮,又莫察余之中情。固煩言不可結而詒兮,願陳志而無路。退靜默而莫余知兮,進呼號又莫余聞。申侘傺之煩惑兮,中悶瞀之忳忳。

《涉江篇》曰:

吾不能變心而從俗兮,固將愁苦而終窮。接輿髡首兮,桑扈臝行。忠不必用兮,賢不必以。伍子逢殃兮,比干葅醢。與前世而皆然兮,吾又何怨乎今之人。余將董道而不豫兮,固將重昏而終身。

屈子此言,不啻爲千古忠臣義士說法。今日讀之,猶有餘痛。是知濁世不容好人,由來久矣。準斯以談,舉聖哲仙佛帝王之所以爲教者,均不足以服文人。故文人不得不超軼於世俗道德之外,以覓其寄情之所。俗世不知,妄謂文人好犯教傷義;抑知世俗之所謂教義,大有不澈底處在乎?

然則文人之處世,究取何種態度乎?

曰:聖哲仙佛帝王之教,所以不足服文人之心者,以其迂遠無驗而不足恃也。

故文人自爲計,必取其切近有驗而可恃者。天下之最切近有驗而可恃者,惟現在之事耳。明日死亡與否,今日不能知。後一小時之苦痛或快樂,此一小時不能知。推而極之,後一分鐘後一秒鐘之存亡苦樂,此一分鐘此一秒鐘亦不能知也。惟恐明日後一小時後一分鐘後一秒鐘之死亡或苦痛,故不能不尋今日此一小時此一分鐘此一秒鐘之生存之快樂。已享今日此一小時此一分鐘此一秒鐘生存之快樂矣。不幸明日後一小時後一分鐘後一秒鐘而果死亡或苦痛,則今日此一小時此一分鐘此一秒鐘所享生存之快樂,即爲此生之實得矣。文人有見於此,故恆持現時快樂主義焉。其言曰:

山有樞,隰有榆。子有衣裳,弗曳弗婁。子有車馬,弗馳弗驅。宛其死矣,他人是愉。

山有栲,隰有杻。子有廷內,弗洒弗埽。子有鐘鼓,弗鼓弗考。宛其死矣,他人是保。

山有漆,隰有栗。子有酒食,何不日鼓瑟?且以喜樂,且以永日。宛其死矣,他人入室。(《詩·唐風·山有樞》)

文人又曰:

人生天地間,忽如遠行客。斗酒相娛樂,聊厚不爲薄。驅車策駑馬,遊戲宛與洛。…… 極宴娛心意,戚戚何所迫?(《古詩十九首·青青陵上柏》)

又曰:

人生寄一世,奄忽若飇塵。何不策高足,先據要路

津？無爲守窮賤，轗軻長苦辛。（《古詩十九首·今日良宴會》）

又曰：

四時更變化，歲暮一何速！…… 蕩滌放情志，何爲自結束？（《古詩十九首·東城高且長》）

又曰：

浩浩陰陽移，年命如朝露。人生忽如寄，壽無金石固。萬歲更相送，聖賢莫能度。服食求神仙，多爲藥所誤。不如飲美酒，被服紈與素。（《古詩十九首·驅車上東門》）

又曰：

生年不滿百，常懷千歲憂。晝短夜苦長，何不秉燭遊？爲樂當及時，何能待來茲？（《古詩十九首·生年不滿百》）

又曰：

君愛身後名，我愛眼前酒，飲酒眼前樂，虛名何處有？（李白《笑歌行》）

又曰：

美景良辰儻遭遇，又有賞心并樂事。不燒高燭對芳樽，也是虚生在人世。

古人有言亦達哉，勸人秉燭夜遊來。春宵一刻千金價，我道千金買不回。（唐寅《一年歌》）

又曰：

人生七十古來少，前除幼年後除老。中間光陰不多時，又有炎霜與煩惱。花前月下得高歌，急須满把金樽倒。（唐寅《一世歌》）

古人詩歌中表現此類情意者，不勝枚舉："縱有千年鐵門限，終須一個土饅頭。"年華如水，一去不回。不尋眼前之樂，徒遺後日之悲。世人見不及此，用苦心於數十年之前，希榮利於數十年之後。人世多變，榮利未獲；而面皺齒盡，白髮盈把，頹然老矣。較之文人所爲，何得何失，明達者自能知之。乃腐儒陋士遂以此目文人爲荒淫不德；不知文人所以出此途者，固自百慮千計中來也。

或曰：苟如所論，則文人無德，益昭然矣。

曰：吾於此亦不能强爲文人掩飾。然揆以道德之實，此猶非不德之甚者。道德之義，就積極方面言之，則不惟自度而且度人。所謂"兼善"、"利他"是也。就消極方面言之，則惟自度而不度人。所謂"獨善"、"自潔"、"利己而不害人"是也。文人之行爲，雖有似於是利，亦無害於人。較之世俗所稱英雄豪傑帝王聖賢，犧牲數百千萬之生靈，求償一己之大欲者，其相去可以道里計乎？文人之不德，不過害於一身；英雄豪傑帝王聖賢之不德，則以百姓爲芻狗。故世界之最不道德者，莫英雄豪傑帝王聖賢爲甚。文人何足算也。然而英雄豪傑帝王聖賢之得志也，人皆是之畏之敬之；文人少不自檢，則不德之謗至矣。莊生曰："竊鉤者誅，竊國者爲諸侯。諸侯之門，而仁義存焉。"(《胠篋篇》)世論之不公，俗眼之不明，蓋不獨今日然矣。

又嘗論之：文人之所以出於世俗所謂不德之一途，實有不得已者存焉。不得已者何？環境有以迫之也。常謂文人之結果，大概不出二途。

一曰自殺，如屈原是也。《離騷》曰：

已矣哉！國無人莫我知兮，又何懷乎故都？既莫足與爲美政兮，吾將從彭咸之所居！

《九章·悲回風》曰：

吾怨往昔之所冀兮，悼來者之逖逖。浮江淮而入海兮，從子胥以自適。望大河之洲渚兮，悲申徒之抗跡。驟諫君而不聽兮，任重石之何益？心絓結而不解兮，思蹇產而不釋。

故屈原之自殺，實環境逼之使然。而班孟堅輩，乃誚爲："忿懟不容，沈江而死。"抑知其懷沙自沈，由於美政之莫足爲乎？此其一。

二曰放縱。古今文人不得意時，多出此途。蓋好生之情，人人所同。非正直不豫如靈均者，鮮能率然輕生也。李白《古風》五十九首（其五）曰：

> 奈何青雲士，棄我如塵埃。珠玉買歌笑，糟糠養賢才。

（李白《古风》五十九首其三十七）又曰：

> 浮雲蔽紫闥，白日難回光。羣沙穢明珠，衆草凌孤芳。古來共歎息，流淚空沾裳！

故太白之縱情酒色，實社會逼之使然。所謂“人生在世不稱意，明朝散髮弄扁舟”（《宣州謝朓樓餞別校書叔雲》）。蓋有深痛存焉。杜甫《自京赴奉先縣詠懷五百字》曰：

> 當今廊廟具，構厦豈云缺？葵藿傾太陽，物性固莫奪。顧惟螻蟻輩，但自求其穴；胡爲慕大鯨，輒擬偃溟渤。以兹悟生理，獨耻事干謁。兀兀遂至今，忍爲塵埃没。終愧巢與由，未能易其節。沈飲聊自遣，放歌破愁絕。

爲螻蟻而恥事干謁，慕大鯨而君不我用；高蹈遠隱，又不忍舍堯舜之君。遂不能不自遣以飲，破愁以歌矣。故少陵之放意詩酒，亦環境迫之使然也。此其二。

世人逼之使不得不出於此；見其出於此也，而又罪之，詈爲不德。人之無良，乃至是哉！

或曰：愛好同類，人之常情，而文人相輕，其義若何？

曰:《顔氏家訓·文章篇》固明言之矣:

文章之體,標舉興會,發引性靈,使人矜伐,故忽於持操,果於進取。

其言可謂深切著明。蓋文學爲感情之物,實與女性相近。妃匹之間,易見妒忌。憍人以美好,覽人以修娉。恆人之情如此。文人亦何能免?

《顔氏家訓·文章篇》又曰:

一事愜當,一句清巧。神厲九霄,志凌千載。自吟自賞,不覺更有傍人。

《典論·論文》曰:

家有敝帚,享之千金。

之推子桓之言,得其實矣。文人自處,既已如是。其處人也,輕蔑之態,自不覺流露於外。孟堅輕武仲(見《典論·論文》),延年毁謝莊(《南史》及孟棨《本事詩·嘲戲》第七)。仲言被蘧車之譏(《顔氏家訓·文章篇》),子美遺飲顆之誚(劉煦《舊唐書·文苑傳》)。歷世相傳,視爲趣事。至宋之問之於劉希夷,竟以嫉妬而致殺害(尤袤《全唐詩話》),好勝之心,流毒至此,誠爲人所不及料!李商隱詩曰:

不妨何范盡詩家,未解當年重物華。遠把龍山千里

雪，將來擬並洛陽花。(《漫成》)

又曰：

沈約憐何遜，延年毀謝莊。清新俱有得，名譽底相傷？(《漫成》)

義山於此，蓋深致慕而自痛焉。

或曰：先儒以發乎情止乎禮義爲訓。文人以此持操，可乎？

曰：禮義以抑制爲主，人情以從容爲歡。抑制則違其願，從容則得其情。故欲欲之從，宜絕抑制之仁義；欲情之得，應擯犯情之禮律(略本嵇康《難張遼叔自然好學論》)。文學爲抒情之物，禮義爲制情之具，判然異途，何牽合之可能？

或曰：然則文人宜何以持操？

曰：文人之生活，偏於感情想像，近乎超人，前已言之。於此五濁世界，欲實現其感情想像超人之生活，絕不可得。故屈原身爲鰥夫，而有美人目成之想；獨處山中，而有蘭室椒堂之思。如知世俗布帛之無足服，自不作錦衣繡裳之想矣。知世俗女子之翻覆薄情，自不作粉白黛綠之思矣。知金闕銀臺之可有，自不思高堂廣厦矣。知雲旗鸞車之足樂，自厭前呼後擁之嘈切矣。知玉露錦霞之適口，始識豚魚之惡臭；知天國桃源之可致，方見人寰之污濁。故文人能於此間尋其樂處，則人間事物，敝屣不如，無可欲者。無欲斯不求矣，不求斯不爭矣。人世大患，生於求爭：不求不爭，何失德之有？以此爲文人修德之要，其庶幾無大疵乎？(此篇略錄舊著《廣文德論》)

第十三篇　中國文學之特點

自歐化東漸以還，中國人士，初驚其槍炮之精利，繼慕其政法之修明，終則此土一切文化，俱遭鄙棄。其論文學者，或謂中國之詩，乏於真情之流露（顧實《中國文學史大綱》第二章三代文學第四節詩經）；或謂中國小説，描寫幽歡，以比西方名家，終嫌瑜不掩瑕（《學衡》第九期劉永濟《中國文學通論》第二章文學之分類《評石頭記》語）；而淺見之人，不讀中國書者，遂謂中國文字之表現力，遠不逮西洋；至欲廢除漢字，改從歐西。

噫！此其所見，尚不逮所謂目論之士也。夫詩中情感之真僞，果依何種標準判斷之？中國詩乏于真情，果據何種比較而得？情感之爲物，固不可正以斤兩較以短長；其作爲是論，亦近愚矣。中國小説描寫幽歡，不及西方名家，亦非篤論。西方名家之小説，非盡無描寫幽歡之處。描寫幽歡亦非小説家之厲禁，其本身亦自有其價值；即中國小説家好描寫幽歡，亦不足爲病。何得據此而恣談瑕瑜乎。至謂中國文學之表現力，不逮西洋，亦非質實之談。中西文學，互有短長，容或有之。必謂中國文學所能表現者，西洋文學盡能表現；西洋文學所能表現者，中國文學或不能表現。則尚未見有何種例證。若例以中國歷代文家，亦未見有表现何種情思，致有何種缺憾也。總之，中國文學既有數千年之歷史，必有其存在之價值。不惟不能以三五人之詆毁而遂废绝，且不能以三五人之詆毁，而遂謂其遠遜於西洋也。西洋文學與中國文學，各有其特點。其特點可由比較而知；吾人論其特點，宜就其可比較者而比較之。如情感之真僞及其所描寫之事物之善惡，不可正以斤兩較其長短者，則宜置之不論。故本篇所述，多就文學之外形言之也。

美人芬諾羅薩 Ernest Francisco Fenollosa 著《論中國文字之優點》一篇（《學衡》第五十六期張蔭麟譯。原名《論中國文字作詩之工具》，兹從張譯），所論雖多紕繆，然亦足見中國文學，尚不盡爲外人所鄙視也。兹錄數段，以備參鏡。其言曰：

> 詩之爲藝術，所以獨優者，蓋在能摹擬時間之實在，雕刻則不能。至若能摹擬時間之實在，而兼得具體之影像者，惟中國詩而已。彼中國詩，既具圖畫之栩栩，復有音聲之琅琅。…… 吾儕讀中國文，恍如目擊事物之實現，而非將若干心中之號碼，左搬右弄也。

此言驟觀之，不易明瞭。芬諾羅薩曾舉“人見馬”一句爲例，而釋之曰：

> 設吾探首牖外，注視一人。此一人猝然廻首，凝矚一物。吾再審視，而知其目光所集者爲一馬。若是，則吾之

所見：第一爲此人在未動之前，第二爲此人在方動之頃，第三爲其動作所抵之物。……依其原序排列，故曰："人見馬。"

是則"人見馬"一切動作之自然歷程，完全表出矣。芬諾羅薩又釋之曰：

中國文字，固不僅隨意假設之符號而已也。蓋基於自然界運施之速記圖，而栩栩欲活之圖也。……中國造書之法，實隨自然之暗示。試即上文所舉三字觀之：(一)人字，象此人張二腿而立。(二)見字，象此人眼在空間移動，示眼下有腿奔走之形。此眼，此奔走之腿，固爲變真之圖畫，然亦足使人一見不能忘。(三)馬字，則此馬挺四蹄立。此等記號，不獨能喚起思想之影像，與音符字有同等之效力，且其喚起之影像，實更實在更生動。之三字也，皆有腿者也，皆栩栩欲活者也。吾嘗謂此等字之集合，實带有影戲性質，豈妄言哉？

是則中國字不惟能達動作之意，兼能示動作之形，非歐洲文字所能及也。芬諾羅薩又曰：

所有之中國字，……非在各字類之外，別有一字類，乃同時包涵各字類，非名詞，非動詞，非狀詞，而同時兼爲名詞亦動詞亦狀詞之物也。其用也，全義時或略偏於彼，時或略偏於此，因觀點而殊。然詩人隨處皆有操縱之自由，以使其義旨充實而具體，與自然無異也。

中國文字，無一定之詞性。欲知某字爲名詞、動詞或形容詞等，必視某字在文句中所佔之位置，而後始能定之。此實中國文字之特性，與歐美文字絕不相同者也。芬諾羅薩舉"杯之明"、"杯明"、"明杯"三"明"字爲例，其義自明，無煩多證。此外復論文法家之妄，邏輯家之謬，又盛稱中國詩隱喻之妙。雖所論難免淺陋之譏，然以一美國人而尚知讀中國詩文，亦賢於中國人之自賤其家珍者矣。

中國文字，與歐西文字根本不同。因其文字不同，其見於文詞者，自有其特殊之點。駢詞律語，爲歐西人所不能夢見，此其故何哉？文字爲之也。昔劉師培著《中國中古文學史》(第一課概論)嘗論之曰：

> 捈欲通噓，絃埏實同；偶類齊音，中邦臻極。何則？准聲署字，修短揆均；字必單音，所施斯適。遠國異人，書違頡誦，翰藻弗殊，侔均斯逐。是則音判輊軒，象昭明兩。比物醜類，泯蹟從齊；切響浮聲，引同協異。乃禹域所獨然，殊方所未有也。

申叔之言，所見甚是。惟陳詞簡略，驟觀之不易明瞭耳。今請先述中國文字之特點，再進而論中國文學之特點。據近代語言學者之研究，世界語言，分三大類。茲分述于左(劉永濟《中國文學通論》引鹽谷溫《支那文學概論談話》)：

> (1) 曲折語　印度歐美之語是也。其語尾可變化，由其變化以定其詞性。如 to write 無定動詞也，wrote

則變爲過去動詞，writing爲現在事象詞，而過去事象詞又變爲written，寫字之人復變爲writer。種種詞性，皆由語尾變化以定。其音曲折，故曰曲折語。

(2) 粘着語　又曰添加語，日本之語是也。其語於主要語之前後，加以附屬語，由其附屬語以定其詞性。如私か本サヨム。私者我也，か其附屬語，以定我爲主格詞也。本者書也，サ其附屬語，以定本爲賓格詞也。ヨム者讀也。か與ヨ皆粘着於私本二主要詞後，故曰粘着語。

(3) 孤立語　即我國之語。其詞性雖變，字形不遷，又無附屬語以表示其變化。如我毋爾詐。我，主格也。吾喪我。我，賓格也。此二我字詞性不同，而字形不變，又不須他語附屬於後，以表示其不同。特然孤立，故曰孤立語。

由此觀之，中國文字與歐美日本文字不同之處，即在其單音孤立、詞性無定，是即中國文字之特點也。

更進言之，構成中國文學之特點，實非以上二端所能盡，其間又有副因焉。就中國詩篇而論，其抑揚律實較歐西爲複雜。如希臘拉丁語之詩，以長短音相間相重爲抑揚律，英文詩篇以强弱音(即輕重音)相間相重爲抑揚律，而中國之詩，則以平仄聲相間相重爲抑揚律，此抑揚律之本質不同也。更以抑揚律之組織法而言，中國詩與西洋詩，亦大不相同。今舉英詩爲例，其抑揚格或揚抑格，不過以一抑一揚一抑一揚或一揚一抑一揚一抑相間相重，其揚抑抑格或抑抑揚格，不過以一揚兩抑一揚兩抑或兩抑一揚兩抑一揚相間相重；其抑揚抑格，不過一抑一揚一抑一抑一揚一抑相間相重；較之中國詩篇，其繁簡大相懸殊。中國詩篇之抑揚律爲：

仄仄平平仄　平平仄仄平　平平平仄仄　仄仄仄平平　仄仄平平仄　平平仄仄平　平平平仄仄　仄仄仄平平

或爲：

仄仄平平平仄仄　平平仄仄仄平平　平平仄仄平平仄　仄仄平平仄仄平　仄仄平平平仄仄　平平仄仄仄平平　平平仄仄平平仄　仄仄平平仄仄平

此外格律尚多，略舉兩例，足見一斑。故中國詩之格律，實較西洋爲複雜也。（參看《小說月報》第十七卷號外《中國文學研究》上劉大白《說中國詩篇中的次第律》三《次第律底由來》）

此外又有不可不知者，中國韻書，部目繁多，久經編定，有固定之次第。自《切韻》至《廣韻》，皆有二百六部。南宋劉淵本王文郁之書，合併同用之部，爲一百七部，陰時夫中夫兄弟又併上聲拯韻入迥，爲一百六部。後世爲詩賦者，大抵皆以陰氏書爲準。詞韻自菉斐軒《詞林韻釋》以下，填詞家所奉爲圭臬者，莫如戈載《詞林正韻》一書。曲韻自周德清《中原音韻》以下，明范善溱有《中州全韻》。清李書雲有《音韻須知》，王鵕有《音韻輯要》。故吾人爲詩賦曲，其用韻皆有定準，不可妄爲叶押也。又中國文人，好爲擬古步韻之作，擬古之作，使古人不止一篇，則必依其篇之次第而模擬之；步韻則必押原用韻字，不容有所變易；使原作不止一篇，又必依其篇之次第而步

之。故此等作品,在中國文學上,亦能獨見其特點也。總上所論,中國文學特點之搆成,其原因實有五端。分列如下:

(一)文字單音孤立
(二)文字詞性無定
(三)格律複雜
(四)韻書久經編定有固定之次第
(五)文人多擬古步韻之作

由上五因,見之於文辭,乃生四種特點。

一曰詞類之互借。中國文字,無語尾變化,詞性無定,前已言之。故同爲一字,可兼隸於數種詞類。如《孟子·告子下》:

長君之惡其罪"小",逢君之惡其罪"大"。

"小大"兩字,皆爲形容詞。又如《莊子·齊物論》:

然則吾"大"天地而"小"毫末可乎?

"小大"二字,皆爲動詞。又如《史記·吴太伯世家》:

"吴王"留楚不去。

"吴王"爲名詞。《左傳·定公十年》:

爾欲"吴王"我乎?

此間"吴王"又爲動詞。舉兹數例,他亦準是:其義已詳於前,不煩多述矣。

二曰音形相應。中國文字,單音孤立,前已言之。故所謂五言詩者,不獨每句字數,止有五字,就其聲音而論,其每句亦止有五音也。所謂七言詩者,不惟每句止有七字,就其聲音而言,亦止有七音也。其他三言六言八言九言諸詩,亦皆如此。故中國之定形詩,不惟其形式有定,其聲音亦甚整齊。此豈歐美文字之所能哉?不惟此也,即以詞曲而論,其字句雖有參差;然在一種調名,其每句字數,固有一定。字數有定,即聲音有定,故亦非異域文字所能辦也。總之:兹土文字,一字一音,故音形可以相應;異土文字,一字或具數音,故音形難以相應。此理易明,不贅述矣。

三曰對偶律。斯類文體,亦爲禹域所獨有。蓋中國文字,單音孤立,而形體又方正整齊。故在律體詩、四六文、律體賦之中,易作整齊對稱之排列。此種整齊對稱之排列,不獨形體聲音兩方面爲然,即意義方面,亦彼此互相關聯。故中國文辭之對偶律,實兼形音義三者而成者也。惟三者之中,形體之對偶,乃因於文字形體方正均齊之自然,無排列規律之可言。前論音形相應,已略述之。故此間所論,祇及聲音意義兩方面也。昔《文心雕龍·麗辭篇》嘗分對偶爲四類,其言曰:

麗辭之體,凡有四對:言對爲易,事對爲難,反對爲優,正對爲劣。言對者,雙比空辭者也;事對者,並舉人驗者也;反對者,理殊趣合者也;正對者,事異義同者也。長卿

《上林賦》云:"修容乎禮園,翱翔乎書圃。"此言對之類也。宋玉《神女賦》云:"毛嬙鄣袂,不足程式;西施掩面,比之無色。"此事對之類也。仲宣《登樓》云:"鍾儀幽而楚奏,莊舄顯而越吟。"此反對之類也。孟陽《七哀》云:"漢祖想枌榆,光武思白水。"此正對之類也。凡偶辭胸臆,言對所以爲易也;徵人之學,事對所以爲難也;幽顯同志,反對所以爲優也;並貴共心,正對所以爲劣也。

彦和之言,紀昀評爲"精論不磨"。然細繹其旨,則皆謂意義之對偶,於聲音之對偶,蓋闕如也。且言對事對,各有反正,止立反正二目,而言事已在其中。故就意義方面而論對偶,止立反正二目足矣,不必贅分爲四類也。聲音之對偶,今人劉大白君分爲三類(見《小說月報》第十七卷號外《中國文學研究》上《中國舊詩篇中的聲調問題》):一曰等差對偶,二曰抑揚對偶,三曰反復對偶。所謂等差對偶者,即以字數相同之一句或數句爲對偶者也。例如杜甫《旅夜書懷》:

星垂平野闊,月湧大江流。

又如李商隱《曲江》:

死憶華亭聞唳鶴,老憂王室泣銅駝。

上舉兩例,皆以字數相同之兩句爲對偶。又如劉峻《廣絕交論》:

陸大夫宴喜西都,郭有道人倫東國。公卿貴其籍甚,搢紳羨其登仙。

又如庾信《鏡賦》:

山鷄看而獨舞,海鳥見而孤鳴。臨水則池中月出,照日則壁上菱生。

上舉兩例,雖亦皆以字數相同之兩句爲對偶;然《廣絕交論》前二句以七字句爲對偶,後二句以六字句爲對偶;《鏡賦》前二句以六字句爲對偶,後二句以七字句爲對偶,此其所異也。此類對偶之辞,又有在二句以上者。

如徐陵《玉臺新詠序》:

琉璃硯匣,終日隨身;翡翠筆牀,無時離手。

又如李商隱《杏花》:

上國昔相値,亭亭如欲言;異鄉今暫賞,脈脈豈無恩?

上舉兩例,皆以後二句對前二句,與前舉兩單句相對者有異。《玉臺新詠序》四句,皆以四字組成;“杏花”四句,皆以五字組成。故此間所舉二例,實以字數相同之二句爲一組,以後組對前組也。此種合二句爲一組以兩組爲對偶之文辭,亦有每組中各句之字數參差不齊者。例如庾信《哀江南賦序》:

潘岳之文采，始述家風；陸機之辭賦，先陳世德。

又如王勃《越州秋日宴山亭序》：

參差夕樹，煙侵橘柚之園；的歷秋荷，月照芙蓉之水。

《哀江南賦序》以五字句四字句二句爲一組，《越州秋日宴山亭序》以四字句六字句兩句爲一組，與前舉《玉臺新詠序》、《杏花》詩大異。此類兩組相對之文句，更有在三句以上者。例如宋人《薦陣亡將士疏》：

戰河南，戰河北，毋忘此日之精忠；
出山東，出山西，再作明時之將相。

又如蘇軾《乞常州居住表》：

臣聞聖人之行法也，如雷霆之震草木，威怒雖盛，而歸於欲其生；人主之罪人也，如父母之譴子孫，鞭撻雖嚴，而不忍致之死。

此昔人所謂長偶對句也。使能者爲之，或能增益氣勢；其不善者爲之，則氣調鄙俗，讀之令人生厭。學者不可不知也。然此等長偶對句，施之對聯，則弗足爲累。如陳寶箴《挽郭嵩燾聯》：

推聖哲之心以論事，窮古今之變以匡時，絕識在幾先，獨抱孤忠泣蒼昊。

病虚驕之氣爲士患，視流俗之譽爲士恥，遺編終論定，長懸皓日照幽扃。

又如曾國藩《輓梅鍾澍聯》：

萬緣今已矣！新詩數卷，濁酒一壺，疇昔絕妙景光，祇贏得青楓落月。

孤憤竟何如？百世貽謀，千秋盛業，平生未了心事，都付與流水東風！

對聯更有長於此者，今不多舉。惟此類對句，不可輕於入文。蓋上下兩聯，相隔太遠，其異音相從（語本《文心雕龍·聲律篇》）之妙，不易顯著，故祇宜用作對聯也（自明弘治正德以後，八股文有合十數句以上，成二比者，阮元《書梁昭明太子文選序後》謂此體始於班固《兩都賦序》白麟神雀二比，言語公卿二比，然施於普通駢文，實非所宜）。觀上舉十二例，雖未詳盡，已足見等差對偶之大凡矣。所謂抑揚對偶者，即以平對仄，以仄對平，以相異之聲音爲對偶者也。

例如杜甫《禹廟》：

荒庭垂橘柚，古屋畫龍蛇。

又如薛逢《漢武宮詞》：

殿前玉女移香案，雲際金人捧露盤。

以上二例,皆以平對仄,以仄對平,此通例也。然抑揚對偶,在某種條件之下,於聲律無大妨礙,亦可以仄對仄,以平對平;此俗士論詩,所以有一三五不論之說也。例如韋應物《淮上喜會梁川故人》:

浮雲一別後,流水十年間。

又如柳宗元《衡陽與夢得分路贈別》:

直以疏慵招物議,休將文字占時名。

又如杜甫《孟氏》:

負米寒葵外,讀書秋樹根。

又如杜甫《登樓》:

錦江春色來天地,玉壘浮雲變古今。

上舉四例,"浮"對"流","疏"對"文",以平對平;"負"對"讀","錦"對"玉",以仄對仄("寒"對"秋","春"對"浮",亦皆以平對平)。雖不合通例,然於聲調無大妨礙,故仍不害其爲律也。所謂反復對偶者,即以平仄不同之複字(或稱叠字)雙聲字叠韻字三者爲對偶也。

用複字爲對偶者,如温庭筠《偶題》:

畫明金冉冉，箏語玉纖纖。

又如杜甫《登高》：

無邊落木蕭蕭下，不盡長江滾滾來。

“冉冉”對“纖纖”，皆複字，以平對仄。“蕭蕭”對“滾滾”，皆複字，以仄對平。然複字之在句中，又有相隔而不相連者，如杜牧《池州春送前進士蒯希逸》：

芳草復芳草，斷腸還斷腸。

又如杜甫《聞官軍收河南河北》：

即從巴峽穿巫峽，便下襄陽向洛陽。

一句中兩見“芳草”二字，一句中兩見“斷腸”二字，以仄對平，以平對仄。一句中兩見“峽”字，一句中兩見“陽”字，以平對仄。是皆不相連之複字之對偶也。

在七言詩中，又有一特例焉。一句中既用相隔之複字，復用相連之複字。如釋貫休《獻蜀王建》：

一瓶一鉢垂垂老，千水千山得得來。

兩“一”字兩“千”字爲相隔之複字，“垂垂”“得得”爲相連之複字，又皆平仄相對，亦足見其妙矣。此例爲五言詩中所絕無，即七言詩中，亦不多見。用雙聲爲對偶者，如李商隱《落花》：

參差連曲陌，迢遞送斜暉。

又如杜甫《閣夜》：

歲暮陰陽催短景，天涯霜雪霽寒宵。

"參差"對"迢遞"，"陰陽"對"霜雪"，皆雙聲字也。用叠韻字爲對偶者，如溫庭筠《春遊》：

徒倚三層閣，摩挲七寶刀。

又如杜甫《詠懷古跡五首》第二首：

悵望千秋一灑淚，蕭條異代不同時。

"徒倚"對"摩挲"，"悵望"對"蕭條"，皆叠韻字也。以上所舉，皆以雙聲字對雙聲字，以叠韻字對叠韻字。然雙聲字叠韻字之在詩中，又常相互爲對；古人所作，不乏此例。

如李商隱《獨居有懷》：

浦冷鴛鴦去，園空蛺蝶尋。

又如李商隱《韓同年新居餞韓西迎家室戲贈》：

雲路招邀廻綵鳳，天河迢遞笑牽牛。

“鴛鴦”對“蛺蝶”，是以叠韻字對雙聲字；“招邀”對“迢遞”，是以雙聲字對叠韻字也。

四曰位次律，即劉大白君所謂次第律也（見《說中國詩篇中的次第律》）。此律亦爲中國文學所獨有。蓋就律詩詞曲而言，自一字以至全篇，大率皆有固定之位置與次序也。今請先就一字言之，其或平或仄，多有一定之位次。

例如杜甫《旅夜書懷》：

細草微風岸，危檣獨夜舟。星垂平野闊，月湧大江流。名豈文章著？官應老病休。飄零何所似？天地一沙鷗！

上舉五言律詩，爲仄起不入韻格。依王士禎《律詩定體》所論（《律詩定體》刻在《清詩話》中），除第一句之“細”字，第三句之“星”字，第四句之“月”字，第五句之“名”字，第七句之“飄”字，第八句之“天”字，可以平仄互换外，其餘三十四字，皆不容有所變易。是字之位次有定也。又如蘇軾《卜算子》：

缺月掛疏桐，漏斷人初静。誰見幽人獨往來，縹緲孤鴻影。

驚起卻回頭，有恨無人省。揀盡寒枝不肯棲，寂寞沙洲冷。

依萬樹《詞律》，此調除"缺漏時縹驚有揀寂"八字可以平仄互換外，其餘三十六字，均不容有所變易。此又字之位次有定也。更自句之位次言之，其每句中各字之平仄亦皆有定式，不可亂用。例如李益《隋宮燕》：

燕語如傷舊國春，宮花一落已成塵。自從一閉風光後，幾度飛來不見人。

上舉七言絕句，爲仄起入韻格。雖有少數字可以平仄互換，然第一句之平仄譜，不能置諸第二句；第三句之平仄譜，不能易作第四句。是句之位次有定也。又如皇甫松《摘得新》：

酌一巵，須教玉笛吹。錦筵紅蠟燭。莫來遲。繁紅一夜經風雨，是空枝。

此調第幾句應爲幾字，皆有一定。各句之平仄聲，皆有定譜。除少數字可平可仄外，亦多不容變易。此又句之位次有定也。更以韻之位次言之，其入韻叶韻换韻，亦皆有固定之位次。例如李益《鹽州過胡兒飲馬泉》：

綠楊著水草如煙，舊是胡兒飲馬泉，幾處吹笳明月夜，何人倚劍白雲天。從來凍合關山路，今日分流漢使前。莫遣行人照容鬢，恐驚憔悴入新年。

上舉七言律詩，爲平起入韻格。第一句必須入韻，第二句必须叶韻,第三句第五句第七句必不可叶韻,第四句第六句第八句又必须叶韻。是入韻叶韻皆有定位也。

又如寇準《江南春》:

> 波渺渺,柳依依。孤村芳草遠,斜日杏花飛。江南春盡離腸斷,萍滿汀洲人未歸。

此詞第二句必须入韻,第四句第六句必须叶韻。此入韻叶韻皆有定位也。在詞曲中,有一調而用兩韻三韻以上者,其換韻亦有定位。例如歐陽炯《南鄉子》:

> 岸遠沙平。日斜歸路晚霞明。孔雀自憐金翠尾。臨水,認得行人驚不起。

此詞第一句第二句用平聲韻。第三句換仄聲韻,第四句第五句叶仄聲韻。是換韻有固定之位次也。又如馮延已《憶江南》:

> 今日相逢花未發。正在去年,別離時節。東風次第有花開。恁時須約卻重來。
>
> 重來不怕花堪折。祇怕明年,花發人離別。別離若向百花時。東風彈淚有誰知!

此詞第一句用仄聲入韻,第三句叶仄聲韻。第四句換平聲韻,第五句叶平聲韻。第六句第八句又與第三句仄韻相叶。第九句又換平韻,第十句又叶平韻。是換韻有固定之位次也。

又在詞中，一詞有分爲兩節以上者，其每節亦皆有固定之位次。上舉馮延己《憶江南》，即是一例。

又如顧夐《楊柳枝》：

> 秋夜香閨思寂寥。漏迢迢。鴛幃羅幌麝烟銷。燭光搖。　　正憶玉郎游蕩去，無尋處。更聞簾外雨瀟瀟，滴芭蕉。

此詞分爲兩節，每節皆爲四句。第幾句應爲幾字，各字之平仄聲，某句宜入韻，某句宜叶韻換韻，皆有一定，不可妄爲改易。是節之位次有定也。又如吴文英《鶯啼序》：

> 殘寒正欺病酒，掩沈香繡戶。燕來晚，飛入西城，似說春事遲暮。畫船載，清明過卻，晴烟冉冉吴宮樹。念羈情，游蕩隨風，化爲輕絮。
>
> 十載西湖，傍柳繫馬，趁嬌塵輭霧。遡紅漸，招入仙溪，錦兒偷寄幽素。倚銀屏，春寬夢窄，斷紅溼，歌紈金縷。暝隄空，輕把斜陽，總還鷗鷺。
>
> 幽蘭漸老，杜若還生，水鄉尚寄旅。別後訪，六橋無言，事往花萎，瘞玉埋香，幾番風雨。長波妒盼，遙山羞黛，漁燈分影春江宿，記當時，短楫桃根渡。青樓髣髴，臨分敗壁題詩。淚墨慘澹塵土。
>
> 危亭望極，草色天涯，嘆鬢侵半苧。暗點檢，離痕歡唾，尚染鮫綃，嚲鳳迷歸，破鸞慵舞。殷勤待寫，書中長恨，藍霞遼海沈過雁，漫相思，彈入哀箏柱。傷心千里江南，怨曲重招，斷魂在否？

此詞共有四節，各節句數，皆不相同。各節中之第幾句應爲幾字，某字應爲平聲或仄聲，某句宜入韻，某句宜叶韻，皆不可妄爲變動。是節之位次有定也。

篇之位次，本無一定。然古人作品，一題或不止一篇。如《文選》所錄《古詩十九首》，蔡琰《胡笳十八拍》，阮籍《詠懷八十二首》，陶潛《飲酒二十首》，吾人欲擬其辭，或步其韻，則必依書中原來位次，不宜有所更易，是篇之位次有定也。又如用上下平三十韻作絕句或律詩三十首，則用江韻者，必在用支韻者之前；用庚韻者，必在用陽韻者之後。是又篇之位次有定也。

此外在中國文學中，又有一種特殊之作品，即回文詩詞是也。蓋中國文字單音孤立，在文法上無語尾之變化，故詞類互變詞位更易之時，毫無他種牽掣，可以任意顛倒也。

例如明建昌妓景翩翩《閨思》回文：

簫吹靜閣曉含情。片片飛花暎日晴。寥寂淚痕雙對枕，短長歌曲幾停箏。橋垂綠柳侵眉淡，榻繞紅雲拂袖輕。遙望四山青極目，銷魂黯處亂啼鶯。

鶯啼亂處黯魂銷。目極青山四望遙。輕袖拂雲紅繞榻，淡眉侵柳綠垂橋。箏停幾曲歌長短，枕對雙痕淚寂寥。晴日暎花飛片片，情含曉閣靜吹簫。

又如納蘭性德《菩薩蠻》：

霧窗寒對遙天暮，暮天遙對寒窗霧。花落正啼鴉，鴉啼正落花。

袖羅垂影瘦，瘦影垂羅袖。風剪一絲紅，紅絲一剪風。

前後顛倒，皆能成文，歐西文字，絕不能爲。此種作品，雖屬小技。然如蘇蕙《璇璣圖詩》，反讀，橫讀，斜讀，交互讀，退一字讀，進一字讀，皆能成詩。用八百四十一字，能讀詩三千八百餘首，亦可謂藝術界之妙品矣。

以上所論四種特點，乃其犖犖大者。

其餘如離合詩及燈謎諸類文字，亦非欧西文字所能爲。今舉離合詩爲例，以見中國文字之妙；其燈謎小道，不具論矣。孔融《離合作郡姓名字詩》曰：

漁父屈節，水潛匿方（離魚字）。與旹進止，出行施張（離日字。魚日合成魯）。吕公磯釣，闔口渭傍（離口字）。九域有聖，無土不王（離或字。口或合成國）。好是正直，女回于匡（離子字）。海女有截，隼逝鷹揚（當離乙字，恐古文與今文不同。合成孔也）。六翮將奮，羽儀未彰（離鬲字）。蛇龍之蟄，俾也可忘（離虫字。合成融）。玟璇隱曜，美玉韜光（去玉成文，不须合）。無名無譽，放言深藏（離與字）。按轡安行，誰謂路長（離手字。合成舉）。

二十二句，離合成字，作"魯國孔融文舉"。蓋中國文字，依類象形者少，形聲相益者多。其形聲相益之字，皆可任意離合。如孔氏所作，雖文人遊戲之筆，亦足見中國文辭之怪巧矣。

第十四篇　文學之工具

《文心雕龍·章句篇》有言："夫人之立言，因字而生句，積句而成章，積章而成篇。"《史通·叙事篇》曰："夫飾言者爲文，編文者爲句，句積而章立，章積而篇成。"曾國藩《與劉孟容書》云："字與字相續而成句，句與句相續而成篇。"是則吾人所謂文學作品，字句章篇四者足以盡之矣。

然四者之中，亦宜識其本末。"篇之彪炳，章無疵也；章之明靡，句無玷也；句之清英，字不妄也。振本而末從，通一而萬畢。"(《文心雕龍·章句篇》語)故欲從事於文學者，必先自識字始。昔揚子雲多識奇字(《漢書·揚雄傳》)，庾元德善於字書(《南史·孝義》上《庾持傳》)，韓愈亦稱"凡爲文辭，宜略識字"(《科斗書後記》)。誠以文學與文字不能相離，而文字實文學之工具也。觀漢世之辭賦家，多爲小學家。如司馬相如之作《凡將》，揚雄之作《訓纂》，班固之續揚雄作十三篇，則可識文學與文字之關係矣。

文字既爲文學之工具，則從事於文學者，可以知所先後矣。然文字本爲語言之符號，本其所自生，實以濟語言之窮。

各國文字之不同,實因其語言之有異。故欲明文字之組織,不可不先明語言之由來及其與文字之關係也。

溯語言之所由起,不外三方。今世語言學者,率能言之。如中文之鶻鴿隆隆,英文之 hiss,tinkle 等字,皆人類模擬物類之音。今人所謂“模擬”也。如中文之吹字,英文之 Breath 等字,表示呼吸及飲時口腔之狀態,今人所謂“象徵”也。如中文之嚇唉嗚呼等字,英文之 O,ah,eh 等字,皆人類感於喜怒哀樂,不知不覺所發出之呼聲,今人所謂“感歎”也。推而言之:則日訓爲實。月訓爲缺。天訓爲顛。氣與舌并而上升爲“上”,氣與舌并而下降爲“下”。開口呼而氣宏放爲“大”。撮口呼而氣縮微爲“小”。氣平而散爲“寬”。氣夾而收爲“狹”。此聲起於形也。羊字之音近於羊鳴。牛字之音近於牛鳴。鷹字之音近於鷹鳴。蛙字之音近於蛙鳴。鷄字之音近於嗾鷄之聲。狗字之音近於嗾狗之聲。即足而鳴者,呼之曰雀。錯錯而鳴者,呼之曰鵲。亞亞者謂之鴨。岸岸者謂之鴈。駕鵝則以“加我”而得名。鵃鶻則以“磔格鉤輈”而得名。木字之音近於擊木之聲。竹字之音近於擊竹之聲。銅字之音近於擊銅之聲。板字之音近於擊板之聲。水聲澌澌,其音近水,故水字之音,即像水流之聲。風火相盪,其音近火,故火字之音,即像火熾之聲。滴字之音,與雨水注階之音相近。流字之音,與急水下注之音相近。湫字之音,近於池水之聲。瀑字之音,近於瀑布之聲。皆以字音像物音也。何以言馬?馬者武也。何以言牛?牛者事也。何以言羊?羊者祥也。何以言狗?狗者叩也。何以言人?人者仁也。何以言鬼?鬼者歸也。何以言神?神者引出萬物者也。何以言祇?祇者提出萬物者也。天之言顛。地之言底。山之言宣。水之言準。火之言毀。土之言吐。金之言禁。風之言氾。此皆以德業爲表者也（參看劉師培《中國文學教科書》，章太炎《文始》及《國故論衡》上《語言緣起說》，胡以魯《國語學草創說·國音緣起》，何仲英《中國文字學大綱》第二篇）。凡斯之類，遽數難終。茲舉一隅，學者可自求之。

大抵有形之物，其命名所自，皆有其故，必非恣意妄稱也。惟禹域文字，單音孤立，與彼曲折語粘着語有別，前篇已詳言之。惟其爲曲折語也，故其詞性依語尾變化而定。其文字之法式，亦因是滋多。如性之分陰陽，數之分單複，位之分賓主，時之分過去現在未來是也。職是之由，故英字常用者無慮數萬，而字各有義，不相陵越，施用稍差，文義便誤也。惟其爲粘着語也，故其詞性依附屬語而定。如是，則施諸文學，必瑣碎繳繞，顛倒反覆。故日本語言，雖能於世界佔一位置，而其音少，其辭繁，其助語多，其文學遂多假助於漢文。或取其音而不取其義，或取其義而不取其音。於是侏離參錯，別成一種和文矣。惟吾國語爲單音，故文字可以通假；既可通假，則爲數不多，而爲用咸備。《說文》一書，不過九千餘字，若纍而成名，則数十倍於九千之數而不止。今之字典，雖日有增加；實則尋常所用，不越乎四千之數。於此亦足徵此上文字之善矣。雖然，中國文字，於稱謂之際，並不相混，且有時極爲密緻。如“持”字，通名也。而縣持曰挈，脅持曰拑，閱持曰揲，握持曰摯，高而舉之曰抗，俯而引之曰提，束而曳之曰捽，擁之在前曰抱，曳之自後曰拖，兩手合持曰捧，肩手任持曰擔，並力同舉曰抬，獨力引重曰扛。其意不同，則爲之別名，故雖爲單音，較之歐西文字，亦未見其疏也。或見異域言文一致，吾國言文分歧，遂謂孤立語不及曲折語之便俗致用。不知吾國開化四千餘年，轄地二十餘省，聚人四百餘兆。風俗習尚，時地各殊。

書諸紙者，筆畫固難改移；宣諸口者，語音自多轉變。今以目代耳，以筆代口，則彼此情志，仍可畢達，故不致有隔塞也。若夫歐西諸語，本導源於希臘羅馬。至中古之末，各國國語，始完全成立。禩不逾千，國復甚陿，尋響相投，宜無滯礙，其言文合一，自不足怪。然至於今日，城鄉村鎮語尾之音，已不無少異者。安知再歷年月，不將由合而復分乎？至於印度，雖與歐語同系，而地大年遠，略與我國相等，語言遂分七十餘種，惟文字猶守舊律，出疆數武，筆札不通，梵文廢閣，未越千禩，隨俗學子，多不能曉。此無他，蓋曲折語宜於小邦，非大國便俗之器也。國人不察，每欲改我華風，遠同彼土，是所謂削趾以適屨，戕杞柳以爲桮棬者已。十數年來，國人創製注音字母，欲厲行國語統一，以收文言合一之效。是或一道也，吾將拭目俟之矣（參看《國故論衡》上《小學略說》及馬宗霍《文學概論》第二篇第一章《文學與語言》）。

學者論文字之創始，凡有二說：宗教家以爲起於神造，歷史家以爲由於人爲，此歐西學者之說也。驗之中土，亦莫能外。《尚書·洪範》曰：

> 天乃錫禹洪範九疇，彝倫攸叙。

《易·繫辭上》曰：

> 河出圖，洛出書，聖人則之。

《尚書·洪範》僞孔傳曰：

天與禹,洛出書,神龜負文而出,列於背,有數至於九。禹遂因第之,以成九類。常道所以次序。

孔穎達《正義》曰:

九類各有文字,即是書也。

《易·繫辭上》孔穎達《正義》曰:

《河圖》有九篇,《洛書》有六篇。

又曰:

孔安國以爲《河圖》則八卦是也,《洛書》則九疇是也?

《漢書·五行志》亦曰:

劉歆以爲宓羲氏繼天而王,受《河圖》,則而畫之,八卦是也。禹治洪水,賜《洛書》,法而陳之,洪範是也。

鄭玄《六藝論》曰:

太平嘉瑞,圖書之出,必龜龍銜負焉。(《毛詩·大雅·文王》孔穎達《正義》引)

又曰:

《河圖》、《洛書》，皆天神言語，所以教告王者也。（《大雅·文王正義》引）

綜上所引，則《河圖》、《洛書》皆爲文字，而又皆天神所賜予，是即神造之說矣。其言荒誕，有識者當不之信。《世本》、《呂氏春秋·君守篇》、《淮南子·修務訓》等書皆曰：

倉頡作書。

許慎《說文序》曰：

黃帝之史倉頡，見鳥獸蹏迒之迹，知分理之可相別異也，初造書契。

釋道世《法苑珠林》曰：

古造書凡有三人，長名曰梵，其書右行；次曰佉盧，其書左行；少曰倉頡，其書下行。

此言文字由於人爲，較前說固爲可據。然道世之言，冀挾外學以短中夏，似未足信；而《世本》、《呂覽》、《淮南》、《說文》諸說，亦未可泥執。蓋若以倉頡爲黃帝之史，則黃帝之前，已有文字，尋諸古書，斑斑可攷也。《春秋·命歷序》曰：

伏羲，燧人，始名物蟲鳥獸。

按古所謂名，即文字也。故《周禮・春官》宗伯“外史掌達書名於四方”。鄭玄注曰：“古曰名，今曰字，使四方知書之文字，得而讀之。”又《三國志》魏三《少帝紀》淳于俊曰：

包羲因燧皇之圖而制八卦。

按《易緯乾坤鑿度》言，八卦爲天地風山水火雷澤八字。法國拉克伯里謂八卦即巴比倫尼亚楔形文字之變形，而《易經》一書，即來自加爾底亞（亦譯作迦勒底，即中國之葛天）之語彙（拉克伯里之言，見日本白河次郎國府種德合著之《支那文明史》），劉師培復盛倡此説，以坤屯二卦爲例，謂《易經》爲文字之祖（《國粹學報》乙巳第七期《小學發微》）。由是言之，則燧人伏羲之世，已有文字矣。《管子・封禪篇》曰：

古者封泰山禪梁父者，七十二家；而夷吾所記者，十有二焉。昔無懷氏封泰山禪云云。伏羲封泰山禪云云。神農封泰山禪云云。炎帝封泰山禪云云。黄帝封泰山禪云云。……

《史記・封禪書》、《漢書・郊祀志》亦均載此言。僞房玄齡《管子注》，裴駰《史記集解》引服虔，颜師古《漢書注》引鄭氏釋無懷氏皆曰：“古之王者，在伏羲前。”無懷氏既前於伏羲，更應在黄帝之前；而倉頡爲黄帝之史，則無懷氏亦遠在倉頡之前也。又司馬貞《補史記・三皇本紀》引《韓詩》謂：“自古封泰山禪梁甫者，萬有餘家。仲尼觀之，不能盡識。”《韓詩外傳》亦言:“孔子升泰山,觀易姓而王可得而數者,七十餘人;不得而數者萬數也。”管仲孔子所以知十有二家或七十餘人,必據其文字而始知之。準斯以談,則倉頡之前,其有文字也舊矣。

尋諸書之言,雖未盡足據;然揆以文字發生之由,亦不能斷爲妄說。蓋事自名也,聲自呼也(徐幹《中論·貴驗篇》引子思語)。言者意之聲,書者言之記(孔穎達語。見《尚書序·正義》)。天下事物之象,人目見之則心有意,意欲達之則口有聲。意者,象乎事物而構之者也;聲者,象乎意而宣之者也。聲不能傳於異地,留於異時,於是乎書之文字。文字者,所以爲意與聲之跡也(陳澧語,見《東塾讀書記》卷十一)。上世部落時代,其人稟氣懷靈,與今無殊。象事物而構意,象意而宣聲,因而持筳畫地,以爲標識。或縱横相疊,或縱横相錯。疊則成數,錯則成文。其各部落各有文字,自爲可能之事。迄至倉頡,見各部落文字之互異;因藉黄帝之威力,整齊而劃一之,亦爲意中之事。故荀卿曰:“好書者衆矣,而倉頡獨傳者一也。”(《荀子·解蔽篇》)一者何?“一於其道,異術不能亂之也。”(楊倞注)是知倉頡之造字,亦猶後代之奉敕撰書,而黄帝加以欽定而已,非自倉頡始有文字也(黄季剛先生語。見余所記《漢書·藝文志講授記》)。

中國文字構造之條例,六書足以盡之。六書一名,始見《周禮·地官》司徒保氏條。然《魏書·江式傳》載式上表則謂“《周禮》保氏教國子以六書,……蓋是史頡之遺法也。”或六書古有其法,疑不能明矣。六書之名稱次序,諸家各有不同。劉歆《七略》、班固《漢書·藝文志》謂爲:“象形、象事、象意、象聲、轉注、假借。”鄭衆《周禮注》謂爲:“象形、會意、轉注、處事、假借、諧聲。”許慎《說文序》則又謂爲:“指事、象形、形聲、會意、轉注、假借。”處事、諧聲立名之不當,段玉裁《說文序注》已言之。其次第段氏謂:“鄭衆所言非其叙。……要以劉班許所説爲得其傳。”然今人又有持異説者,如顧實《中國文字學》是也。究以何家爲善?此乃文字學上之事,非兹編所能備論矣。至六書之解釋,則許叔重有明言。《說文序》曰:

> 一曰指事。指事者,視而可識,察而見意,上下是也。
> 二曰象形。象形者,畫成其物,隨體詰詘,日月是也。
> 三曰形聲。形聲者,以事爲名,取譬相成,江河是也。
> 四曰會意。會意者,比類合誼,以見指撝,武信是也。
> 五曰轉注。轉注者,建類一首,同意相受,考老是也。
> 六曰假借。假借者,本無其字,依聲託事,令長是也。

析而言之:指事之字,形義相兼。象形之字,專主于形。形聲之字,半主義,半主聲。會意之字,比合兩文之誼而成。此四者,字之體也。轉注之字,異字同義者也。假借之字,異義同字者也。此二者,字之用也(略本段氏《說文序注》及戴震説)。故中國文字,就一字而論,必具形聲義三事,始能成立;而六書之名,亦可以形聲義三者統之。學者苟能研《説文》以考字形,觀《廣韻》以辨字音,讀《爾雅》以識字義,固可取用不窮,無所滯難矣。兹復將形聲義三者與文學相關之點,略論述之,至詳述三者之義例,則文字學之所有事也。

就字形而言,自有文字以後,以迄五帝三王之世,改易殊禮,均可名爲古文。及周宣王太史籀著大篆十五篇,與古文或異。春秋之後,諸侯力政,不統於王。各國言語異聲,文字異形,秦丞相李斯,復改之爲小篆。秦燒滅經書,滌除舊典,大發吏卒興役戍，官獄職務繁，獄吏程邈初作隸書，以趣約易。後世之真書，即變隸書之筆勢而成者也。詳篆之變爲隸，隸有仍不拋篆者，如作馬是也。有全與篆文相違者，如作乏是也。有減篆者，如作虐是也。有添篆者，如作潮是也。有篆隸同文者，如作臣是也（略本林罕《字源編旁小說序》）。原隸書之體，本爲施之徒隸而作，故苟爲簡易，無點畫俯仰之勢。然後世沿用既久，實有乖謬過甚者。故亂旁爲舌，揖下無耳，黿鼉從黽，奮奪從雚，席中加帶，惡上安西，鼓外沒皮，鑿頭生毁。顏之推深嫌其非（《顏氏家訓·書證篇》）。黼黻從黹，辭字從舌，覺學從與，泰恭從小，匱匠從走，巢藻從果，耕籍從禾，美下爲火，折旁著片，離邊作禹。張守節亦譏其失（《史記正義·論字例》）。竊謂字體由繁趨簡，乃文字進化必然之事。篆之變隸，隸篆之爲真草，亦循斯轍。若俗人呈臆造字，不辨正訛，固爲荒謬。然流俗相沿，積重難返，去泰去甚，亦已足矣。故許叔重著《說文》十四篇，純以古道照人；其爲《說文序》，亦有漢世俗字，雜廁其間。雖以顏介之博雅，猶謂“官曹文書，世間尺牘，本不違俗也”（《書證篇》）。如必準篆作隸，不爽毫厘，亦未免矯枉過正。乃今世學者，稍究文字源流，乃操觚染翰，字必汝長之書，形必《說文》所載。竟陳其僻，好爲詭異。此沈約所以立易識之條（《顏氏家訓·文章篇》）。劉勰所以騰字妖之誚也（《文心雕龍·練字篇》）。況在今日，莘莘學子，百科雜習，入大學而不通小學者，比比皆然；即或粗明雅訓，亦難冰釋理解。若責以書字必遵《說文》之點畫，吾悲夫戴段錢之不世出也。且文學之事，以情性爲主。能使情靈搖蕩，便是佳文。字之正俗，與文之美惡，所關甚淺。誠以小學詞章，本性二事。自來

能詩詞者，不盡精通文字；而善於《說文》之學者，亦不必兼能詩詞。故東坡不辨點畫之真俗，不害其詩詞之美；而戴段錢王深撢小學之精微，亦未聞以文學名家也。就字聲而言，九域之人，言語不同，生民以來，固常然矣。自《春秋》摽齊言之傳，《離騷》目楚辭之經，齊語楚語，判於孟子，其音之異，較然可知。漢揚雄著《方言》，號爲大備。然皆考名物之同異，不顯聲讀之是非也。逮許慎造《說文》，劉熙制《釋名》，高誘解《呂覽》、《淮南》，鄭玄注經，始爲譬況假借，以證字音。孫叔然創《爾雅音義》，初有反語，至於魏世，此事大行。自茲厥後，音韻鋒出，各有土風。南音清舉而切詣，北音沉濁而鈋鈍。南以錢爲涎，北以如爲儒。如此之例，兩失甚多（略本《顏氏家訓·音辭篇》）。洎乎近世，乖亂益甚，五方之音，各有殊異。或一字二音，莫知誰正；或一語二字，聲近相亂（見章太炎《新方言》）。通儒碩士，欲以《廣韻》反切，昭示學人；然亦可爲好古者道，難爲俗人言也。司教育者，欲推行注音字母，以一國音，其功未易卒就。即幸自有成，亦僅可齊方俗，未足以言讀古籍也。故吾儕處今日，若非讀特種文字或撰特種文字，其平居讀音，亦以得其古較爲準，不必沾沾以古音自多。舉例以明之：如物之精粗，謂之好惡；人之去取，謂之好惡。而好惡字，不容混同。甫者男子之美稱，古書多假借爲父字。除管仲范增之號外，均不得依字讀。邪者未定之辭，不得呼爲也字。癡鈍之與飔段，琨之與衮，洸之與汪，若斯之流，亦當別異（參看《顏氏家訓·音辭篇》）。若夫平日讀書，遇不字必讀爲分勿切，遇槁字必讀爲苦浩切，通人爲之，固爲可貴，然不能徧通於流俗也。更就字之聲韻與文章之音節言之：自陸士衡有“聲音迭代”之說（《文賦》），范曄亦發“宮商清濁”之論（《獄中與諸甥侄書》）。降及齊梁，此論大熾。《宋書·謝靈運傳論》以"浮聲切響"爲訓，《文心雕龍·聲律篇》以"雙疊飛沉"爲言。繹沈劉二氏之義，殆謂一句之内，如用兩同聲之字，或用二同韻之字，則讀時不便。一句純用濁聲，或一句純用清聲，則讀時亦不便也（黄季剛先生說。見《文心雕龍·聲律篇札記》）。自茲以還，聲律之道，日趨精密。律詩四六文，因以成立。斯亦由偶類齊音，爲中邦所獨擅也。遠溯前古，《詩》三百篇應用音韻之佳處，實有足令人驚異者。錢大昕《潛研堂答問》嘗論之曰：

> 人有形，即有聲。聲音在文字之先，而文字必假聲音以成。綜其要，無過疊韻雙聲二端。……至《詩》三百篇興，而斯秘大啓。《卷耳》之次章崔嵬虺隤兩疊韻，三章高岡玄黄兩雙聲。《碩人》之次章，巧笑疊韻，美目雙聲。《大叔于田》之次章，上句磬控雙聲，下句縱送疊韻。《出其東門》之首章，綦巾雙聲，次章茹藘疊韻。《七月》之觱發栗烈雙聲兼疊韻，上下相對。《東山》之伊威蠨蛸町畽熠燿四句連用雙聲。佻兮達兮，哆兮侈兮，既敬既戒，既霑既足，如蜩如螗，如蠻如髦，不吴不敖，不競不絿，允文允武，令聞令望，宜岸宜獄，式夷式已，之綱之紀，以引以翼，隔字而成雙聲。嘽嘽哼哼顒顒卬卬，疊字而成雙聲。與與翼翼，隔句而成雙聲。居居究究，隔章而成雙聲。死生契闊，搔首踟躕，一句而用兩雙聲。旅力方剛，山川悠遠，一句而一疊韻一雙聲。其組織之工，雖七襄報章，無以過也；其音節之和，雖塤箎迭奏，莫能加也。其尤妙者，角枕粲兮，錦衾爛兮，不惟粲爛韻，而枕衾亦韻。錦衾疊韻，而角錦又雙聲也。不敢暴虎，不敢馮河，暴馮雙聲，虎

河亦雙聲也。此豈尋常偶合者可比?

詩文之妙,全出自然。所謂“闇與理合,匪由思至”(《宋書·謝靈運傳論》)。雖未可裁以四聲八病之説,而其組織之工,音韻之和,誠有如曉徵所云者。其與文學之關係,豈不大哉?

就字義言之,字有本義,有引伸義及假借義。斯三者不可偏廢。不明本義,無以識文字之源,不達引伸義及假借義,無以通文字之用。

許君《說文》,都明本義。本義既明,然後循聲韻之條貫,尋孳乳之源流,而引申義假借義乃明。例如“豐”,豆之豐滿也;引伸之,凡盛大皆曰豐。“罄”,器中空也;引伸之凡盡皆曰罄。“瑣”,玉之小聲也;引伸爲瑣碎瑣細之瑣。“理”,治玉也;引伸爲一切治理之理。凡治理皆期其有條不紊,遂又引伸爲文理腠理肌理之理。更引而伸之,以至於廣大精微,乃有物理情理天理之理。“弟”,以皮韋束物之次弟也;引伸爲凡次弟之弟。人之長幼,亦有次弟,故又引伸爲兄弟之弟。所謂本義及引伸義,如是而已。

假借者,許君釋爲:“本無其字,依聲託事。”故上舉引申義各例即假借之一端。然後世聲近相通,則有不限於無字之假借者。往往本字見存,而借用同聲之字。例如鄙嗇字止當作“啚”,今則借“鄙”字爲之(《說文》:“五酇爲鄙。”)。開啓字止當作“启”,今則借“啓”字爲之。(《說文》:“啓,教也。”)遂意字止當作“㒸”,今則借“遂”字爲之。(《說文》:“遂,亡也。”)杜門字當作“敗”,今則借“杜”字爲之。(《說文》:“杜。甘棠也。”)又如《爾雅釋詁》以初哉首基爲始。初首基,皆本字也。而哉則爲“才”之假借(《說文》:“才,草木之初生也。”)。以介純夏幠爲大。夏者，中國人，幠者，覆冒，引申皆有大義，此本字也。而介純则爲"夰奄"之假借（《說文》："夰，大也。奄，覆也，大有餘也。"）。凡此本有其字而依聲託事者，與許氏之說有異，故清人謂之通借。實則有其字而不用，等於本無其字，仍可謂之假借，不必妄立名目也（黄季剛先生說）。學者苟能撢本義以求審諦，采轉訓以期共曉。取舍之間，因文求當；抉擇之際，依義棄奇，则可與正文字矣（《文心雕龍·練字篇》語）。

關於文字形聲義三端，已如上述。然中國文學之用字，有較異土困難者數事。學者不可不知也。

蓋自六書肇造，孳爲九千。轉注假借之例既立，而衆字之形聲義訓，往往互相牽綴，故用字者因之無定。此一事也。

名無固宜，名無固實，在乎約定俗成。然造字之始，或含義本狹，而後擴充以爲寬；或含義互通，而後減削以爲迴。至於用之之頃，隨情取舍，義界函胡。刑名文名，蓋由官府定著。論學術者，亦或自定名例，以便銓說。尋常文翰，固無是也。故字義紛綸，简擇無準。此二事也。

又古字雖曰九千，亦有複重，非盡特立，即其碻爲本字，然恆文轉舍不用。取彼同類之音，以爲通假；取彼同類之義，不爲判分。後來造字猥多，則數逾四萬；用字狹少，則祇達四千。由古察今，彌爲漫汗。然則字義不定。辨析尤艱。此三事也。

夫雅俗常奇，古今興廢，名成於對待，故可隨情設施。豈無今世恆俗之言，或本《絕代輶軒》之語。但求實義弔當，何暇拘滯所聞。然文士裁篇用字，或貴於艱深，或趨於简易。師範古籍，則資藉奇字，以成己文；依附流俗，則苟安鄙別，以求人喻。不悟字之取舍，以義之當否爲標；而辨義正名，實非易業。此四事也。

歷觀自古文章,用字不定,求其所由,蓋有三端。夫字有正假,任意而書;體有古今,隨情而用。仁義之義本作誼,威儀之儀本作義。舉本字者書仁誼,可作言旁宜;從常行者書威儀,不作羊下我。孝弟之字別作悌,歡說之字別作悅。好古文者,但書偏旁;從常行者,加心始足。此緣形而不定也。

字有同訓者,訓同則用此與彼,于義無殊。是故庶績咸熙,易爲衆功皆興可也;察其所由,易爲揆厥所元可也。

字有殊名者,名殊即用此與彼,于實是一。是故鳩曰尸鳩,殊名也。《召南》曰鳩。《曹風》曰尸鳩。藻爲聚藻,殊名也。詩人曰藻,左氏釋以蘊藻。

字有同類者,同類則散言有別,通言不殊。禮器以白黑爲素青。素本白繪,非凡白之號;青爲東色,非火熏之名。緣其大類相同,所以有斯變亂。凡此三者,皆緣義而不定也。

詩歌叶韻,必取諧調,則用字可無定準。《詩》言母也天只,變父言天;《易》言既雨既處,變止言處。後世揚子雲變梁父爲梁基(《羽獵賦》),蔡伯喈用祖蹤代祖武(《朱穆墳前方石碑》),皆其徵也。至於聲偶之文,尤貴叶律。苟不宜於迭代,即宜變以求諧。故危涕墜心,有時互易常位(江淹《恨賦》);赬莖素毳,有時悉變本名(顏延之《三月三日曲水詩序》)。一天也,調仄句則稱有昊,調平句則曰穹蒼;一地也,調平句則曰媪神,调仄句則爲后土。此即千殊萬異,亦與字之本質何關?又況對仗既成,字取相配,苟一偏有踸踔之患,斯兩向皆在删竄之科。然則聲偶之文,用字彌無常則,又奚足怪?此又緣聲而不定也。綜上三因,以包古今用字之情態,庶乎得其梗概矣。然文人好尚,復有乖違。察其用字之弊,猶有可言者。略舉其族,蓋有八焉:

一曰：是古非今，故爲詭異。此輩文人之用字，形必洨長之書，訓必蒼雅所載。書攀援必寫從反廾，語恆久必改爲悉塵。以“叵可忍”爲“不可忍”，易“不敢動”爲“不敢搖”。“黽勉”過常，則“密勿”是用；“差池”習見，則“柴虒”爲書。夫字異義同，何勞改作？以此求新，適爲可哂。昔劉勰評曹攄詩，謂：“兩字詭異，大疵美篇。”（《文心雕龍・練字篇》）顧炎武譏人舍恆用字而借古字之通用者，爲自蓋其俚淺（《日知錄》卷十九《論文人求古之病》）。韓愈《曹成王碑》用“剜䵝鏺掀撇掇筴跐”諸字，樊紹述《絳守居園池記》有“瑤翮碧瀲嵬眼傾耳”等語。格以彥和亭林之言，亦難免“诡異”、“自蓋”之譏矣。若乃字不問古今，義不問雅俗，但使奇侅，即加采獲。孫休武塈之奇字，與篆隸而共篇；短書譯籍之異文，將經史而同錄。以人所弗知爲上，以世所共曉爲下。用字之亂，無過此曹者也。

二曰：是今非古，競爲新穎。自香奩西崑體興，後代文人，多蒙其弊。每喜將習用之語，易爲新穎之字。近年以來，文學改革之說，風靡一世。新興作家，波屬雲委。察其爲文之地，必於“玫瑰花前”；語其脫稿之時，必當“夕陽西下”。狀草色則曰“天鵝絨”，稱天神則曰“安琪兒”。“心弦”、“愛神”，累牘皆然；“月夜”、“雪朝”，千篇一律。文成定型，奚有創作？革新未澈，積弊已成。較之是古非今故爲詭異，亦二五之與十也。

三曰：以雅易俗，與時乖違。《史通・叙事篇》曰：“案裴景仁《秦記》，稱苻堅方食，撫盤而詬；王劭《齊志》，述洛干感恩，脫帽而謝。及彥鸞撰以新史，重規删其舊錄，乃易‘撫盤’以‘推案’，變‘脫帽’爲‘免冠’。夫近世通無案食，胡俗不施冠冕。直以事不類古，改從雅言。欲令學者何以考時俗之不同，察古今之有異？”此譏以雅易俗之謬也。然子玄所譏，於今未改,故飲茶或曰"飲荈",垂脚而云"危坐"。馳鐵道曰"附軺車",乘輪舟曰"上番舶"。夫名無固宜,隨時而異;約定俗成,不容擅更。若怯書今語,勇效昔言,將何以記載時宜,徵信後世乎?

四曰:强弱輕重,失其權衡。蓋字分强弱,義分輕重,如有偏畸,亦足爲纇。劉勰有言:

> 陳思之文,羣才之俊也。而《武帝誄》云:"尊靈永蟄。"《明帝頌》云:"聖體浮輕。"浮輕有似於胡蝶,永蟄頗疑於昆蟲。施之尊極,豈其當乎?左思《七諷》,說孝而不從。反道若斯,餘不足觀矣。潘岳爲才,善於哀文。然悲内兄則云"感口澤",傷弱子則云"心如疑"。《禮》文在尊極,而施之下流,辭雖足哀,義斯替矣。若夫君子擬人,必於其倫,而崔瑗之《誄李公》,比行於黄虞;向秀之《賦嵇生》,方罪於李斯。與其失也,雖寧僭無濫;然高厚之詩,不類甚矣。(《文心雕龍·指瑕篇》)

是知强弱乖宜,使人興疑,古來名家,猶或不免,初學綴文,可不慎乎?

五曰:同部叠用,有類字書。此類用字,劉勰謂之聯邊。其言曰:

> 聯邊者,半字同文者也。狀貌山川,古今咸用;施於常文,則齟齬爲瑕。如不獲免,可至三接;三接之外,其字林乎?(《文心雕龍·練字篇》)

黄叔琳注曰:“按三接者,如張景陽《雜詩》:‘洪潦浩方割。’沈休文《和謝宣城》詩‘刷羽汎清源’之類。三接之外,則曹子建《雜詩》:‘綺縞何繽紛。’陸士衡《日出東南隅行》:‘璚珮結瑤璠。’五字而聯邊者四,宜有字林之譏也。”至若木華《海賦》:“沖瀜沆瀁,渺瀰湠漫。”郭璞《江賦》:“鯖鰊鰆鮋,鮫鰩鯩鱺。”八字相屬,俱隸同部。先士文製,或更有多於此者。其在辭賦,體或有然。若入常文,則難免舍人之譏矣。

六曰:割裂成語,數典忘祖。文章用典,貴在有助文采,無害辭義,用字少而涵義深,此其所以爲美也。用典之工者,則文味雋永,藻彩繽紛。然自來文人,每喜割裂成語,以就檃栝,失其本義,文理弗達。斯又不善用典之弊也。昔劉知幾謂:

> 諸子短書,雜家小說,論逆臣則呼為“問鼎”,稱巨寇則目以“長鯨”,邦國初基,皆云“草昧”;帝王兆跡,必號“龍飛”。斯並理兼諷諭,言非指斥。異乎游、夏措詞,南、董顯書之義也。如魏收《代史》,吴均《齊錄》,或牢籠一世,或苞舉一家,自可申不刊之格言,弘至公之正說。而收稱劉氏納貢,則曰“來獻百牢”;均敘元日臨軒,必云“朝會萬國”。夫以吴徵魯賦,禹計塗山,持彼往事,用爲今說,置於文章則可,施於簡册則否矣。(《史通·敘事篇》)

子玄之言,爲史而發;而文人之文,實有更甚於此者。胡適稱:“身在滇越,亦言灞橋;雖不解陽關渭城爲何物,亦皆言‘陽關三叠’,‘渭城離歌。’雖非吴人,不知蓴鱸爲何味者,亦皆自稱有‘蓴鱸之思。’”(《文學改良芻議》)是猶不足爲病。至若稱在位以“曾是”,呼日月爲“居諸”。以“刑於”、“糟糠”爲妻之代名;以"孔懷"、"友於"爲兄弟之別號。年過三十,則曰"歲逾而立";供職官家,而云"爲人作嫁"。斯真不通之甚者。以此類字句羼入篇中,弗能增妍,適足益醜矣。

七曰:雜用譯語,難期共喻。近人文中,用譯語者日多。如"烏托邦"、"辟克匿克"、"德謨克拉西"、"煙士披里純"之類,皆譯自西文;"剌戟"、"場合"、"提供"、"金融"之類,皆本諸日語。詳譯語之用,如能弔當,或可使意義確切。然終以約定俗成,人已共喻者爲宜。若故爲新異,以炫奇博,斯爲下矣。昔陶潛嘗與蓮社之會,今觀其詩文,鮮用梵語。是知象譯之言,施于比興之什,終嫌不當。自宋齊以還,此類始衆。然"如來"、"招提"諸字,猶不見其粗惡。如蘇軾詩云:"切勿樽前'替戾岡'."(替戾岡,羯語,出也。見《晉書·佛圖澄傳》。洪邁《容齋四筆》曾論此詩)。康有爲詩云:"幼發拉的底格里。"(見《不忍》雜志,忘其題目)斯所謂高厚之詩,不類甚矣。夫以孫許高言莊氏,猶云風騷體盡,況乎辭無友紀,彌以加厲者哉!然後生相沿,積弊難返。臨文用否,固存乎其人;而取舍之間,必宜有抉擇。此則吾曹所宜知者也。

八曰:官地世望,不本實情。昔劉知幾有言:

> 爰及近古,其言多僞,至於碑頌所勒,茅土定名,虛引他邦,冒爲己邑。若乃稱袁則飾之陳郡,言杜則係之京邑。姓卯金者,咸曰彭城;氏禾女者,皆云鉅鹿。在諸史傳,多與同風。此乃尋流俗之常談,忘著書之舊體矣。

注云:

> 今有姓邴者，姓弘者，以犯國諱，皆改爲李氏。如書其邑里，必曰隴西趙郡。夫以假姓，猶且如斯。則真姓者，斷可知矣。又今西域胡人，多有姓明及卑者。如加五等爵，或稱平原公，或號東平公。爲明氏出於平原，卑氏出於東平故也。夫邊夷雜種，尚竊美名，則諸夏士流，固無慙德也。(《史通·邑里篇》)

陶宗儀《輟耕錄》有云："凡書官銜，俱當從實。如廉訪使總管之類，若改之曰監司太守，是亂其官制，久遠莫可考矣。"何孟春《餘冬序錄》曰："今人稱人姓，必以世望，稱官必用前代職名，稱府州縣必用前代郡邑名，欲以爲異。不知文字間著此，何益於工掘？此不惟於理無取，且於事復有礙矣。"

《神宗實錄》萬歷四十三年十一月"南京都察院右都御史蔡應科乞正疏體疏"第二條云：

> 二戒沿襲，如稱輔臣，不曰王家屏沈鯉，而曰山陰歸德；不曰高拱張居正，而曰新鄭江陵。又或稱官及地方，不曰吏部尚書禮部侍郎，而曰大冢宰少宗伯；不曰戶部郎中工部員外，而曰度支郎匠作官屬；不曰北直南直浙江雲貴，而曰燕吴豫章越滇黔。諸如此類，沿襲已久，必竟當以爲戒。

于慎行《筆塵》曰："史漢文字之佳，本自有在，非謂其官名地名之古也。今人慕其文之雅，往往取其官名地名以施於今，此應爲古人笑也。史漢之文，如欲復古。何不以三代官名，施於當日，而但記其實邪？文之雅俗，固不在此，徒混淆失實，無以示遠，大家不爲也。”

顧亭林亦云：“以今日之地爲不古，而借古地名；以今日之官爲不古，而借古官名，……皆文人所以自蓋其俚淺也。”(《日知錄》卷十九《論文人求古之病》)

諸賢所論，均有特識。然以言駢體有韻之作，或未盡當。觀子玄之言，爲史而發；蔡君之論，僅限疏體；則知藻飾之辭，或容假借；史傳之文，宜存實錄。故吾儕於此，亦應知所檢別，未可以固執也。

綜上八端，雖未周至；語其恆疵，略盡於此。總之：記事言理之作，必當考覈名義，求其諦實。古所有今當遵之；古之所無，今撰可也。一篇之中，字無歧出；前所已見，後宜盡同。觀於浮屠譯經，其德業諸名以及動靜狀助諸字，皆有恆律。又觀正史記事，大抵本於官府成言，萌俗通語，漓質趨文，大雅所笑。今之紀事言理者，必當知其利病，然後可與言文。否則研弄聲調，塗飾華采，雖復工巧，等於玉巵無當者已。文飾之言，非效古固不能工妙，而人之好尚，不能盡同。此當聽其自爲，不必齊以一量。然效古以似爲上，一句不類，一字不安，則有敗績失據之患。故效古人之文者，必用其人所經用之字，否則必用出乎其前之字，否則必用與其文相稱之字。雖曰拘滯，其情在於求似也。若乃恆俗之文，取便於用，用字之準，惟在廢興。如官府文移，學校講疏，報紙紀載，日用書疏，契約列訴之辭，平話劇曲之類，亦惟循常蹈故，不事更張可也(參看《〈文心雕龍·練字篇〉札記》及羅常培《修辭學》)

關於字聲一端，除上述而外，尚有二事，爲吾人所必當知者。二事維何？即“辨四聲”與“明韻部”是已。四聲者，平上去入也。古代之音，惟有平入二聲。故詩文叶韻，不區平仄。

如《易經·坤卦》文言:“積善之家,必有餘慶,積不善之家,必有餘殃。”慶爲去聲,殃爲平聲,而慶殃互叶。《尚書·堯典》:“平章百姓,百姓昭明。”姓爲去聲,明爲平聲,而姓明互叶。《毛詩·衛風·氓》:“女也不爽,士貳其行。”爽爲上聲,行爲平聲,而爽行互叶。是其證也。蓋古之詩歌,只分長言短言,尚無四聲。顧炎武曰:“長言則今之平上去聲也,短言則今之入聲也。”(《音論》)至魏晉之際,平聲多轉爲仄,入聲多轉爲去,於是四聲大備(段玉裁《六書音韻表·古四聲說》)。然四聲之實,雖成於魏晉之間,而四聲之名,則肇自齊梁之世。《南齊書·陸厥傳》曰:

> 永明末,盛爲文章,吴興沈約,陳郡謝朓,琅邪王融,以氣類相推轂。汝南周顒,善識聲韻。約等文皆用宫商,以平上去入爲四聲。以此制韻,不可增減。世呼爲永明體。(《南史》本傳略同)

《南史·陸厥傳》曰:

> 時有王斌者,不知何許人,著四聲論行於時。

《南史·周顒傳》曰:

> 始著四聲切韻行於時。

《南史·沈約傳》曰:

……又撰四聲譜，以爲在昔詞人累千載而不悟，而獨得胸衿，窮其妙旨，自謂入神之作。武帝雅不好焉。嘗問周捨曰："何謂四聲？"捨曰："天子聖哲是也。"然帝竟不遵用約也。(《梁書》本傳略同)

《南史·庾肩吾傳》曰：

齊永明中，王融謝朓沈約文章始用四聲以爲新變，至是轉拘聲韻。

封演《聞見記》曰：

周顒好爲體語，因此切字有紐，紐有平上去入之異。永明中，沈約文辭精拔，盛解音律，遂撰四聲譜。時王融劉繪范雲之徒，慕而扇之，由是遠近文學，轉相祖述。聲韻之道大行。

顧炎武《音論》曰：

今考江左之文，自梁天監以前，多以去入二聲同用，以後則若有界限，絕不可通。是四聲之論，起於永明，而定於梁陳之間也。

諸書所載，約略相同。平上去入之名，至齊梁始定；四聲界限，至齊梁殆嚴，殆無可疑。其後陸法言撰《切韻》，分爲"上平"、"下平"、"上"、"去"、"入"五卷，今之《廣韻》仍之。其平聲分上下者，因字多之故，無他義也。或謂此即陰平陽平之分，其說甚謬。所謂陰平陽平者，即平聲之清聲濁聲。今試考《廣韻》上平聲之一東，則“東”、“通”清聲也，“同”濁聲也。“風”、“豐”清聲也，“馮”濁聲也。是東韻固兼有清濁矣。再檢下平聲之一先，則“顛”、“天”清聲也，“田”濁聲也。“箋”、“千”清聲也，“前”濁聲也。是先韻亦兼有清濁矣。蓋上平二十八韻，下平二十九韻，每韻皆兼有清聲濁聲，斷不能强分此韻爲陰平，彼韻爲陽平也。况四聲爲音之长短，烏得與音之清濁混爲一談乎？關於四聲音勢之說明，亦有多家。元和《韻譜》曰：

平聲哀而安。上聲厲而舉。去聲清而遠。入聲直而促。

釋真空《玉鑰匙歌訣》曰：

平聲平道莫低昂。上聲高呼猛烈强。去聲分明哀遠道。入聲短促急收藏。

顧炎武《音論》曰：

平聲輕遲，上去入之聲重濁。

江永《音學辨微》曰：

平聲長空，如擊鐘鼓，上聲短實。去聲如擊木石。入聲如石。

張成孫《說文諧聲譜》曰：

平聲長言。上聲短言。去聲重言。入聲急言。

段玉裁《與江有誥書》曰：

平稍揚之則爲上。入稍重之則爲去。

王鳴盛《十七史商榷》曰：

同一聲也，以舌頭言之，則爲平。以舌腹言之，則爲上。急氣言之，則爲去。閉氣言之，則爲入。

英人艾約瑟《華語攷原》曰：

入聲爲短音。平上去三聲爲調：平聲爲水平調，上聲爲昂上調，去聲爲落下調。

日人鹽谷溫《中國文學概論》曰：

平聲爲平發之聲，上聲爲高呼之聲，去聲爲柔遠之聲，入聲爲短促之聲。以上四聲中，唯平聲是平淡之發音；其他上去入之三聲，皆發音不平，故稱爲仄聲。

諸家所論，雖各不同，然參伍而審辨之，亦可得四聲發音之正矣。中國韻書，始於魏李登之《聲類》。其後有呂靜《韻集》，段宏《韻集》，李槩《續修音韻決疑》，李槩《音譜》，無名氏《文章音韻》，王該《五音韻》，釋靜洪《韻英》，周研《聲韻》，周顒《四聲切韻》，沈約《四聲韻》，張諒《四聲韻林》，夏侯詠《四聲韻略》，楊休之《韻略》，杜臺卿《韻略》，劉善經《四聲指歸》，無名氏《羣玉典韻》，無名氏《纂韻鈔》，潘徽《韻纂》（略見《隋書·經籍志》）。其書今皆不傳。

至陸法言撰《切韻》，分爲二百六部。天寶之末，孫愐訂正之，改稱《唐韻》。宋真宗大中祥符元年，命陳彭年等更爲刊益，改名爲《大宋重修廣韻》。今《切韻》雖亡，而《廣韻》卷首，猶題云"陸法言撰本"，故知二百六韻，仍法言舊目也。宋仁宗景祐中，命丁度等更編纂《集韻》，又撰《禮部韻略》，專供科舉之用。於是一變唐以來之舊法，始許韻目之通用。金韓道昭作《五音集韻》，改二百六韻爲百六十。平水王文郁併舊韻之通用者爲一部，又改二六百韻爲百七韻。南宋理宗淳祐間，劉淵重刊其書，稱爲《壬子禮部韻略》，專用於科場。所謂《平水韻》是也。及元大德中（元成宗），陰時夫中夫兄弟撰《韻府群玉》，於百七部中，又併上聲拯入迥，凡爲百六部：平聲三十部，分爲上平下平；上聲二十九部，去聲三十部，入聲十七部。此即今日通行之詩韻也。其後明太祖以舊日韻書，起於江左，多爲吴音，命樂韶鳳宋濂等更纂修之。併平上去三聲各爲二十二部，入聲爲十部，共七十六部，名曰《洪武正韻》。然終明之世，竟不能行於天下（參看莫友芝《韻學源流》）。故今日爲詩賦者，仍遵用陰氏兄弟所撰定之百六韻也。然百六韻中，如"東"、"冬"、"江"三韻，仍稱通韻。作律詩律賦，百六韻皆宜獨用，不可互通；而作古詩賦時，如"東"、"冬"、"江"之類，仍可通用。通韻之說，詳載於邵長蘅《古今韻略》。坊間《詩韻》目錄之下，亦有注釋。惟所謂“古通某”、“古轉某”，不盡可據。學者用之，不可不慎。張之洞《輶軒語》論之曰：

古體詩可押通韻。但俗本《詩韻》，動曰古通某古轉某。强分兩門，已爲無理，且所謂通者，並不可據，今日作古詩者，以專守官韻不用通韻爲合法。何也？今之本韻，即古之通韻也。唐韻本二百六部，各注同用獨用。（原注云：“以韻狹不便試士，唐許敬宗奏定同用。”按封演《聞見記》曰：“陸法言撰爲切韻，先仙删山之類，屬文之士，苦其苛細。國初許敬宗等詳議，以其韻窄，奏合而用之。”）經宋金元人四次併省，今合爲一百六部。故今日一韻中，已兼古人數韻。雖不如《廣韻》分析精密，聲類清濁，尚不大遠。若再推廣，必致歧誤。

……如必欲通之，莫如稍隘稍嚴，尚無大誤。如“東冬”，如“支微”，如“魚虞”，如“佳灰”，如“真文”，如“寒删”，如“蕭肴”，如“庚青”，如“鹽咸”，此類皆今讀聲音相近，而今韻部分相聯者，通押無害。上去準此。入聲部分，糾葛難明，姑言其略：“屋沃覺”（通），“質”（獨），“物月”（通），“曷黠”（通），“屑”（獨）（原注云：“屑亦半通質。因初學恐難細剖，合質獨用較妥。”）“藥”（獨），“陌錫”（通），“職”（獨），“緝”（獨），“合葉洽”（通），此參用顧江段苗四家說。有決不可通者：如“江”與“陽”也，“真文”與“庚青蒸侵”也，“庚青”與“侵蒸”也，“蒸”與“庚青侵”也，“元寒删先”與“覃鹽咸”也，此類俗讀似近，正音迥别。即使前人偶一有之，或是方音，或本非韻，或是錯誤，皆不可藉口。

如欲求通而不濫之理,須知通韻有半部全部之别(今本之"支"韻,半通"微齊佳灰",半通"歌"。"虞"半通"魚",半通"尤"。"元"半通"真文",半通"寒删先"。"先"半通"真文",半通"元寒删"。"歌"少半通"麻",大半通"支"。"麻"少半通"歌",大半通"魚"。"庚"半通"陽",半通"青",有數字通"蒸"。"尤"半通"蕭肴豪",半通"虞",有數字通"支"。"覃"半通"侵",半通"鹽咸"。此就經傳子史韻語唐以前詩文謠諺推驗而得)。此由今韻一部中併有古韻兩三部在内,故一韻之聲,不盡同類(如"元魂痕"三部,今併爲十三"元"。"灰咍"今併爲十"灰"。就本韻讀之,已不能調叶,故"元"可通"寒删先","魂痕"不得通也。餘倣此)。初學未嘗通《說文》,看《廣韻》,何從辨析此一韻中之字,孰可通某孰不可通耶?

張氏此論,可爲濫押通韻者戒。《輶軒語》又曰:

若作學漢人五言詩古樂府古賦擬騷碑銘讚頌之屬,則又宜知古韻。

蓋張氏前段所論,爲作今日之古體詩言之也,此間所謂"古韻",乃上古至秦漢之韻也。漢以前雖無韻書,驗之經傳子史,確有一定之韻部。故吾人讀漢以前之韻文,或學作漢以前之韻文,又當明古韻也。考明古韻,肇始於宋,大明於清。宋鄭庠作《古音辨》,分古韻爲六部。明顧炎武作《唐韻正古音表》,分十部。清江永作《古韻標準》,分十三部。段玉裁作《六書音均表》,分十七部。戴震作《聲類表》,分二十五部。孔廣森作《詩聲類》,分十八部。王念孫分二十一部(無專書。有《古韻二十一部》一篇,載其子引之《經義述聞》中)。上列諸家,分合不同,得失互見。大抵前修未密,後出漸精。王氏之二十一部。集戴段諸家之長,古韻之發明者,已得十之八九。及章太炎先生作《成均圖》,定爲二十三部。較之王氏,益爲精密。黄季剛先生據章氏之説,稽之"廣韻",復定爲:"歌灰齊模侯豪蕭咍寒先痕青唐東冬登覃添曷没屑錫鐸屋沃德合帖"二十八韻,本之音理,稽之故籍.無絲毫不合(見《音略》)。今讀古韻文或作古韻文,宗用其説可也。

以上專就詩賦之韻而言。其用於詞曲之韻,又與此有異。宋朱希真嘗擬應制詞韻十六條,而外列入聲韻四部。其後張輯釋之,馮取洽增之。至元陶宗儀譏其混淆,欲爲改定。今其書久佚,目亦無自考矣。厲鶚《論詞絶句》有云:"欲呼南渡諸公起,韻本重雕菉裴軒。"注云:"曾見紹興二年刊菉裴軒《詞林要韻》一册,分'東紅''邦陽'十九韻,亦有上去入三聲作平聲者。"於是人皆知有菉裴軒《詞韻》,而又未之見。秦敦夫取阮芸臺家藏《詞林韻釋》一名《詞林要韻》,重爲開雕,題曰:"宋菉裴軒刊本。"而跋中疑爲元明之季謬託,又疑此書專爲北曲而設。蓋觀其所分爲十九韻,又不列入聲,故疑爲曲韻也。清初沈謙曾著《詞韻略》一編,以"東董"、"江講"、"支紙"等標目。平領上去,而止列平上,似未該括。其用詩韻韻目,分合之界,糢糊不清。字復紊亂無次,不歸一類,其音更不明晰。舛錯之譏,實所難免。同時趙鑰曹亮武均撰詞韻,與去矜大同小異。李漁之《詞韻》四卷,列二十七部,以鄉音妄自分析,尤爲不經。至前此胡文焕之《文會堂詞韻》,平上去三聲用曲韻,入聲用詩韻。騎牆之見，亦無根據。又有許昂霄《詞韻考略》，亦以今韻分編，平上去分十七部，入聲分九部。曰古通古轉，曰今通今轉，曰借叶，自稱本樓敬思《洗硯集》中之論。不知所謂古今者，何古何今？而又何所謂借叶？此癡人說夢，不足道也。

此外詞韻之書曾風行一時者，莫如吴烺程名世諸人所著之《學宋齋詞韻》。然其書字數太略，又無音切。上去兩見之字，則偏收之。又"真諄臻文欣魂痕庚清蒸登侵"皆同用，"元寒桓刪山仙覃談鹽沾嚴咸銜"凡皆併部。入聲則"物迄"入"質陌"韻，"合盍業洽狎乏"入"月屑"韻，濫通取便，舛駁不堪。種種疏謬，其病百出。而鄭春波復作《綠漪亭詞韻》，以附會之，羽翼之，於是詞韻因之而大紊矣。晚有戈載，見諸書之謬，爲《詞林正韻》一書。列平上去爲十四部，入聲爲五部，共十九部。其論列古今原流得失，至詳且確。自稱："取古人之名詞，參酌而審定之，盡去諸弊。"吾儕倚聲，即以是書爲準繩可也（參看《詞林正韻發凡》）。

曲韻之書，元時有周德清《中原音韻》（《詞林正韻發凡》謂《中原音韻》本於宋無名氏之《中州韻》）。其書列"東鍾"、"江陽"等十九部，隸入聲字於平上去之三聲中，更分平聲爲陰陽二種。即將十九部分爲陰平陽平上聲去聲之四聲。元代北曲，皆用此韻，其南曲微有不同。明范善溱撰《中州全韻》，清初李書雲有《音韻須知》，王鵕著《音韻輯要》，皆承周氏書而廣之。范氏之書，至今度曲者猶奉爲圭臬。清代欽定曲譜，謂北曲宜準《中原音韻》，南曲宜準《洪武正韻》。然《洪武正韻》並未通行。故詞人作曲，除南曲入聲尚據《洪武正韻》外，概以《中原》、《中州》二書爲準也。夫韻之陰陽，在平聲至易別晰；上去二聲，甚不易明。故《中原音韻》，平聲而外，不別陰陽。

至《中州全韻》，乃將上去二聲，分別陰陽，足供度曲者之參考。

若夫四聲之辨，本爲易事，前幅已詳言之。惟入爲瘂音，欲調曼聲，必分配於平上去三聲之中，始能唱出。故南曲雖有入聲，亦惟短腔速斷時，能得其真相；苟在長調中，延長其音，則亦與平聲無異矣。此外更有爲吾人所必當知者：詞韻上去雖可通用，而平入必當獨押，不能與他聲混淆（詞中亦有以入聲作平上去用者，其例見《詞林正韻發凡》，此爲例外）。製曲用韻，可以平上去通叶，且無入聲（南曲有入聲似可謂爲例外），此其所異也。又《中原音韻》諸書，"支思"與"齊微"分二部，"寒山"、"桓歡"、"先天"分三部，"家麻"、"車遮"分二部，"鹽咸"、"廉纖"分二部，於曲則然，於詞則否。此其相異之點也。

形義音韻，已如右述。然字各分立，義不相屬；若欲兼異實之名，以論一意（《荀子·正名篇》語，據王先謙《集解》引王念孫說改論作諭），則文法尚矣。《易》曰："艮其輔，言有序。"（艮卦），《詩》云："出言有章。"（《小雅·都人士》）曰章曰序，謂字句綴屬得宜也。《禮記·學記》："一年視離經辨志。"孔穎達疏曰："離經，謂離析經理使章句斷絕也。"方以智《通雅》引作："離經辨句。"謂羸於六經，使時習之，先辨其句讀也。是則古人小學，必先講解經理斷絕句讀也，明矣。夫知所以斷絕句讀，必先明所以集字成句之理。是非文法之所有事乎？《左傳》載春秋時人引詩，往往標舉篇章次第。知爾時離析章句，爲學者所習爲。其後漢人解析衆書文句，亦有章句。《易》則有施孟梁丘章句。《書》則有歐陽大小夏侯章句。《春秋》則有《公羊》、《穀梁》章句左氏尹更始章句。《孟子》則有《趙岐》章句。班固賈逵作《離騷經章句》。王逸作《楚辭章句》。他書不及偏舉。

原章句之體，本以辨析文理，敷暢辭義。乃末流碎義逃難，便辭巧説，馳逐不反，以多爲貴。秦延君增《師法》至百萬言。説《堯典》篇目兩字十餘萬言。但説《曰若稽古》三萬言。此則破析經文，與章句之本義乖矣。是以桓榮受朱普學章句四十萬言，減爲二十三萬言，其子郁又删省成十二萬言。夏侯勝稱："章句小儒，破碎大道。"揚雄班固皆恥之而不爲。知章句之末流，爲人詬病甚矣。

然細繹章句之道，固與近日文法，有相通處。其在古代，舍是固不足以通辭理；故昔人雖病其煩瑣，而亦不能遽廢置之也。厥後劉勰論文，亦以章句命篇。其言曰："句者，積字以分疆。"又曰："因字而生句。"又曰："句之清英，字不妄也。"又曰："句司數字，待相接以爲用。"此土人士明積字成句之理，當莫晰於彦和之言矣。然篇由章成，章由句積，句由字生。字之所由相聯而不妄者，固宜有共循之途轍。華夏先哲，皆未言及。推尋其由，蓋以積字成句，一字之義果明，數字之義，亦必無不明。是以中土但有訓詁之書，初無文法之作。所謂"振本末從，知一萬畢"。非有闕略也。爲文章者，雖無文法之書，而亦能闇與理合者，則誦讀古書，師範舊作；能憭古人之文義者，未有不能自正其文義者也。洎乎晚清，丹徒馬建忠氏，學於西土。取彼成法，析論此方之文。成《文通》十卷。張設科條，標舉品性。考驗經傳而無不合，駕馭衆製而無不宜。茂矣哉，前世未之有也。蓋聲律天成，而沈約覩其秘；文法本具，而眉叔析其理。謂之絶學，豈虚也哉？《文通》而後，繼作甚衆。補苴罅漏，條理益密。選善拔尤，則章士釗《中等國文典》，劉復《中國文法通論》，陳承澤《國文法草創》，其上焉者也。今諸書具在，凡致思於文法者，均宜覽省。兹爲篇幅所限，僅以關於文法之要者著於篇，其詳不及備論矣（參看《文心雕龍·章句篇札記》）。

研求文法，首宜辨析詞類。詞類之名，諸書互異，兹以拙著《中國文法綱要》及章氏書爲準。

一曰名詞。凡字之表事物之名者屬之。其類有五：曰特別名詞，其名爲一人一物所獨有，非他人他物所可借用者也。如“諸葛亮”、“中華民國”是也。曰普通名詞。普通名詞者，名詞之可通用於同類者也。韓愈《獲麟解》曰：“角者吾知其爲牛，鬣者吾知其爲馬。”所謂牛馬者，凡“牛”皆得謂之“牛”，凡“馬”皆得謂之“馬”，非一牛一馬所能據爲私有也。曰集合名詞。集合名詞者，群衆集合之總名也。如云：“二千五百人爲師，五百人爲旅，五家爲隣；五百家爲黨。”所謂師旅者，乃集合若干人之總名；所謂鄉黨者，乃集合若干家之總名也。曰物質名詞。物質名詞者，謂其物有一定之原質，爲他物之所從出者也。如《荀子·勸學篇》曰：“冰水爲之而寒於水。”水爲冰之所從出，則所謂“水”者，即物質名詞也。曰抽象名詞。抽象者，對具體而言也。“鳥獸蟲魚”，確然存在，有形可指；故亦稱具體名詞。“黑白道德”，徒存色相，不可觸辨，謂之抽象名詞。抽象名詞，無所附麗於實體，故多由動詞形容詞轉變而來。如孟子曰：“白馬之白也，無以異於白人之白也。”（《告子上》）“白馬之白”與“白人之白”，上“白”字均爲形容詞，下“白”字皆爲抽象名詞也。又如馬援《誡兄子書》曰：“憂人之憂，樂人之樂。”上“憂樂”字均爲動詞，下“憂樂”字皆抽象名詞也。

二曰代名詞。其類有四：曰人身代名詞。人身代名詞有三稱：第一人稱，如“吾我予余”等字是也。第二人稱，如“爾汝子你”等字是也。第三人稱，如“彼其之他”等字是也。曰指示代名詞。指示代名詞者，用以指示一切事物或前文之名詞也。如孟子曰：“賢者亦樂此乎？”（《梁惠王上》）“此”字指前文鴻雁麋鹿而言。又如《史記·陳丞相世家》：“高帝南過曲逆，上其城。望見其屋室甚大。”兩“其”字皆指曲逆，猶言曲逆之城，曲逆之屋室也。曰疑問代名詞。疑問代名詞者，用以發問以釋己之疑者也。如“誰”、“孰”、“何”、“什麼”等皆是。曰不定代名詞。不定代名詞者，其所代之人或物，非能確指，乃泛指者也。如“凡”“或”“某”、“人們”、“人家”等皆是。惟此種代名詞，皆非發問。故與疑問代名詞有別。如孟子曰：“或勞心，或勞力。”（《滕文公上》）兩“或”字皆不定代名詞也。

三曰動詞。其類有三：曰自動詞。其動作留於施者之自身，而不及乎外者也。如揚雄《解嘲》：“子胥死而吳亡，種蠡存而越霸。”“死、亡、存、霸”四字，皆自動詞也。曰他動詞。其動作必有所施，故凡他動詞皆有止詞。如《孟子》：“舜使益掌火，益烈山澤而焚之。”（《滕文公上》）“使”、“掌”、“烈”、“焚”四字，皆他動詞；以有“益”、“火”、“山澤”、“之”’四者爲之止詞也。曰助動詞。動詞不能獨立爲一種動作，而惟言動作之形式者也。如《韓非子·說難》：“昔者鄭武公欲伐胡。”“欲”字即助動詞也。

四曰形容詞。形容詞者，所以肖事物之形者也。形附事物而存，故形容詞所狀止限於名詞。約有四類：曰性狀形容詞。性狀形容詞者，用以示事物之性態者也。如“孝子慈孫，孤臣孽子”。“孝、慈、孤、孽”四字皆是。曰指示形容詞。凡指示代名詞用作形容詞者皆屬之。如《孟子》：“是心足以王矣。”（《梁惠王上》）“是”字即指示形容詞也。曰疑問形容詞。凡疑問代名詞用作形容詞者,謂之疑問形容詞。如《孟子·梁惠王上》:“是誠何心哉?”“何”字即疑問形容詞也。曰數量形容詞。數量形容詞者,用以示事物之數量程度者也。如“六律”(示數)、“多金”、(示量)、“大志”(示度),“六”、“多”、“大”諸字皆是也。

五曰副詞。副詞者,用以狀動詞形容詞及其他副詞者也。約有四類:曰普通副詞。如《孟子》:“宋牼將之楚。”(《告子下》)“將”字用以表時。《漢書·陸賈傳》:“君王宜郊迎北面稱臣。”“郊”、“北”二字用以表地。《漢書·韓信傳》:“軍殊死戰。”“殊”字用以表其情態。凡此皆普通副詞也。曰否定副詞。凡副詞表示否定及禁止之意者皆屬之。如《孟子·梁惠王上》:“見牛未見羊也。”(表否定)《史記·項羽本紀》:“毋妄言,族矣。”(表禁止)“未”、“毋”兩字皆是也。曰疑問副詞。疑問副詞,乃由疑問代名詞轉來者。如《論語·先進篇》:“夫子何哂由也?”“何”字是也。曰數量副詞。凡副詞用以表示數量者皆屬之。如曹丕《與吴質書》:“徐陳應劉,一時俱逝。”《史記·封禪書》:“涇渭皆非大川。”“俱”、“皆”兩字皆是也。

六曰介詞。介詞者,用以連實字相關之義者也。其置於名詞之前者,謂之前置介詞。如《莊子·盜跖篇》;“尾生與女子期於梁下。”“與”、“於”兩字是也。其置於名詞之後者,謂之後置介詞。如《漢書·霍光傳》:“立少子君行周公之事。”“之”字是也。

七曰連詞。連詞者,文中有彼此相待之詞與句,從而連接之之詞也。約有三種,曰平列連詞。平列連詞者,連接獨立相等之詞句者也。如《孟子·梁惠王下》:“鄒與魯鬨。”《史記·大宛列傳》:“終不得入平城,乃罷而引歸。”“與”、“乃”二字皆是。曰陪從連詞。陪從連詞者，連接附屬詞與主詞或附屬句與主句之詞也。如《論語・陽貨》："夫子莞爾而笑。"《史記・田儋列傳》："縱彼畏天子之詔不敢動，我獨不愧於心乎？""而"、"縱"兩字皆是。曰關聯連詞。關聯連詞者，兩詞前後呼應相輔而行者也。如《論語・八佾篇》云："與其媚於奧，甯媚於竈？"又《先進篇》云："如用之，則吾從先進。""與"與"甯"，"如"與"則"，相輔而用，其意始達，是即關聯連詞也。

八曰助詞。動詞形容詞能寫語意，而不能傳語氣。助詞者，所以助動詞形容詞之不及，而用以傳語氣者也。其類有四：曰傳信助詞。傳信助詞者，所以表語意之已決定者也。如《論語・公冶長篇》："朽木不可雕也。糞土之牆，不可杇也。"兩"也"字皆是。曰疑問助詞。疑問助詞者，所以表語意之有疑難者也。如《孟子・公孫丑上》："夫子當路於齊，管仲晏子之功，可復許乎？""乎"字是也。曰感歎助詞。感歎助詞者，所以表感歎之語氣者也。如《論語・雍也篇》："堯舜其猶病諸！""諸"字是也。惟此類助詞，多與疑問助詞相混；故必細審其上下文氣，始能定之。曰命令助詞。命令助詞者，所以傳命令之語氣者也。如《尚書・舜典》："帝曰俞！汝往哉！"《僞孔傳》曰："不許其讓，敕使往宅百揆。"故此"哉"字爲命令助詞。

九曰感歎詞。感歎詞者，傳聲之詞也。憂樂之情，藉以表之。常獨立而無所附。且除傳聲之外，亦無若何意義也。其在句首者，如《戰國・趙策》："嘻！亦太甚矣，先生之言也！""嘻"字是也。其在句中者，如《莊子・徐無鬼》："戒之哉！嗟乎！無以汝色驕人哉！""嗟乎"兩字是也。其在句末者，如《後漢書・逸民傳》梁鴻《五噫歌》："陟彼北邙兮，噫！顧覽帝京兮，噫！宮室崔嵬兮，噫！人之劬勞兮，噫！遼遼未央兮，噫！"

五"噫"字是也。

詞之分類,數窮於九。今世人所論列,其立名或異,其實質則不逾乎此。若依其性質言之,又可併爲五類:名詞代名詞,表實體之詞也。動詞,表叙述之詞也。形容詞副詞,表區別之詞也。介詞連詞,表關節之詞也。助詞感歎詞,表情態之詞也。

詞之分類,已詳於前。其配合數詞以顯一意而辭意已完足者,謂之句。辭意未完而語氣可少頓者,謂之讀。所謂讀者,即句中之句。其在句中,或用如名詞,或用如形容詞,或用如副詞。《馬氏文通》言之甚詳,茲不多述。

至於句之構造,則必具主格賓辭二者,始能成立。蓋凡爲言者,必先言所爲語之事物,次言其事物所有之動静。言所爲語之事物,即所謂"主格";言其事物所有之動静,即所謂"賓辭"也。例如《論語·公冶長篇》:"子說。""子",主格也;"說",賓辭也。又如《孟子·梁惠王上》:"孟子見梁惠王。""孟子"主格也;"見梁惠王",賓辭也。辨句之法,但察其主格賓辭完具與否,即可知其大略矣。句之種類,約分爲四:

一曰叙述句。此句之最普通者,就本事而直陳之者也。如《論語·學而篇》:"君子務本。"此叙述句之肯定者;又如《論語·爲政篇》:"君子不器。"此叙述句之否定者也。

二曰疑問句。凡有疑而發問者,皆屬之。例如《史記·項羽本紀》:"誰爲大王爲此計者?"此以代名詞表疑問者也。《項羽本紀》又曰:"君安與項伯有故?"此以副詞表疑問者也。《項羽本紀》又曰:"沛公不先破關中,公豈敢入乎?"此以助詞表疑問者也。

三曰命令句。凡兩人對語,此方對於彼方,施以命令,謂當如此或不當如此。若此者，謂之命令句。如《孝經》："復坐！吾語汝！"是也。

四曰感歎句。凡句中見喜怒哀樂之情者，皆屬之。如《論語·子路篇》："子曰：野哉由也。"此以助詞表感歎之意者也。又如《項羽本紀》："唉！豎子不足與謀！"此以感歎詞表感歎之意者也。句讀之分，已如上述。辨之之法，惟在視其辭意完具已否。此今世之恆言，人所共知者也。然考之於古，則讀實句之異名；連言句讀者，乃複語而非有異義也。

按《說文》："丶，有所絕止，而識之也。"(《說文解字》第五上)施于聲音，則語有所稽，宜謂之丶；施於篇籍，則文有所介，宜謂之丶。一言之駐，可以謂之丶；數言聯貫，其辭已究，亦可以謂之丶。假借爲讀，所謂句讀之讀也。凡一言之停駐者用之。或作句投，或作句豆，或變作句度，其始皆但作丶耳。句之語原作𠄌。《說文》："𠄌，鉤識也。從反 S。"(第十二下)是𠄌亦所以爲識別，與丶同意。段玉裁《說文注》："褚先生補《滑稽傳》：東方朔上書，凡用三千奏牘，人主從上方讀之，止輒乙其處，二月乃盡。此非甲乙字，乃正𠄌字也。"《聲轉》爲曲。曲古文作凵，正象句曲之形。凡書言"文曲"，言"曲折"，言"曲度"，皆言聲音於此稽止也。又轉爲句。《說文》曰："句，曲也。"(第三上)，句之名，秦漢以來衆儒爲訓詁者乃有之。此由諷誦經文，於此小住，正用鉤識之義。故段注曰："凡章句之句，亦取稽留可鉤乙之意。"準斯以談，則句讀二字之本義，但取聲氣可稽，不問辭意完具與否也。故語氣已完，可稱爲句，亦可稱爲讀；語氣未完，可稱爲讀，亦可稱爲句。《文通》有句讀之分，不過取便學者耳，非古義已然也。

蓋文章與語言，本同一物。語言而以吟咏出之，則爲詩歌。凡人語言聲度,不得過長,過長則不便於喉吻,雖辭義未完,而辭氣不妨稽止。驗之恒習,固有然矣。文以載言,故文中句讀,亦有時據辭氣之便而爲節奏,不盡關於文義。至於詩歌,其句度齊同,又本無甚長之句。摯虞《文章流别論》謂古詩有九言者,顔延之以爲:"聲度闡緩,不協金石。"(《庭誥論詩》)斯可謂諳製句之原者矣。夫詩之分句,但取聲氣可稽,義完與否,實非所問。如《關雎》首章四句,以文法格之,但兩句耳。"關關雎鳩","窈窕淑女",但當爲讀,蓋必合下句而義始完也。今則傳家並稱爲句。故知詩之句,徒以聲氣分之也。又如《定之方中》篇:"樹之榛栗,椅桐梓漆。"《七月》篇:"十月納禾稼,黍稷重穋,禾麻菽麥。"自文法言,皆一句也;而傳家仍分爲二若三。此又但以聲氣論也。其最長者,如《韓奕》篇:"王錫韓侯,淑旂綏章,簟茀錯衡,玄衮赤舄,鉤膺鏤鍚,鞹鞃淺幭,鞗革金厄。"一句二十八字。後世韻文,如欧陽修之《祭尹師魯文》,蘇軾之《祭歐陽文忠公文》,有一句長至三十餘字者。使但誦爲一句,中無稽止,不幾令人唇吻告勞矣乎?

詩歌既然,無韻之文亦爾。如《書·臯陶謨》曰:"予欲觀古人之象日月星辰山龍華蟲作會宗彝藻火粉米黼黻絺繡五彩彰施於五色作服。"自文法言亦僅一句。然當帝舜出言時,必不能使聲氣蟬聯,中無間斷。故知自聲勢言,謂之數句可也。《左傳》載臧僖伯諫隱公之辭,有曰:"鳥獸之肉不登於俎,皮革齒牙骨角羽毛不登於器,則公不射。"累二十四字而成一句。當其發語之時,其稽止之節,固已數矣。後世散文,如曾鞏《南齊書序》有曰:"是可不謂明足以周萬事之理,道足以適天下之用,智足以通難知之意,文足以敍難顯之情者乎?"又曰:"是豈可不謂明不足以周萬事之理,道不足以適天下之用,智不足以通難知之意,文不足以敍難顯之情者乎?"又曰:"然顧以謂明不足以周萬事之理,道不足以適天下之用,智不足以通難知之意,文不足以敍難顯之情者,何哉?"句法奇長,非中加稽止,不便誦讀也。

準上所論,句讀二名,本無分別。稱句稱讀,隨意而施。學習文字者,當知句讀有係於音節與係於文義之異。以文義言,雖累百名而爲一句,既不治之以口,斯無嫌於冗長。句中不更分讀可也。以音節言,字多則不便諷誦,隨其音節以爲稽止,雖非句而謂之句可也。學者目治之時,宜知文法之句讀;口治之時,宜知音節之句讀。乃今之好事者,又於句讀之外,別立"停"名。(見《小說月報》第十七卷號外《中國文學研究》上劉大白《中國舊詩篇中的聲調问題》)是徒多增糾紛,豈可謂之深察名號也哉?(參看《文心雕龍章句篇札記》)

詞句之理既明,則諸詞之功用,可得而論矣。《馬氏文通》卷十有曰:

> 第二卷之論名字代字者,所以知起詞(即主格)之所從出也。後四卷之論動靜字(即形容詞)者,所以知語詞(即賓辭)之所由生也。七卷之論介字者,爲夫起詞語詞之意或有不足也;則知所以足之者也。八卷之論連字者,爲夫語詞與語詞之或相承轉也;則知所以維繫之者也。九卷之論助字者,爲夫語詞辭氣之有疑有信也;則知所以傳之者也。猝有所感,則辭氣不及傳而發而爲聲者,附以歎字終焉。字分九類,凡所以爲起詞語詞者盡矣。

往作《中國文法綱要》,於各詞與文學之關係,辨之甚析。

今略爲增刪，轉錄如左：

> 中土文字，單音孤立。惟如是也，故有五七定形之詩，四六駢儷之文。夫文字既有定數，則爲之詞者，長短不同，豈能盡合？故減《三國志》爲《國志》，附堯舜以唐虞；不過湊字而已，並無他意也。又中土美文，聲韻是崇。平仄韻部既有定準，而字音未必盡合。故改晴天爲晴昊，變室家爲家室；不過調聲湊韻而已，亦無他意也。嘗謂增減字數，變易名稱，爲文家要事；然必有助文采，無害情理，方爲有當也（此即名詞而論，實則其他詞類，亦有增減變换者，其理亦同於此）。更尋字數之所以增減與夫名稱之所以變换，尚不僅因於文辭之形式及聲韻二者；與讀者之心理，亦有關焉。蓋厭故喜新，人之常情；舊名屢見，易生玩忽。故不曰勤，而曰勞動；不曰儉，而曰節制；不曰仁，而曰良心；不曰義，而曰服務；甚至不曰感興，而曰烟士披里純；不曰游宴，而曰辟克匿克；不曰科學，而曰賽因斯；不曰民本，而曰德謨克拉西。（語本《學衡》二十一期吴芳吉《再論吾人眼中之新舊文學觀》）

改易舊名，並無他意，不過以新奇之名，爲較易動人故耳。近来文字用此法以收效者，不一而足。其當與否，兹姑不論。然亦足見表實之字，不盡沿襲；而今人所云云者，特未深察耳。

《史通·叙事篇》曰："叙事之工者，以簡要爲主。歷觀自古，作者權輿。《尚書》發蹤，所載務於寡事；《春秋》變體，其言貴於省文。斯蓋澆淳殊致，前後異跡。然則文約而事豐，此述作之尤美者也。"蓋文貴簡潔，自古而然。昔人所論，備以盡矣。然簡之之道不一，而用代名詞其一端也。夫一名屢用，在文字固嫌其複，而讀者亦憚其煩，此屬文者所共知也。《孟子》曰："……是何傷哉？彼身織屨妻辟纑以易之也。"(《滕文公下》)若易"是"、"之"爲"仲子之室"、"仲子之粟"，易"彼"爲"仲子"。則字字重書，而行文累贅矣。《馬氏文通》曰："行文所以用代字者。免重複求簡潔耳。"(卷二)信哉此言。

句合主格賓辭而成，前已詳之。故無論何句，必具賓辭；而賓辭之主，厥謂動詞。則動詞與文學之關係，從可知矣。尋詩人之用動詞，其研練之工，尚有可言者：如陶潛《和戴主簿》："神淵寫時雨。晨色奏景風。"二句之神，全在"寫"、"奏"二字。又《使都經錢溪》："微雨洗高林，清飈矯雲翮。"二句之妙，全在"洗"、"矯"二字。又如謝朓《和徐都曹出新渚》："日華川上動，風光草際浮。"其妙處在"動"、"浮"兩字。又如江總《贈袁朗別》："露侵山扉月，霜開石露烟。"其巧處在"侵"、"開"兩字。而所謂"寫"、"奏"等字，皆爲動詞。略舉數例，他亦準是。

其在詞曲中，動辭以研練見工者，更累累皆是，今不多舉。洪邁《容齋續筆》論詩詞改字曰："王荊公絕句云：'京口瓜州一水間，鍾山衹隔數重山。春風又綠江南岸，明月何時照我還？'吴中士人家藏其草。初云又到江南岸，圈去到字，注曰不好，改爲過；復圈去而改爲入，旋改爲满。凡如是十許字，始定爲綠。黄魯直詩：'歸燕略無三月事，高蟬正用一枝鳴。'用字初曰抱，又改曰占，曰在，曰帶，曰要，至用字始定。予聞於錢仲仲大夫如此。今豫章所刻本，乃作'殘蟬猶占一枝鳴'。"(卷八)"綠"、"用"兩字，皆爲動詞。觀此可知古人简練動詞，不肯輕於定草。蓋一句之中，善用動詞，可使所詠之物，格外生動；而主賓兩辭之關係，或因之更加密切矣。

《文心雕龍·情采篇》曰:"夫水性虚而淪漪結,木體實而花萼振,文附質也。虎豹無文,則鞹同犬羊;犀兕有皮,而色資丹漆,質待文也。"物既如此,文亦式之。夫文之感人,半在描寫。形貌山海,有俟嵯峨浩瀚之形;體勢宮殿,惟賴熠燿焜煌之狀。而諸詞能著是功者,惟形容詞副詞二者而已。如《古詩十九首》:"青青河畔草,鬱鬱園中柳,盈盈樓上女,皎皎當窗牖,蛾蛾粉紅粧,纖纖出素手。……"六句,若去其"青青"、"鬱鬱"、"盈盈"、"皎皎"、"蛾蛾"、"纖纖"諸字,更去其"河畔"、"園中"、"樓上"、"粉紅"、"素"等字,惟餘"草"、"柳"、"女"、"當窗牖"、"粧"、"出"、"手"九字;而文學色采,全爲減削。所謂"青青"、"鬱鬱"等字者,非形容詞即副詞也。嘗思摹聲肖貌,寫情狀物,爲文家要事,而副詞形容詞能著其功;則二詞之有關文學也,亦大矣。謂余不信,試檢屈宋之辭,馬揚之賦,稍事分析,即知余言不謬也。

介詞之用,在連實字相關之義,前已言之。《文心雕龍·章句篇》曰:"之而於以者,乃劄句之舊體。"故介詞在辭賦駢文中,其用甚大。如《離騷》:"彼堯舜之耿介兮,既遵道而得路;何桀紂之昌被兮,夫唯捷徑以窘步。惟黨人之偷樂兮,路幽昧以險隘;豈余身之憚殃兮?恐皇輿之敗績。忽奔走以先後兮,及前王之踵武;荃不察余之中情兮,反信讒而齌怒。""之"、"以"諸字,幾於無句不有。其與文學之關係,可想見矣。

爲文敷陳事理,必有起接轉捩之字,爲之脈絡線索。故連詞之用,亦甚大也。欲提起所言,必用"夫"、"蓋"諸字。《孟子·離婁上》:"夫人必自侮,而後人侮之。……"《史記·高祖本紀》:"蓋聞王者莫高於周文,……"是也。欲承接上文,必用"而"、"則"諸字。《史記·貨殖列傳》:"淵深而魚生之,山深而獸往之，人富而仁義附焉。"《禮記·大學》："財聚則民散，財散而民聚。"是也。欲反上文而另轉新義，必用"然"、"顧"諸字。《史記·高祖本紀》："上曰：王陵可，然陵少戇。"《刺客列傳》"吾每念痛於骨髓，顧計不知所出耳！"是也。舉此數例，他亦準是。其在辭賦中，"若乃至夫"諸字，尤爲習見。其用甚著，不贅論矣。

音樂之感人，以聲音之長短曲折而異。其音愈長，則其感人也愈深；其曲折愈多，則其入人心也愈易。從知古樂之所以淪亡，而胡樂之所以獨盛者，非無故矣。惟文亦然。中國古代文學，分南北兩派。北派之代表爲《詩經》，南派之代表爲《楚辭》。《楚辭》之字句，較《詩經》爲長，此人所共知者也。然文章音節之長短，不僅關於字句，而助詞與有力焉。蓋"乎哉矣也，亦送末之常科"(《文心雕龍·章句篇》語)。餘聲於是乎存，故也。嘗試離析全部《詩經》，《雅》、《頌》之中，"兮、只"諸字絕少；持較《國風》，不及什一；而諸國之中，尤以鄭衛二風，用"兮、只"諸字爲多。然以儒家提倡雅樂之故，鄭衛之詩，斥爲浮聲；淫者非他，謂其長也(《國語》韋注：淫，久也)。夫既以音長爲不雅，何怪北派文學之不盛哉？反觀《楚辭》，則《離騷》、《九章》，二句之中，多間以"兮"；《招魂》一篇，兩句之末，率尾以"些"。是知楚人之音，固較北方爲長也。職是之由，是以漢後辭賦，蔚此大觀；而四言之詩，罕有作者；五言七言，亦由此而起，非以屈宋之故哉？準斯以談，則助詞與文學之關係，固亦大矣。

衛宏《關雎序》曰："情動於中而形於言，言之不足，故嗟歎之。"夫文學之用，在乎抒情；而情之现於外者，則喜怒哀樂也。然喜怒哀樂之在人身，可見之於形色；其在文辭，則多半傳之以聲音。如是，則感歎詞尚矣。前舉梁鴻《五噫歌》，其文情之美，半在五“噫”之聲。若去“噫”字，更復有何意味乎？由是觀之，則感歎詞與文學之關係，亦甚重也。惟尋古人之用歎字，皆情有所感，有不得不發之勢，故其用之也寡，而位之也當。乃自欧蘇以後，文人多濫用感歎詞，以爲發舒文氣之用；於是遇有結束提開過脈處，無可轉者，輒用感歎詞别開議論。其弊至於近代，初學爲文者，若一篇之中，不用“嗚呼”等字，則文氣即因之以弱；而爛套俗調，因之以生，學者應知所戒焉。(《馬氏文通》卷九亦有此論)

準上所談，文法與文學關係之大，可見一斑。然謂文法爲作文之基礎則可；若無論爲何等文，皆株守文法，不敢尺寸易，則拘泥之弊，亦足爲累。蓋文法者，科學也，可應用於一切文字者也；文學者，藝術也，以新奇見功者也。明乎文法，可使文字明通，而文章作品，不僅求通而已，尤以“美”爲能事。通常之文，叙事説理，其目的在使人曉然明白；而文學作品，則不僅使人明白而已，尚須使人受其感動也。惟如是也，故通常文字，其行文必合文法；而文學作品，雖不必乖於文法，然因其目的不同，實未能盡以文法律之；且時有造句違乎常軌，或顛倒文法上之詞位，其文辭更見優美者。習文學者，不可不明此理也。前舉江淹《恨賦》及杜甫《醉時歌》，即其最著之例(見第五篇)。杜詩又云：“香稻啄餘鸚鵡粒，碧梧棲老鳳凰枝。”(《秋興八首》)雖不謀於文法，於文學價值無損也。今人或謂韓愈《祭十二郎文》“嫂嘗撫汝指吾而言曰”一句，誤用“吾”字，不懂文法(《胡適文存》卷三《國語文法概論》)。又謂林紓《論古文之不當廢》文中“方姚卒不之踣”一句，不合文法，可謂不通(《胡適文存》卷一《寄陳獨秀》)。或謂《燕山外史》、《聊齋志異》、《淞隱漫錄》諸書，直可謂全篇不通（錢玄同《寄陳獨秀》）。夫所謂文法者，本於何種原理？果自有其歷史與習慣乎？抑至近世而始定乎？爲此論者，適足以見笑而自點耳，於被譏者何傷哉？語言有古今之別，詞例亦有今昔之分，不可非古而是今，亦不可强今以從古也。《左傳·昭公十九年》："諺所謂室於怒，市於色。"順言當云怒於室，色於市，此句中倒字之例也。《詩·小雅·節南山》："弗問弗仕，勿罔君子。式夷式已，無小人殆。"順言當云無殆小人。此倒字叶韻之例也。《左傳·閔元年》："爲吴太伯不亦可乎？猶有令名，與其及也。"順言當云與其及也，猶有令名。此倒句之例也。《周禮·春官·宗伯》："大宗伯之職，……以肆獻祼享先王。"以次第言，祼在先，獻次之，肆又次之。此倒序之例也（以上倒文例）。《左傳·定公四年》："楚人爲食，吴人及之。奔，食而從之。"奔不言楚人，食而從之不言吴人。此蒙上省文之例也。《詩·豳風·七月》："七月在野，八月在宇，九月在戶，十月蟋蟀入我牀下。"在野、在宇、在戶，皆謂蟋蟀也。不言者，因下省。此因下省文之例也。《左傳·莊公二十二年》："敢辱高位以速官謗。"敢，不敢也。此語急省文之例也。《易·同人·九三》："同人先號咷而後笑。象曰：同人之先。以中直也。"象意當說同人之先號咷而後笑，以中直也。此因前文已具而省文之例也。《論語·鄉黨》篇："沽酒市脯不食。"當云沽酒不飲。此以疏略而省文之例也。《書·西伯戡黎》："我生不有命在天？"言有命在天也。此反言省疑詞之例也。《禮記·檀弓下》："悼公之喪，季昭子問於孟敬子，曰：爲君何食？敬子曰：食粥，天下之達禮也。吾三臣者之不能居公室也，四方莫不聞矣。勉而爲瘠則吾能，毋乃使人疑夫不以情居瘠者乎哉？我則食食。"自吾三臣者以下，皆昭子之詞。此記兩人之言省曰字之例也(以上省文例)。《左傳·襄公三十一年》:“繕完葺牆以待賓客。”繕、完、葺三字同義。此同義字複用之例也。《孟子·梁惠王上》:“故王之不王,非挾泰山以超北海之類也,王之不王,是折枝之類也。”此複句之例也。《詩·大雅·緜》篇:“迺慰迺止,迺左迺右。迺疆迺理,迺宣迺畝。”此語詞疊用之例也。《禮記·檀弓下》:“人喜則斯陶。”既言則,復言斯,此語詞複用之例也。《左傳·哀公十六年》:“乞曰:不可得也。曰:市南有熊宜僚者,若得之,可以當五百人矣。”下曰字亦爲乞語。此一人之詞中加曰字之例也。(以上複文例)《論語·鄉黨》篇:“迅雷風烈必變。”揆以迅雷之文,風烈當作烈風。此用字錯綜之例也。《禮記·祭統》:“王后蠶於北郊以共冕服。夫人蠶於北郊以共純服。”鄭玄注:“純服亦冕服也,互言之爾。”此互文見義之例也。《孟子·告子下》:“華周杞梁之妻,善哭其夫,而變國俗。”考之《列女傳》:哭于城下七日,而城爲之崩。此杞梁妻事也,而華周妻亦因以受名。此連類並稱之例也。《論語·憲問》篇:“君子恥其言而過其行。”謂君子恥其言之過其行也。此兩語平列而實相聯之例也。《禮記·表記》:“仁有数,義有長短大小。”按數即長短小大。此兩語似異而實同之例也。《詩·鄘風·柏舟》:“母也天只,不諒人只!”《毛傳》:“天謂父也。”此變文叶韻之例也。《禮記·檀弓下》:“晉獻公之喪,秦穆公使人弔公子重耳。……子顯以致命於秦穆公。”上不言使人爲誰,至後始見子顯之名。此前文隱沒至後始顯之例也。《易·坤》文言:“地道也,臣道也,妻道也,地道無成而代有終也。”不言臣妻,此舉此見彼之例也。《論語·憲問》篇:“愛之能勿勞乎?忠焉能勿誨乎?”焉即之也。此上下文語詞變換之例也。《史記·周本紀》:"尹佚筴祝曰:殷之末孫季紂殄廢先王明德,侮蔑神祇不祀,昏暴商邑百姓,其章顯聞於皇天上帝。於是武王再拜稽首。曰:膺受大命,革殷受天明命。武王又再拜稽首。"於是武王再拜稽首曰九字,夾敘於祝文之中,再拜稽首敍其事;曰者,史佚更讀祝文也。此敍論並行之例也。《左傳·襄公二十五年》:"盟國人於大宮,曰:所不與崔慶者"以下無文。此錄語未竟之例也。(以上變文例)《左傳·隱公十一年》:"天而既厭周德矣。"而,間語也。《詩·小雅·車攻》:"徒御不驚,大庖不盈。"《毛傳》:"不驚,驚也。不盈,盈也。"《詩·邶風·匏有苦葉》篇:"濟盈不濡軌,雉鳴求其牡。"不字用以齊句。以上三者,皆足句之例也。凡若斯類,不勝枚舉。

古人之文,不盡可律以今日文法。讀俞樾《古書疑義舉例》、劉師培《古書疑義舉要補》、楊樹達《古書疑義舉例補》、姚惟鋭《古書疑義舉例補》等書,可以識其大凡。乃今日學者,不此之覩,妄謂古人文字,某句不通,是亦見其少聞多怪,安足與論古今哉?

夫文法本於習慣,其間無理可言也。歐美文句,與日本文句之字位不同;日本文句,與中國文句之字位不同;而各能表達其意,爲一國或數國人所通用。此亦各因所習,無判乎優劣也。攷中國文法,六朝以來,翻譯佛典,雖受印度之影響,而雅俗所作,則仍守先民之故律。近者歐化傳入,二三曲士,喜新好奇,鄙棄祖國,一若自視其生於此腐敗之中國爲甚可恥者。於是因己身不諳祖國之文,遂欲强祖國之文,以從歐西之式,而所謂歐化國語者因之以生。若此類者,實未足以語古今之變,中外之宜,屏而置之可也。

又文法既本於習慣,無理可言。故實際文法,與吾人理想之文法,往往不相侔也。口語曰“什麼”,文言曰“何”。故“什麼東西”爲“何物”,“什麼人”爲“何人”。然既有“何人”,何必更有“誰”、“孰”兩字?若謂造“誰”、“孰”兩字,專爲代替“何人”,免除煩冗,而“何求”、“何欲”之類,却單用一“何”字。何不另造一字,代替“何物”乎?“何求”、“何欲”之“何”,通常皆指物言,不能指人,故“彼爲誰”不能謂“彼爲何”。吾人若强爲分別,則作“什麼”解釋之“何”,可歸作一類,而作“什麼人”解釋之“誰”、“孰”,與作“什麼東西”解釋之“何”,互相對待,又可歸作一類。然如《史記·淮陰侯列傳》云:“今大王誠能反其道,任天下武勇,何所不誅?以天下城邑封功臣,何所不服?”何所不誅者,猶云所不誅者誰;何所不服者,猶云所不服者誰也。則“何”字用於“所”字之前,又可指人矣。又如“奚”、“胡”、“曷”三字,皆可作“何”用。故言“何以”,可易作“奚以”、“胡以”、“曷以”;言“何爲”,可易作“奚爲”、“胡爲”、“曷爲”。然言“何故”之時,則止可易作“曷故”,不可作“奚故”、“胡故”。而言“何人”、“何物”之時,則“奚人”、“胡人”、“曷人”、“奚物”、“胡物”、“曷物”,均不可易(舉例略本劉復《中國文法通論》)。凡此皆實際文法之習慣,與理論文法有異,學者不可不察也(此段略錄舊著《中國文法綱要》)。

文法之職,在使文通,而文學作品,不僅以通爲能事,尤必以美爲歸依,則修詞學尚矣。修詞之術,莫要於謀篇安章。古人所論,有足述者。陸機《文賦》曰:

> 或仰逼於先條,或俯侵於後章。或詞害而理比,或言順而義妨。離之則雙美,合之則兩傷。考殿最於錙銖,定去留於毫芒。苟銓衡之所裁,固應繩其必當。

此言成篇之後，猶須改定。務使義各按部，詞能就班，方爲當也。李善注云："言銓衡所裁，苟有輕重，雖應繩墨，須必除之。"則定篇安章之法，謹嚴極矣。《文心雕龍·章句篇》曰：

夫裁文匠筆，篇有小大；離章合句，調有緩急。隨變適會，莫見定準。句司數字，待相接以爲用；章總一義，須意窮而成體。其控引情理，送迎際會，譬舞容迴環，而有綴兆之位；歌聲靡曼，而有抗墜之節也。尋詩人擬喻，雖斷章取義；然章句在篇，如繭之抽緒。原始要終，體必鱗次。啓行之辭，逆萌中篇之意；絕筆之言，追媵前句之旨。故能外文綺交，内義脈注，跗萼相銜，首尾一體。若辭失其朋，則羈旅而無友；事乖其次，則飄寓而不安。是以搜句忌於顛倒，裁章貴於順序。斯固情趣之指歸，文筆之同致也。

《鎔裁篇》曰：

規範本體謂之鎔，剪裁浮詞謂之裁。裁則蕪穢不生，鎔則綱領昭暢。譬繩墨之審分，斧斤之斲削矣。駢拇枝指，由侈於性；附贅懸肬，實侈於形。一義兩出，義之駢枝也；同辭重句，文之肬贅也。

凡思緒初發，辭采苦雜。心非權衡，勢必輕重。是以草創鴻筆，先標三準：履端於始，則設情以位體；舉正於中，則酌事以取類；歸餘於終，則撮辭以舉要。然後舒華布實，獻替節文。繩墨以外，美材既斲。故能首尾圓合，條貫統序。若術不素定。而委心逐辭,異端叢至,駢贅必多。

故三準既定,次討字句。句有可削,足見其疎;字不得減,乃知其密。精論要語,極略之體;游心竄句,極繁之體。謂繁與略,隨分所好。引而申之,則兩句敷爲一章:約以貫之,則一章删成兩句。思贍者善敷,才覈者善删。善删者字去而意留,善敷者辭殊而意顯。字删而意闕,則短乏而非覈;辭敷而言重,則蕪穢而非贍。……

《附會篇》曰:

何謂附會?謂總文理,統首尾,定與奪,合涯際,彌綸一篇,使雜而不越者也。若築室之須基構,裁衣之待縫緝矣。夫才量學文,宜正體製。必以情志爲神明,事義爲骨體,辭采爲肌膚,宮商爲聲氣。然後品藻玄黄,摛振金玉,獻可替否,以裁厥中。斯綴慮之恒數也。凡大體文章,類多枝派。整派者依源,理枝者循幹。是以附辭會義,務總綱領。驅萬塗於同歸,貞百慮於一致。使衆理雖繁,而無倒置之乖;群言雖多,而無棼絲之亂。扶陽而出條,順陰而藏跡,首尾周密,表裏一體,此附會之術也。夫畫者謹髮而易貌,射者儀毫而失牆。銳精細巧,必疏體統。故宜詘寸以信尺,枉尺以直尋,棄偏善之巧,學具美之績。此命篇之經略也。

夫文變多方,意見浮雜,約則義孤,博則辭叛。率故多尤,需爲事賊。且才分不同,思緒各異。或製首以通尾,或尺接以寸附。然通製者蓋寡,接附者甚衆。若統緒失宗，辭味必亂；義脈不流，則偏枯文體。夫能懸識腠理，然後節文自會。如膠之粘木，豆之合黃矣。是以駟牡異力，而六轡如琴；並駕齊驅，而一轂統輻。馭文之法，有似於此。去留隨心，修短在手，齊其步驟，總轡而已。

故善附者異旨如肝膽，拙會者同音如胡越。改章難於造篇，易字艱於代句，此已然之驗也。

合觀上引三篇，證以《文賦》所言，則於謀篇安章之道，可灼然無疑矣。惟"篇之彪炳，章無疵也"。故明乎安章之法，謀篇之術，可不言而喻。安章之法，要於句必比敘，義必關聯。句必比敘，則浮詞無所容；義必關聯，則雜意不能羼。章者合句而成，凡句必須成詞。集數字以成詞，字與字必相比敘也，集數句以成章，則句與句必相比敘也。字與字比敘，而一句之義明，句與句比敘，而一章之義明。知安章之理無殊乎造句，則章法無紊亂之慮矣。一章所論，必爲一意。一意非一句所能盡，故必累句以明之。而此諸句所言，皆趣以明彼之一意。然則諸句之間，必有相待而不能或離者也。是故前句之意，或啓下文；後句之意，或足上旨。使去一句，則義因之以晦；增一句，則義因之不安。蓋句中一字之增損，足以累句；章中一句之增損，亦足以累章。若知義必關聯，則二意兩出同詞重句之弊，可以祛矣。然臨文安章，每苦杌隉，操末續顛，勢所不免。故彥和說安章要在定準；準則既定，奉以周旋，則首尾圓合，條貫統序，文行之後，與意合符。此則先定篇章，後乃獻替節文，亦綴詞之簡術也。

凡篇章立意，雖有專主；而枝分條別，賴衆詞以成文。揮毫時既有牽綴之功，脱稿後復有補苴之事。文不加點，自古所稀;易句改章,文士恆習。是以彦和復著《附會》之篇,以明修潤之術。究其要義,亦曰總綱領求統緒識腠理會節文而已。大抵文既成篇,更有增省,必須俯仰審視,細意彌縫。否則删者有斷鶴之憂,補者有贅肬之誚。尺接寸附,爲功至煩。故曰:"改章難於造篇,易字艱於代句,此已然之驗也。"總之,安章之術,以句必比敍義必關聯爲歸。命意於筆先,所以立其準;删修於成後,所以期其完。首尾周密,表裏一體,蓋篇章之上選乎!(節錄《文心雕龍·章句篇札記》)

謀篇安章,爲修詞之首術。此外關於修詞,猶有可言者。夫文學作品,乃作者情志之流露,與讀者無與。然即其作用而言,則與讀者之心理,不無關係焉。前論文學之功效,謂陽剛之文,利在刺激;陰柔之文,宜於慰藉。是則作者修辭,與讀者心理,息息相通矣。今世言修詞者,多本人類心理,以明修辭之術,職是故也。往者著《文章論》,中有《修辭》一篇(《文章論》未卒業。《修辭篇》載《覺燈雜誌》第一期),分修辭之術爲二類:一曰引起讀者之注意,二曰引起讀者之興趣。其中舉例,今日觀之,多不愜意。兹雜錄二十例於後,以爲此篇之殿;至詳細詞例,則坊間成書甚多,不勞徧舉也。

(一)清麗　例如鄭谷《杏花》:

小桃初謝後,雙燕恰來時。

(二)穠豔　例如杜荀鶴《春宮怨》:

風暖鳥聲碎,日高花影重。

（三）典重　例如王維《和御製》：

鑾輿逈出仙門柳，閣道遙看上苑花。

（四）刻琢　例如沈佺期《送人北征》：

雲迎出塞馬，風捲渡河旗。

（五）自然　例如賈島《送胡道士》：

却從城裏携琴去，許到山中寄藥來。

（六）寒苦　例如李洞《感知上李侍郎》：

興幽松雪見，心苦硯冰知。

（七）豪壯　例如王貞白《雨後登庾樓》：

虹截半江雨，風驅大澤雲。

（八）閒適　例如方干《題睦州環溪亭》：

閒花半落猶邀蝶，白鳥雙飛不避人。

（九）幽野　例如周賀《江館書事》：

澄江月上見魚擲,荒徑葉乾聞犬行。

(十)新奇　例如龔自珍《美人》:

美人清妙遺九州,獨居雲外之高樓。春來不作空房怨,但折梨花照暮愁。

(十一)微詞　作者出語含蓄,非細心尋求,不能明其本意,是謂微詞。例如杜甫《春望》:

國破山河在,城春草木深。感時花濺淚,恨別鳥驚心。

山河在,明無餘物矣。草木深,明無人矣。花鳥爲平時可娛之物,見之而泣,聞之而恐,則時可知矣。

(十二)冷語　例如《史記·李廣傳》:

今將軍尚不得夜行,何乃故也?

(十三)憤語　例如《史記·項羽本記》:

唉,豎子不足與謀!

(十四)夸大　例如趙至《與嵇茂齊書》:

思躡雲梯,横奮八極,披艱掃穢,蕩海夷岳,蹴崑崙使西倒，蹋泰山令東覆，平滌九區，恢維宇宙。斯亦吾之鄙願也。

（十五）鋪飾　例如杜甫《麗人行》：

三月三日天氣新，長安水邊多麗人。態濃意遠淑且真，肌理細膩骨肉勻。繡羅衣裳照暮春，蹙金孔雀銀麒麟，頭上何所有？翠為㔩葉垂鬢脣；背後何所見，珠壓腰衱穩稱身。……

此種描寫，可使讀者所獲之印象，更加深刻也。

（十六）烘托　烘托與鋪飾不同。鋪饰爲作者對於其對象之本體鋪敍而粉饰之；烘托則藉他物以陪襯其所描寫之物，使人愈覺本物之可愛或可惡也。例如李白《子夜歌》：

秦地羅敷女，採桑綠水邊。素手青條上，紅妝白日鮮。

素手紅妝，已可愛矣。今置素手於青條之上，映紅妝於白日之中，青素相宜，紅白互照，豈不更可愛乎？

（十七）假譬　例如李治《相思怨》：

人道海水深，不及相思半。海水尚有涯，相思渺無畔。

空言相思，不足動人。藉海水爲比，則相思之深，便可見矣。

（十八）虛擬　一切無知識之物，文學家咸能附之以情意。此即所謂擬人格也。例如杜牧《贈別詩》：

蠟燭有心還惜別，替人垂淚到天明。

（十九）投好　此類文字，多爲一人或一部分人而作。試看《戰國策》蘇張輩游說諸侯之詞，何一非因人主嗜好而發乎？莊子說劍，孟子說齊王好樂好勇好貨好色諸段，下至七林之文，皆屬此類。

（二十）嘲諷　談言微中，亦可以解紛。故淳于庭鳥之問，飲酒之對，雖近游戲，實切諷諫。東方朔《答客難》，揚雄《解嘲》，亦此類也。

修詞之例，遽數難終。以上所舉，足見一斑。似此立名舉例，自知難盡愜當。然自張爲《詩人主客圖》、齊已《風騷旨格》、魏慶之《詩人玉屑》（卷三）諸書，已皆如是。蓋舍此更無良術矣。

第十五篇　文學之實質

文學者，以美麗之文辭，表達深摯之情感，及豐富之想像者也。此文學之定義，第一篇論之詳矣。所謂“美麗之文辭”，即文學之工具，前篇所述是已。所謂“深摯之情感”及“豐富之想像”，即文學之實質，本篇所宜討論者也。昔人論诗，一則曰：“哀樂之心感，而歌詠之聲發。”（《漢書·藝文志·六藝略》）再則曰：“情動於中而形於言。”（《關雎序》）是情感爲文學要素，先哲固早已知之。昔人論賦詩之方，一則曰：“感物聯類。”（《文心雕龍·物色篇》）“託諭成章。”（《文心雕龍·比興篇》）再則曰：“寫物附意，颺言切事。”（《文心雕龍·比興篇》）故舊日所謂“比興”，即想像之所在也。惟情感之爲物，變化甚巨；而想像在文學中，亦不恆厥式。欲舉二者析論無遺，至爲難事。故本篇所述，止及其可言者；其所不能辨，則付之闕如。

論文學之情感，可分爲三方面，即作者之情感，文中之情感，與讀者之情感是也。

例如吾人讀《爲焦仲卿妻作》一詩，所謂情者，爲讀者所生之情歟？爲作者作此詩時所感之情歟？抑詩中人焦仲卿劉蘭芝等之情歟？吾人尋常談論間，或兼指三者。如謂情必真摯者，意謂作者當誠感其所感也；謂某戲劇或小説能動人者，意謂其中人物有動人之力也；謂某詩懇切而深摯者，則指讀者所感之情也（參看景昌極錢堃新譯《溫齊斯特文學批評之原理》第三十三頁）。斯三者雖不宜有所輕重，然讀者之情感，實生於文中之情感；而文中之情感，實來自作者之情感。故沿流討源，當以作者之情感爲最要。雖然，讀者受感之淺深，以作品所含動人之力之大小爲比例。吾人讀古今人之詩文，非能親見作者作詩文時之情態；其所以知作者之情感者，實由其作品推測而得。故研究文學上之情感問題，首當研究文中之情感。蓋由文中之情感，始能推定作者之情感與讀者之情感也。文中所含之情，至爲繁賾；析而數之，實非易事。然自先儒分情爲喜怒哀樂愛惡懼七種，後之論文者，亦每析文情爲七。往者鄭君業建著《美文作法》，論描寫人情與聲調之關係（三十九頁至四十頁），亦如是區分。其説如次：

喜　寫欣喜之情，要用純正之音，並强放語勢，使其聲调長而且低。寫壯快之情，聲音要高朗，句調要溫柔短速。

怒　寫激怒之情，聲音要强高，句調要變化。寫嫉妬之情，聲音要上下，句調要强健。寫傲慢之情，聲音要强而猛烈，句調要或長或短。

哀　寫憂愁之情，聲音要弱，句調要柔而長。寫悲傷之情，句調要緩，不可急劇，不可放肆，聲音要低柔。寫痛苦之情，聲音要靜婉，句調要沈鬱。

樂　寫娱樂之情，聲音要高大，調子要長靜。寫滿足之情，語勢要穩而弱，强音不可有高低。寫感悅之情，聲音語勢都要出於自然。

愛　寫親愛之情，聲音不可太高，不可太低，調子要長。寫感服之情，聲音要緩而長。寫尊敬之情，聲音要弱。寫謙遜之情，聲音要低，調子要長而緩。

惡　寫怨恨之情，聲音要由低而高，句調要由緩而急。寫輕蔑之情，要長而下，不可高朗。寫嘲弄之情，調子要長短相間，聲音要高低不同。

懼　寫驚愕之情，聲音要慢慢沈下，到吃緊處，要急而高。句調要常常變化。寫疑惑之情，聲音要低，調子可長緩。

鄭君所論聲音句調，與本篇無關，玆弗論。惟文學中之情感，本有千差萬別，不能以數名拘限之。蓋其所自感者有異，其見於文字者，自亦不同。故同一喜也，而有"欣喜"、"壯快"等之別。同一怒也，而有"激怒"、"嫉妬"、"傲慢"等之別。同一哀也，而有"憂愁"、"悲傷"、"痛苦"等之別。同一樂也，而有"娛樂"、"滿足"、"感悅"等之別。同一愛也，而有"親愛"、"感服"、"尊敬"、"謙遜"等之別。同一惡也，而有"怨恨"、"輕蔑"、"嘲弄"等之別。同一懼也，而有"驚愕"、"疑惑"等之別。此種分類，必不能盡當。即盡當矣，亦不足以盡文中之情。

故溫齊斯特曰："文學所及之情，至繁且賾；析而數之。甚矣其愚。"(《文學批評之原理》第三十三頁）又曰："分析文情，難而無用。"(三十六頁）溫氏之言，可謂深洞文情之微者矣。且文人作品，其中情感，有時頗爲含混。如李商隱詩：

城郭休過識者稀，哀猿啼處有柴扉。滄江白石漁樵路，日暮歸來雨滿衣。(《訪隱者不遇成二绝》第二首)

此詩中所含情感，應屬何類，殊不易斷定矣。故魯士鏗 Ruskin 分詩中情感爲"愛戀"、"敬重"、"讚許"、"愉快"、"憎惡"、"忿恨"、"恐懼"、"悲傷"諸類，溫齊斯特深非之。溫氏曾舉《愛米兒日記》Amiel's Jonrnal 爲例。

夜闌月上，蒼蒼茫茫。好風吹空，游雲流天。大地悠悠，清光下照。萬象岑寂，一心靜樂。星辰閃爍，木葉動搖。上冒銀光，下蔭幽徑。莊嚴神秘，斯爲極矣。於斯時也，令人興，令人慘，令入悲，令人慕。

溫氏曰："此中兼有愛敬讚愉以及悲傷諸情，不言可喻。案諸魯士鏗所言，則將無所適從矣。"(三十六頁及三十七頁)蓋情感之爲物，本不可捉摸。故文人作品，一篇之中，變化多端，常含有多種複雜之情感。《愛米兒日記》，已足爲例。驗之此土文字，亦復如是。如杜甫《北征》：

皇帝二載秋，閏八月初吉。杜子將北征，蒼茫問家室。維時遭艱虞，朝野少暇日。顧慙恩私被，詔許歸蓬蓽。拜辭詣闕下，怵惕久未出。雖乏諫諍姿，恐君有遺失。君誠中興主，經緯固密勿。東胡反未已，臣甫痛所切。

此段兼舍悲傷、慙愧、忿恨諸情。其下文曰：

揮涕戀行在，道途猶恍惚，乾坤含瘡痍，憂虞何時畢？靡靡踰阡陌，人烟眇蕭瑟。所遇多被傷，呻吟更流血。回首鳳翔縣，旌旗晚明滅。前登寒山重，屢得飲馬窟。邠郊入地底，涇水中蕩潏。猛虎立我前，蒼崖吼時裂。菊垂今秋花，石戴古車轍。青雲動高興，幽事亦可悅。山果多瑣細，羅生雜橡栗。或紅如丹砂，或黑如點漆。雨露之所濡，甘苦齊結實。緬思桃源內，益歎身世拙。

此段兼含眷戀、悲傷、欣喜、羨慕諸情。下文又曰：

坡陀望鄜畤，巖谷互出没。我行已水濱，我僕猶木末。鴟鴞鳴黄桑，野鼠拱亂穴。夜深經戰場，寒月照白骨。潼關百萬師，往者散何卒。遂令半秦民，殘害爲異物。

此段兼陳哀傷、恐懼之情。下文曰：

况我墮胡塵，及歸盡華髮。經年至茅屋，妻子衣百結。慟哭松聲迴，悲泉共幽咽。平生所嬌兒，顔色白勝雪。見耶背面啼，垢膩脚不襪。牀前兩小女，補綻才過膝。海圖坼波濤，舊繡移曲折。天吴及紫鳳，顛倒在裋褐。老夫情懷惡，數日卧嘔泄。那無囊中帛，救汝寒凜慄。粉黛亦解包，衾裯稍羅列。瘦妻面復光，癡女頭自櫛。學母無不爲，曉妝隨手抹。移時施朱鉛，狼藉畫眉闊。生還對童穉，似欲忘飢渴。問事競挽鬚，誰能即嗔喝。翻思在賊愁，甘受雜亂聒。新歸且慰意，生理焉能說？

此段又兼陳悲傷、嘲戲、憐愛、欣喜諸情。其下文不必具引，即此已足見文學中所含情感之複雜矣。

又情感之名，有時頗爲含混。如悲傷之與痛苦，輕蔑之與嘲弄，其嚴格之經界，甚難畫定，故呼悲傷之辭爲痛苦，名輕蔑之文爲嘲弄，有時或不能曉然洞見其謬誤。且感情立名，各家互異。觀鄭君與魯士鏗所立，已見歧異。究當以何家爲準？若欲使天下人盡衷於一是，殊非易事。是知言文學之情感，固無取乎博名繁稱而析數之也。

文情之不宜種分類别，已如右述。然則無論何種情感均可入文乎？抑文情應有限制乎？關於此點，依托爾斯泰 Jolstoy《藝術論》所言，則無論何種情感，均能入文。而温齊斯特則謂自私之情與苦痛之情，不得入文學範圍。(三十四頁)近人論文，多宗温氏之説：如沈天葆之《文學概論》，其最著者也。温氏釋自私之情曰：

> 自私之情云者，或貪物以爲己用，或避危以求身安，或復仇以報怨，或鳴謝以感恩，皆文學所不能有之情也。使其情在他人，我從而體貼之，未始不可引起文情。然其情之自身雖甚可欣賞，終不得爲文情也。

尋温氏之言，殆爲一己之見解，不足以盡律古今文人之作品。意謂此種情感不宜入文而已，非謂文人作品中均無此種情感也。若依所説，檢點此土文人之作品，其不違温氏之禁條者，千百之中，恐無一二焉。蓋貪物爲己用，避危求身安，復仇報怨，鳴謝感恩，均出於人情之自然。文學爲發引性靈之物，文人亦何能免此？況情之公私，本難分辨。“入門各自媚，誰肯相爲言？”（蔡邕《飲馬長城窟行》）“天涯風俗自相親。”（杜甫《冬至》）其自媚自親，固出於私；而天下實無人無此情者，私也而鄰於公矣。且文人作品，其情感動機雖出於自私，而每能託爲公正之辭；其自私之情，有絕不見於字裏行間者。此土文人所作，不乏此例。温齊斯特亦非不明此理，其言曰：

> 人有贈我以金錢致我於高位者，以文謝之，則非文情；若揚人之信實與慈善，則爲文情矣。

是無異謂文情可由私易而爲公也。準斯以談，則供奉之文，讒諛之作，尚不能盡汨没其文學之價值也。何也，以其文中所言，或爲揚人之美善，不盡違乎文情也。

總之：據温氏所稱，文學作品之出以自私之情者，以較悲天憫人之作，謂其價值不甚大則可，謂此種情感絕不能容於文學之内，則不可也。乃梅光迪之《文學概論》，直謂文學之情感爲“非我的”，引孔子之歌及《離騷》結語爲例，謂不“傷及一身之失敗”；而深致譏於吾國文人“多身世之感”，是亦賢者之過矣。至温氏謂苦痛之情，不宜入文，實更有大謬不然者。試覽古今文人之作品，離析其情感，其悲感或較樂感爲多。故司馬遷謂：“屈原放逐，乃賦《離騷》。《詩》三百篇，大底聖賢發憤之所爲作也。”（《報任少卿書》）韓愈謂：“大凡物不得其平則鳴……其於人也亦然：人聲之精者爲言，文辭之於言，又其精也；尤擇其善鳴者而假之鳴。……”（《送孟東野序》）歐陽修謂：“詩人少達而多窮，蓋必窮而後工也。”(《梅聖俞詩集序》)屈原賈生以奇才而早世，岳武穆文信國以絕代英雄而無救於宋室之危亡，故令人憑弔不已。諺云：“紅顔薄命。”又曰：“美人無白頭。”若美人多福而白頭，則古往今來多少文章，不必作矣。

中國舊日戲劇小説，多以團圓結局；其所以見誚於世人，亦正以此。梅光迪以文學之情感爲失意的，其論非無故矣。(參看梅氏《文學概論》第四章)閒嘗推尋其理，就作者而言，則人生一百年壽之大齊，得百年者，千無一焉。設有一者，孩提以逮昏老，幾居其半矣。夜眠之所弭，晝覺之所遺，又幾居其半矣。痛疾哀苦亡失憂懼，又幾居其半矣。量十數年之中，逌然而自得，亡介焉之慮者。亦亡一時之中耳(《列子・楊朱篇》)。莊生亦曰：“人上壽百歲，中壽八十，下壽六十，除病瘦死喪憂患，其中開口而笑者，一月之中，不過四五日而已矣。”(《莊子・盜跖篇》)加以社會之污濁，人事之罣礙；故人生不得意事恆八九，可歡笑者無二三。其當失意之時，抒其憂憤，見諸篇章，能得他人之同情，固甚善矣；即不得今人之同情，亦可得後人之同情。故司馬遷云：“人皆意有所鬱結，不得通其道，故述往事思來者。”(《報任少卿書》)即終不爲人所知，其憂憤既已發泄，其痛苦亦可減少。此近世心理學家言，亦有至理存焉。

屈原之言曰：“懷朕情而不發兮，余焉能忍與此終古？”(《離騷》)又曰：“恐情質之不信兮，故重著以自明。”(《九章・惜誦》)又曰：“道思作頌，聊以自救兮。”(《九章・抽思》)斯其驗也。

就讀者而言，人之讀文，其最要之目的，在滿足其心理上之需求，不僅以尋樂爲目的也。故文之言賞心樂事者，固足滿足人心一部分之需要；然此等每不甚爲世所重，其最受歡迎者，則必其可驚可愕可悲可感，讀之而生出無量噩夢，抹出無量眼淚者也。自屈原有《離騷》、《九章》等作，宋玉景差賈誼東方朔嚴忌王褒劉向王逸諸人悲憫其志，乃有《九辯》、《招魂》、《大招》、《惜誓》、《七諫》、《哀時命》、《九懷》、《九歎》、《九思》等篇，是豈以欲樂故而然耶？

蓋嘗論之：人之恆情，於其所懷抱之想像，所經閱之境界，往往有行之不知習矣不察者。無論爲哀爲悲爲怨爲怒爲戀爲駭爲憂爲慚，常若知其然而不知其所以然。欲摹寫其情狀，而心不能自喻，口不能自宣，筆不能自傳。有人焉，和盤托出，澈底而發露之。則拍案叫絕曰："善哉善哉，如是如是！"所謂："夫子言之，於我心有戚戚焉。"感人之深，莫此爲甚。（略本梁啓超《論小說與羣治之關係》）《古詩十九首》之所以佳者，以其爲人人心中所欲言，而人人所不能言；作《古詩十九首》者，能和盤托出，澈底而發露之，其膾炙人口，亦此理也。且悲喜之情，有時甚難判別。慈母愛子，良人嬌妻，十年離別，一旦還鄉，每見入門四顧，相對無言，而彼此淚雨涔涔。此時迸落之淚，爲哀之表現耶？抑樂之表现耶？此殊不易決矣。吾人讀晴雯出大觀園，黛玉死瀟湘館，神魂搖蕩，热淚迸流，而此時情感，亦不能決其必爲悲哀。善哉馬融之言曰："甚悲而樂之。"（《長笛賦序》）可謂道破此中之神秘矣。由是言之，則苦痛之情，不惟非文情之所禁，且爲文情之要素，可斷言也。

此一事也，溫齊斯特非不知之。故溫氏又曰：

> 描寫苦痛之情感與經驗，未始不可爲最高之文學也。悲劇之類是已。夫揆度他人之情，體貼其痛苦，未必即自感痛苦也。試觀武松殺嫂，天下至可敬可怖之事也；黛玉葬花，天下至可憐可痛之事也。然而讀之曷嘗不樂耶？

故知可慕可樂之情，每由痛苦而增；含寃负屈之事，每令讀者生哀憐心也。而哀憐之心轉能得樂者，又有二類：一者，若覺其所憐可加援手，則痛苦祛。否則哀憐轉爲痛苦矣。如一友死於非命，或苦於不救之病症，則覺其痛苦。其横被口語，而吾儕能爲之解釋者，則彌足自樂之類是也。二者，若知其所憐爲詩歌小説中之想像，或爲歷史傳記中之故事，則哀憐又爲可樂矣。不有實力之施，而得惠及他人之樂。見其忍耐憂患則極力贊歎之，見其遭逢艱苦則扼腕咨嗟之。曾無實際可慮之苦，而樂在其中矣。英雄特色，如勇毅，豪俠，超越時势之類，非經痛苦之磨練，不可得見。其所以引起文情者，正此特色之表現，非僅痛苦也。知意志可以勝恐怖，愛情可以輕死亡，斯已足樂。天網恢恢，疏而不失，吾坐而觀之，其爲樂又何如耶？沙士比亞之大悲劇於此諸情，可謂兼之矣。又事雖可悲，苟於我有同情，則終必得樂，尤人所共知者。近世英大詩家之詩，固漠然於宗教上之信仰，而讀者無不受感甚深。蓋詩人所思所覺，實獲我心。足以使人有神交千古之樂，與四海皆兄弟之思故也。是以可悲可傷之經驗，爲人類所共有者，每易引起快樂之同情。例如由少而老，精力日就衰頹，萬事同歸於盡，爲人類所同感。措之得宜，即爲高尚文思。由此可知佳妙文學未有率爾而表苦痛者，必將引起健全之感情。質言之，求其可樂而已。

觀温氏之言，其主張實近於中庸之道。蓋温氏視文學爲勸誨誘掖之物，故惟恐引起讀者不健全之情感也。其實苦痛之情，未必即引起不健全之情感，斯實温氏之過慮矣。

或曰：今人深致譏於無病呻吟之文，謂虛僞之情，不宜入文。其主張是耶非耶？

曰：文情之宜深摯，宜真實，古人固早有明言，不待今人而始知也。《文心雕龍·情采篇》曰：

夫鉛黛所以飾容，而盼倩生於淑姿；文采所以飾言，而辯麗本於情性。故情者文之經，辭者理之緯，經正而後緯成，理定而後辭暢，此立文之本源也。

昔詩人什篇，爲情而造文；辭人賦頌，爲文而造情。何以明其然？蓋風雅之興，志思蓄憤，而吟詠性情，以諷其上，此爲情而造文也；諸子之徒，心非鬱陶，苟馳夸飾，鬻聲釣世，此為文而造情也。故爲情者要約而寫真，為文者淫麗而煩濫。而後之作者，採濫忽真，遠棄風雅，近師辭賦。故體情之製日疏，逐文之篇愈盛。故有志深軒冕，而汎詠皐壤；心纏幾務，而虛述人外。真宰弗存，翩其反矣。夫桃李不言而成蹊，有實存也；男子樹蘭而不芳，無其情也。夫以草木之微，依情待實；況乎文章，述志爲本，言與志反，文豈足徵？

《日知錄》卷十九《論文辭欺人》曰：

《黍離》之大夫，始而搖搖，中而如噎，既而如醉，無可奈何而付之蒼天者，真也。汨羅之宗臣，言之重，辭之複，心煩意亂，而其詞不能以次者，真也。栗里之徵士，淡然若忘於世，而感憤之懷，有時不能自止而微見其情者，真也。其汲汲於自表暴而爲言者，僞也。

古人論文,似此者甚多。前論文學與個性,已略徵及。文情忌虛僞,貴真摯,實古今之定論也。雖然,所謂深摯真實之情,亦就讀者之所感於作品中者而言;而作品中之情,未必即全爲作者自身所感之情也。王國維之論元曲曰:"寫情則沁人心脾,寫景則在人耳目,述事則如其口出。"(《宋元戲曲史》第十二章《元劇之文章》)

夫所謂沁人心脾之情,亦止謂其作品中所含之情感能沁人心脾而已;其情果出於作者自身與否,讀者所不宜問也。準斯以談,吾人若謂深摯真實之情,必出於作者之自身;其非出於作者之自身者,吾人即譏爲"無病呻吟",爲"虛僞",則亦不能無過矣。

蓋文學作品中,如《詠懷》之詩,述情之詞,固多出於作者之自感,與"深摯真實"四字相符。然徧覽古今之作品,實未能盡如《詠懷》述情之詩詞也。如《古詩爲焦仲卿妻作》,沈德潛謂其佳處在"雜述十數人口中語,而各肖其聲口性情"(《說詩晬語》卷上)。苟如前言,將謂作者同時兼具仲卿蘭芝等十數人之性情乎?吾知其必不然矣。再如關漢卿作雜劇六十餘種,此六十餘種中之人物,聲口性情,各不相同。果如前說,則其中之人物,均爲漢卿之自述乎?吾知其必不然矣。更如施耐菴之《水滸傳》,寫梁山泊好漢之性情,各不相同。施氏一人,必不能兼具一百餘人之性情。又如曹雪芹之《紅樓夢》,其中所寫寶玉黛玉寶釵襲人晴雯等數百人,皆有其個性。曹氏一人,必不能兼具數百人之性情。由是觀之,文學作品之情感,非必作者自身所具有明矣。

或曰:苟知是,則此種情感,何自來乎?

應之曰：溫齊斯特有言："情在他人我從而體貼之。"此種情感，實由體貼而來也。情感之由體貼而来者，其體貼苟能細微周密，亦與深摯真實之情感無異；故其動人也，亦與作者自身之情感無異。自來藝術家，其摹寫人情物態，殆皆有此種功夫。侯方域《馬伶傳》言馬伶李伶二人同奏《鳴鳳記》於金陵，馬恥出李下，易衣而遁。去後且三年，馬伶歸，復與李伶更奏《鳴鳳》。李忽失聞，匍匐稱弟子。人過馬伶曰："子天下之善技也，然無以易李伶。李伶之爲嚴相國至矣，子又安從授之而掩其上？"馬伶曰："固然。天下無以易李伶，李伶又不肯授我。我聞今相國崐山顧秉謙者，嚴相國儔也。我走京師，求爲其門卒三年，日侍崐山相國於朝房。察其舉止，聆其語言，久乃得之。此吾之所爲師也。"

羅大經《鶴林玉露》曰：

> 曾雲巢無疑工畫草蟲，年邁愈精。予嘗問其有所傳乎？無疑笑曰：是豈有法可傳哉？某自少時取草蟲籠而觀之，窮晝夜不厭。又恐其神之不完也，復就草地間觀之，於是始得其天。方其落筆之際，不知我之爲草蟲，草蟲之爲我也。此與造化生物之機緘，蓋無以異，豈有可傳之法哉？

又曰：

> 唐明皇令韓幹觀御府所藏畫馬。幹曰：不必觀也。陛下廐馬萬匹，皆臣之師。李伯時工畫馬，曹輔爲太僕卿，太僕廨舍御馬皆在焉。伯時每過之，終日縱觀，至不

暇與客語。大概畫馬者,必先有全馬在胸中。若能積精儲神,賞其神駿,久久則胸中有全馬焉。信意落筆自超妙。所謂用意不分乃凝於神者也。

文章之道,亦豈異此?沙克雷著《鈕康氏家傳》,自言叙鈕康太尉之死,曾痛哭數日,其體貼人情之苦,於此可見矣。吾人讀《桃花源記》而悠然神遠,讀《虬髯客傳》而盎然意壯。作者當日搆思之情態,不可不回憶也。乃後進之士,於此等處,每漠然視之,致古人苦心,化爲無有。李商隱詩云:"良工巧费真爲累,楮葉成來不直錢。"(《一片》)玉溪之歎,豈徒然哉?

析數文學中之情感,固爲至愚之事;然若遂謂文學中之情感,絕對不可類分,則又有大謬不然者。閒嘗取古人作品,尋繹其旨,分析而綜合之,知文學中之情感,即其發動之方式而言,大抵不外三端:一爲由時間上所生之情感,一爲由空間上所生之情感,三則直抒或曲陳其情感,不涉及時間空間之關係者也。例如岑參《故王維右丞堂前芍藥花開悽然感懷》詩曰:

芍藥花開出舊闌,春衫掩淚再來看。主人不在花常在,更勝青松守歲寒。

又如劉禹錫《傷愚溪》:

溪水悠悠春自來,草堂無主燕飛迴。隔簾惟見中庭草,一樹山榴依舊開。

上舉二詩,其情感之表现,半在兩"舊"字。蓋用兩"舊"

字，其人亡物在之感，始顯然於字裏行間矣。凡感新懷舊之作，皆此類也。此其一。

又如李白《越中覽古》：

越王勾踐破吴歸，義士還鄉盡錦衣。宫女如花滿春殿，祇今惟有鷓鴣飛。

又如李白《蘇臺懷古》：

舊苑荒臺楊柳新，菱歌清唱不勝春。只今惟有西江月，曾照吴王宫裏人。

上舉二詩，其情感之表現，半在"祇今惟有"四字。蓋有此四字，而今昔盛衰之情，始曉然於字裏行間矣。凡弔古傷今之作，皆此類也。此其二。以上二類，其情感皆由時間而生。餘可類推，茲不多舉。

又如王勃《蜀中九日》：

九月九日望鄉臺，他席他鄉送客杯。人情已厭南中苦，鴻雁新從北地來。

又如杜審言《渡湘江》：

遲日園林悲昔遊，今春花鳥作邊愁。獨憐京國人南竄，不似瀟湘水北流。

上舉二詩。其情感之表現，半在南北二字，有此二字，其思鄉懷土之情始見。此其一。

又王昌齡《送魏二》：

醉別江樓橘柚香，江風引雨入舟涼。憶君遙在瀟湘月，愁聽孤猿夢裏長。

又如王維《送韋評事》：

欲逐將軍取右賢，沙場走馬向居延。遙知漢使蕭關外，愁見孤城落日邊。

上舉二詩，其情感之表现，第一首半在"遙在"兩字，第二首半在"遙知"兩字。蓋有此等字，其送行贈遠之情始見。此其二。以上二類，其情感皆由空間而生。餘可類推，不烦多舉。

又如王維《與盧員外象過崔處士興宗林亭》：

綠樹重陰蓋四隣，青苔日厚自無塵。科頭箕踞長松下，白眼看他世上人。

此詩後二句直抒其狂傲之情，與時間空間無大關係。

又如張旭《山行留客》：

川光物態弄春輝，莫爲輕陰便擬歸。縱使晴明無雨色，入雲深處亦沾衣。

此詩後二句曲陳其留客之情，與時間空間無大關係。凡此皆直抒或曲陳其情感，不涉及時間空間之關係者也。文學中之情感，雖千差萬別，大抵不出此三類之外。試取古今文學作品分析之，即知余言之不謬；不過其文字間之表现方法有不同耳。

然又有不可不知者，此三類情感，恒互相關聯，故上舉諸例，若細爲分析，有一詩兼具二種或三種情感者。此以某詩屬某類，謂其某種情感分子較多，非謂絕無他種情感雜於其間也。文學中之情感，既不出以上三類；故文學家描寫一物，其由此一物所生之情感，亦不出此三種方式之外。例如張若虛之《春江花月夜》，胡小石先生謂："詠月之作，此篇爲千古絕唱。"（《張若虛事蹟考略》）今析其寫月之情，亦如以上所云。其詩曰：

> 春江潮水連海平，海上明月共潮生。灧灧隨波千萬里，何處春江無月明？江流宛轉遶芳甸，月照花林皆似霰。空裏流霜不覺飛，汀上白沙看不見。江天一色無纖塵，皎皎空中孤月輪。

以上除灧灧二句與空間有關外，大抵皆寫月夜清曠，隱寓幽情。其下文曰：

> 江畔何人初見月？江月何年初照人？人生代代無窮已，江月年年祇相似。不知江月待何人，但見長江送流水。

此數語由時間生出。下文又曰：

白雲一片去悠悠，青楓浦上不勝愁。誰家今夜扁舟子？何處相思明月樓？可憐樓上月徘徊，應照離人妝鏡臺。玉戶簾中捲不去，擣衣砧上拂還來。此時相望不相聞，願逐月華流照君。

此數語由空間生出。下文曰：

鴻雁長飛光不度，魚龍潛躍水成文。

此兩句直抒然疑之情。下文曰：

昨夜閒潭夢落花，可憐春半不還家。江水流春去欲盡，江潭落月復西斜。

此四句又自時間生出。下文曰：

斜月沉沉藏海霧，碣石瀟湘無限路。不知乘月幾人歸？

此三句又由空間生出。其結語曰：

落月搖情滿江樹。

此又直抒其情也。

情感爲文學之要素，前幅已略論之。然文學之目的，不僅作者自表其情感而已；除自表之外，兼欲動讀者之情感也。欲動讀者之情感，必先求其情感具體而確實；欲其情感具體而確實，則非乞靈於想像不爲功。吾人讀《史記・趙世家》秦阬趙降卒四十餘萬，其受感之深，不及讀《紅樓夢》黛玉一人之死。是何也？《紅樓夢》所表現者，具體確實，栩栩若生，灼然如在目前；而《史記》未能如是也。故文學中之情感，非有想像喚起之，不能底於具體確實之境，不易動讀者之情。

例如李白《贈汪倫》：

> 李白乘舟將欲行，忽聞岸上踏歌聲。桃花潭水深千尺，不及汪倫送我情。

"桃花潭水深千尺"，吾人所謂想像也。必有此句，汪倫送客之情，始能具體確實。

又如武則天《如意曲》：

> 看朱成碧思紛紛，憔悴支離爲憶君。不信比來常下淚，開箱驗取石榴裙。

看朱成碧，憔悴支離，淚落紅裙，皆所以喚起"憶君"之情也。不有此數種想像，烏從動人乎？昔王國維論詞，拈出"境界"二字。推境界之構成，實想像之所有事也。王氏之言曰："紅杏枝頭春意鬧。着一'鬧'字而境界全出；雲破月來花弄影。着一'弄'字而境界全出矣。"(《人間詞話》)夫春意既不解鬧，花影亦何所弄？叩之事理，實不可通。然作者想像既出於此，讀者讀之，亦彌覺杏枝雲月之生動矣。

關於想像之解釋，各家互有別異。愛迪生 Addison 之"想像快樂論"（參看田漢《文學概論》第二十及二十一兩頁），亞歷山大 Alexanaar 之"詩與個性"（參看田漢《文學概論》二十二及二十三兩頁），波桑葵 Bernard Bosaguet 之《美學三講》（參看汪馥泉譯本間久雄《新文學概論》第三十三頁），其最著者也。溫齊斯特分文學中之想像爲三類：一曰創造之想像，二曰聯想之想像，三曰解釋之想像。梅光迪沈天葆之《文學概論》，均宗其說。本間久雄亦盛稱其"貫穿事實之精細"（汪譯第三十四頁）。今略取其說以備論焉。溫氏釋三類之定義如次：

> 創造之想像者，本經驗中之分子，爲自然之選擇而組合之，使成新構之謂也。苟此組合一任己意，不循諸理，則謂之幻想矣。（六十七頁）
>
> 聯想之想像者，聯想有同類之情之事物意象或感情之影像者也。若此聯想不根據於同類感情，則其作用謂之幻想。（六十九頁）
>
> 解釋之想像者，洞見一物精神上之價值與意義，而抉出其精粹所在者以表見之者也。（七十一頁）

關於第一類者，如陶潛之《桃花源記》，其中所用"時代"、"地名"、"漁者"、"桃花"、"芳草"、"桑竹"、"溪水"、"山"、"光"、"屋舍"、"良田"、"美池"、"雞犬"、"酒"、"男女"、"黃髮垂髫"等，皆平日所經驗者。今選出而組合之，遂成一極樂社會，戲劇小說家之創造人物，亦悉如是。此種想像所構成之全體，蘄然新創，爲前此所未有者，故名之曰創造之想像。

關於第二類者，如高明《琵琶記》吃糠中之一段是已。其文如下：

(旦吃糠嘔吐介)

〔雙調過曲〕(孝順兒)(旦)嘔得我肝腸痛，珠淚垂，喉嚨尚兀自牢嗄住。糠呵，你遭礱，被舂杵，篩你，簸揚你，吃盡控持；好似奴家身狼狽，千辛萬苦皆經歷。苦人吃着苦味，兩苦相逢。可知道欲吞不去！

〔前腔〕(旦) 糠和米，本是同依倚，卻遭簸揚作兩處飛，一賤與一貴，好似奴家與夫婿，終無見期。丈夫你便是米呵，米在他鄉沒處尋。奴家便是糠呵，怎地把糠來救得饑餒！好似兒夫出去，怎地教奴供養得公婆甘旨。

〔前腔〕(旦)思量我生無益，便死不值甚的，倒不如忍饑死了爲怨鬼！只是公婆老年紀，靠奴家共依倚，只得苟活片時！片時苟活雖容易，到底日久也難相聚！漫把糠來相比！這糠尚有人吃，奴的骨頭知他埋在何處！

此段文字，初以糠之產生，念及己身經歷之辛苦；繼因糠而念及米，糠米一貴一賤，遂以爲己身似糠，丈夫似米。末則以糠尚有人吃，念及己身之不如糠。其痛苦之情，因而益彰矣。此種心理作用，與前之創造想像，非能盡同，故特名之曰聯想之想像。

由此推之，想像之活動，殆純由情感之衝激，五娘覩糠生情，思及己身；己身之情，乃益深摯。其所以能適當而和諧者，以其發諸同一之感情也。此段文字，蓋因內懷深感，外覩異物，因外物而益增内感。故内感非外物所喚起，實内感喚起外物耳。然無論文中之情，或發自内心，或感物而興，而其爲想像活動之基者，則實爲情感，此可斷言也。凡文學作品之覩物懷人，見新感舊，由一事而念及盛衰興廢，因一物而窮盡萬物變化，其中想像，大抵皆屬此類。

關於第三類者，景昌極錢堃新曾舉駱賓王《在獄詠蟬》爲例。其詩曰：

> 西陸蟬聲唱，南冠客思深。不堪玄鬢影，來對白頭吟。露重飛難進，風多響易沈。無人信高潔，誰爲表予心？

此中想像，與前述二種，又皆不同。無嶄新創造之全體，無同等情感影像之回憶，惟將人情中事物之真義，直接表出而已。蟬之爲物，不可以他喻，又非如他物之可以任意幻想也。乃“来對白頭吟”之“玄鬢影”，可以其“高潔”，“表予心”之高潔者也。故文學家見物之真性，而本其精神描寫之，亦謂之想像。雖不得視爲創造或聯想之作用，固亦一種解釋之作用也。其初似一種直覺，繼則本其精神上之價值，而出以極精確之描寫者也。夫精神上價值之概念，足以增感覺經驗之意義。人而無此，則人生實無甚價值矣。譬如吾人携一犬遊於廣平之原野，或於中夏沈寂之夜，周覽六合，或立乎海畔而窺洪波之滔滔。則吾人所見，無非景色而已。此犬雖與吾人有種種不同，而眼球之構造則同。其所見者，或正與吾人等。然景色之足以動吾人勵吾人者，則非犬之所能知矣。苟取其動勵吾人者而分析之，則動人之物亦不可得而見。所可見者，客觀方面不過巖石水草等物。更進而分析之，則爲化學之原子，如是而已。夫化學上之原子，豈能怡人之神，娱人之心？其所以能怡神娱心者，整個具體之物耳，精神上不可言說之魔力耳；非分析所得而解釋者也。

夫周覽風景所起之情感，雖當感受程度最高之時，常含想像；若逕謂爲想像，則亦不確。故文學作品純粹描寫客觀之物體，不涉及作者之感情者，讀之恆令人生厭。高尚之作品，必有見乎精神上之意義與價值，所以爲情之真因者，其想像乃能成立。當刻意求達其所見使不失真之時，必覺想像有完全之必要。蓋物性真意之所在，乃表現事物之所憑，必將明確見之，非晦昧混含所能奏效也。駱賓王謂蟬爲："露重飛難進，風多響易沈。"然螳螂蜉蝣之飛，絡緯螽斯之響，亦皆如是。若以易之，則爲不當。蓋蟬之爲物："蜕於濁穢，以浮游塵埃之外。"(《史記·屈原賈生列傳》)古用以表高潔，而高潔乃想像中蟬之真性也。故此種想像，可謂爲解釋的。其所以異於聯想之想像者，彼以一物情感相同之影像表現其情，而此則舉其足以含蓋全體之精神性者而解釋其物耳。換言之，即深觀萬物生命之謂，亦表现物之真義與其最深價值之謂也。古今作品中之想像，此類最多，今不多舉。

惟關於此類想像，猶有爲吾人所不可不知者。凡文之瑣屑描寫，不能令人親覩其狀，則恆使人厭倦。圖畫家有層見叠出之景，不能使之悉入圖畫。蓋瑣屑之風景，人實不能一一記憶，使常在目前也。人當憶其所見構成一圖時，無論其所見者若何親切，必知其爲圖，僅有數點明晰，他則曖昧混淆而無定狀矣。人所譎知之風景，猶不能憶而繪之；况其未必目睹者，而可以瑣碎斷片成其描寫乎？使有能之者，文人亦不必步學。

以風景之動人，不在所見之碎屑，乃在其全體之精神或想像之勢力也。是故文學家寧取解釋，不願描寫。見物之精神之所在，則謹守之。知其所得之偏，實較全者爲貴也。體物之想像，所以異於非想像者，以其一則孜孜寫其所見，一則集中於少數特殊動人之印象而已。例如溫庭筠《商山早行》：

晨起動征鐸，客行悲故鄉。鷄聲茅店月，人迹板橋霜。槲葉落山路，枳花明驛牆。因思杜陵夢，鳧雁滿迴塘。

夫早行所見，豈止如中兩聯所陳者？是知其所寫者，特其最重要者耳。然吾人讀此四句，早起之景，已顯然在目矣。他如李白之《廬山謠》、《蜀道難》，其寫廬山蜀道，亦皆如是。若韓愈之《南山》詩，連用五十餘"或"字，以寫南山之情狀，雖一邱一壑之微，無不曲形盡肖。其工力之深，誠爲常人所不及。然瑣碎之景，使人讀未終篇，已爲繁辭所困矣。非然者，其讀後所感，亦適如孟郊所云"南山塞天地，日月石上生"而已。是知文人敷陳景物，固貴精要不貴繁多也。

世之言想像者，均謂與幻想有別，溫齊斯特之論，亦復如是，似若幻想非文學所需要者。實則不然。即依溫氏所言："幻想者，想像之自由活動，而無理知爲之約束指導者也。"(六十七頁)是則所謂幻想，本爲想像之一部分，惡能擯之於想像之外乎？大多數之文學作品，本止訴諸感情，不必定以理智爲之約束指導。故文人作品，絕不能責之以真實。溫氏之論理想有曰："理想之爲言，絕不背於理，亦不謬於真，特異於其實際耳。"(七十三頁)然則所謂幻想者，亦求其不背乎人情可矣，惡能追究於有無之間耶？如前所舉之《桃花源記》，世間實無其地，未嘗不可呼之爲幻想也。然此種幻想，實足以滿足人生精神上之需要，文學之功用，即在乎此。是可證人類精神之要求，未必皆爲真實之事也。推是言之，中國文人好寫神鬼妖怪，其所寫亦不背乎人類精神之要求。如《神女賦》、《洛神賦》，其所寄託之神女洛神，不過理想中之美女；而文中所寫之情，固世間兒女所同具也。又如《聊齋誌異》中之鬼狐，固爲科學家所否認；而其所寫鬼狐之行動，則亦與常人無異。故胡適謂其"於理想主義之中，帶寫實性質"(《論短篇小說》)。蓋文人之寫神鬼妖怪，實以其所感於人事者，寄之於神鬼妖怪耳。吾人見其所寫爲神鬼妖怪，遂名之爲無理之幻想；見其所寫爲賈寶玉林黛玉，遂名之爲高尚之想像。實則神鬼妖怪與林黛玉賈寶玉，同歸無有，同爲一例耳。

總之：文學爲情感之產物，情感無辨別真僞之力。故文學作品，止求其能滿足精神需要可矣。其乖乎真實與否，讀者實不暇辨，亦不必辨。此文學之領土，所以較科學哲學爲大也。

上述而外，又有一事爲吾人所必當知者。想像用於文學，常與情感相連。故高深之想像，恆與情感同其發達；而廣博有力之想像，未有與冷澀淡薄之情感相合者也。想像之發展，既與情感相密合。倘其一有靡弱頹敝之虞，則其他亦必有相同之病矣。(《文學批評之原理》八十一頁)是故其感情之縱恣放蕩者，則想像恆流於虛幻，太白之詩是已。其想像高卓者，其感情亦深固而强烈，秩然有節，工部之作是也。

第十六篇　文學之分類

昔孔子删詩,以三百篇分隸《風》、《雅》、《頌》三類。《風》有周南召南邶鄘衛王鄭齊魏唐秦陳檜曹豳之别,《雅》有小大之異。《頌》析爲周魯商。是即文學分類之所由昉也。

厥後《漢書·藝文志序》詩賦爲五種。而五種之中,賦居其四:一曰屈原賦,二曰陸賈賦,三曰孫卿賦,四曰雜賦。凡隸於屈賈孫三家下者,多有主名;而雜賦之屬,則不詳姓氏。是知孟堅所分,大抵以人爲主者也。

曹丕《典論》析文爲"奏議"、"書論"、"銘誄"、"詩賦"四科,陸機《文賦》分爲"詩"、"賦"、"碑"、"誄"、"銘"、"箴"、"頌"、"論"、"奏"、"説"十類。此殆論文適然,不足以括盡衆製;然後來因體分類,魏文實肇其端矣。摯虞《文章流别論》,李充《翰林論》,今皆不傳。依學者所輯,摯論尚存"頌"、"詩"、"七辭"、"賦"、"箴"、"銘"、"誄"、"哀辭"、"文"、"圖讖"、"碑銘"諸名(張鵬一校補《摯太常遺書》卷三),李書則有"書"、"讚"、"表"、"駮"、"論"、"奏"、"盟檄"等目(嚴可均《全晉文》五十三),全書散亡,莫由考識矣。

任昉《文章緣起》分爲八十四題，其目如下：

三言詩　四言詩　五言詩　六言詩　七言詩　九言詩　賦　歌　離騷　詔　策文　表　讓表　上書　書　對策　上疏　啓　奏記　牋　謝恩　令　奏　駮　論　議　反騷　彈文　薦　教　封事　白事　移書　銘　箴　封禪書　讚　頌　序引　志錄　記　碑　碣　誥　誓　露布　檄　盟文　樂府　對問　傳　上章　解嘲　訓　辭　旨　勸進　喻難　誡　弔文　傳讚　謁文　祈文　祝文　行狀　哀策　哀頌　墓誌　誄　悲文　祭文　哀詞　挽詞　七發　離合詩　連珠　篇　歌詩　遺命　圖　勢　約

彦昇之書，《四庫提要》謂爲後人僞撰；今所以復稱引者，亦聊以備一說耳。尋其所分，多以題目爲準，不問内藴如何，凡篇名有異者，輒爲另立一類。王得臣謂其："既載相如《喻蜀》，不錄揚雄《劇秦》；錄《解嘲》而不收韓非《說難》；取劉向《列女傳讚》，而遺陳壽《三國志評》。"(《麈史》)蓋若如是區分文類，固難免漏略之譏也。

劉勰《文心雕龍》自稱："上篇以上，綱領明矣。下篇以下，毛目顯矣。"(《序志篇》)所謂上篇以上者，謂書記以前二十五篇也。然此二十五篇中，自《原道》至《正緯》，皆總論文源；《辨騷》以下，始分論文體。今檢此二十一篇，劉氏所分，殆有以下各類：

騷　詩　樂府　賦　頌讚　祀盟　銘箴　誄碑　哀

弔　雜文(兼包對問,七,連珠,典,誥,誓,覽,略,篇,章,曲,操,弄,引,吟,諷,謠,詠等體)　諧隱　史傳　諸子　論説　詔策　檄移　封禪　章表　奏啓　議對　書記

觀劉氏所分,似知以類相從,然亦未能盡善。又舉古今載籍,欲盡以文學囊括之,故史傳諸子等,悉以入録,是其疵也。

蕭統《文選》,所録作品,固鮮瑕纇;而分體立名,亦未能臻於完善。《文選》分文爲三十九類,其目如下:

賦(分京都,郊祀,耕藉,畋獵,紀行,遊覽,宮殿,江海,物色,鳥獸,志,哀傷,論文,音樂,情十五類)。

詩(分補亡,述德,勸勵,獻詩,公讌,祖餞,詠史,百一,遊仙,招隱,反招隱,遊覽,詠懷,哀傷,贈答,行旅,軍戎,郊廟,樂府,挽歌,雜歌,雜詩,雜擬二十三類)。

騷　七　詔　册　令　教　文　表　上書　啓　彈事　牋　奏記　書　移　檄　難　對問　設論　辭　序　頌　讚　符命　史論　史述贊　論　連珠　箴　銘　誄　哀　碑文　墓誌　行狀　弔文　祭文

《文選》以下,總集之著名者,有姚鉉《唐文粹》,吕祖謙《宋文鑑》,莊仲方《南宋文範》、《金文雅》,張金吾《金文最》,蘇天爵《元文類》,薛熙《明文在》等書。分類或愈趨碎雜,竊其意似以多爲貴也。《唐文粹》之總目如下:

古賦

宮殿

聖德　失道

京都　郊廟　符寶　象緯　閱武　誓師　海

名山　華卉草木　鳥獸昆蟲　古器　物景

決疑　修身　哀樂愁思　夢

詩

古今樂章

古樂章　今樂章

琴操（附）楚騷體　效古詩　樂府辭

功成作樂　古樂　感慨　興亡　幽怨　貞節

愁恨　艱危　邊塞　神仙　俠少　行樂　追悼

愁苦　鳥獸花卉　古城道路

古歌調篇

古風　雜興　傷感　懷古　懷賢　集會　餞送

行役　懷寄　失意　疾病　傷悼　知己　交友

規誨　紀贈　散逸　俠少　登覽　勝槩　幽居

山居　傷歎　寺觀　廟社　邊塞　圖畫　古器物

樂器　草木　禽獸昆蟲　道路　月明河　風雨露

雪　江海泉水　宮禁　神仙　感遇　詠史　慨歎

感物　春感　秋感

頌

盛德大業　封禪　神武　時政　豐年　祥應　高

世　政德

古賢宰　良牧

興利　靈跡　高道　宗理　祠祀　監牧

贊

帝王　將相功臣　庶官　孝子　古賢　名臣　浮

圖　圖畫　鷙鳥　絶藝　雅樂　橋梁

表奏書疏

表

尊號　肆赦　政事　獻事　配祭　教化

請削爵　抑損外戚

書奏

政事　傅導　崇儒　大葬　駮廟號　進貢　佛寺　邊事

疏

政事　學校　巡按　罷兵　寺觀　關市　亢旱

復位　去濫賞　去濫刑　彈奏　誅戮

奏

尊號　赦宥　舉官　府庫　内人　無濫賞

兵機　論功　檄(附)　露布(附)　制策

文

帝王

踐祚　封禪　祝壽　告謝　徽號　肆赦　戒勵　恕死　謚册　哀册

后妃

謚册　哀册

弔古　雷霆　軍政　畏途　祛癘　責檄　傷悼（題哀辭後附）

論

天　帝王　封禪　封建　興亡　正統　辨析　文質

經旨　讓國　兵刑　臨御　諫諍　孌惑　前賢

失策　降將　佞臣

議

郊寢　明堂　雅樂　車服　刑辟　謚議　古諸侯世子謚議　歷代是非　喪制

古文

五原　三原　五規　二惡　書　隱書　古漁父　時議　言語對答 經旨　讀　辯　解　說　評　符命　論兵　析微　毀譽　時事　變化

碑

嶽瀆祠廟　聖帝　先聖　大儒　高士　義士　忠烈　忠臣　純臣 烈女　古跡　土風　遺愛　貞義　姦雄　英傑　妃主　宰輔　使相　節制　庶官　牧守　紀功　家廟　釋　釋道

銘

名跡　高道　忠孝　暴虐　浮圖　橋梁　宅　井　冢　宰輔　節制　庶官　牧守　賢宰　命婦　賢母　隱居

記

古跡　陵廟　水石巖穴　外物　府署　堂樓亭閣　興利　卜勝　館舍　橋梁　井　浮圖　災沴　讌會　讌犒　書畫琴故物　種植

箴誡銘

書

論政　論兵　論易　論禮　論國語　論制詔　論書　論史　論選舉　論諫諍　論仕進　論虛无　論法乘　論服餌　論文　薦賢　師資　自薦　激發　哀鳴　忿恚　切磋 規　誨　諭

序

集序　天地　修養　琴　博弈　鳥獸　果實　著譔
唱和聯題　歌詩　錫宴　讌集　餞别

傳錄記事

題傳後　假物　忠烈　隱逸　奇才　雜伎　妖惑
錄　紀事

《唐文粹》分類,本較《文選》爲简;惟各類子目,繁雜可笑,蓋多因事而立名也。《宋文鑑》總目如次:

賦　律賦　詩

四言　樂府歌行(雜言附)五言古詩　七言古詩
五言律詩　七言律詩　五言絕句　六言絕句　七言絕句

雜體

星名　人名　郡名　藥名　建除　八音　四聲
藏頭　離合　回紋　一字至十字　兩頭纖纖
五雜組　了語不了語　難易言　聯句　集句
騷(如骚者亦附)　詔　勅　赦文　册　御札　批答　制　誥　奏疏　表牋　箴銘　頌　贊　碑
記　序　論　義　策　議　説　戒　制策　說書
經義　書　啓　策問　雜著　對問　移文　連珠
琴操　上梁文　書判　題跋　樂語　哀辭　祭文
謚議　行狀　墓誌　墓表　神道碑銘　傳　露布

《南宋文範》總目如次:

賦　騷　辭　樂章樂歌　詩

　四言　樂府歌行　五言古詩　七言古詩

詔勅　册文　批答　赦　制誥　檄　奏疏　繳指揮　進故事

經筵講義　表　箋　啓　書　箴　銘　頌　贊　廟碑　御試策　試策　策問　記　序　策　議　論　說　言　辨解　史斷　義　答問　講義　題跋　勸諭文　祈謝文　上梁文　祭文　哀詞　謚議　行狀　傳記　書事　墓銘　墓表墓碣　神道碑

《金文雅》總目如次：

賦　五言古詩　七言古詩　詔令　册文　奏疏　表　書　箴　銘　頌　贊　廟碑　上梁文　記　序引　議　論　原　說　題跋　祭文　哀辭　傳　墓銘　墓表　墓碑

《金文最》總目如次：

賦　樂章　騷　詔令　册文　制誥　鐵券文　策問　表　奏疏　箴　銘　贊　頌　記　序　跋　書　劄子　議論　辨　說　原　文　牒檄　榜　指揮　關符　碑　墓碑　塔碑　行狀　哀辭　祭文　傳　疏　青詞朱表榜　雜著　附錄

《元文類》總目如次：

賦　騷　詩

樂章　四言　五言古　樂府歌行　七言古　雜言

雜體　五言律　七言律　五言絕句　七言絕句

詔赦　册文　制　奏議　表　牋　箴　銘　頌　贊

碑文　記　序　書　說　題跋　雜著　策問　啓

上梁文　祝文　祭文　哀辭　謚議　行狀　墓誌銘

墓碣銘　墓表　神道碑　傳

《明文在》總目如次：

賦　朝會郊社樂章　鐃歌鼓吹　琴操　古詩四言　古詩五言　古詩七言　古詩歌行　律詩五言　律詩七言　律詩五六言斷句　律詩七言斷句　騷　七　演聯珠　詔　制　誥　祝　册　諭　祭文　策問　檄　露布　頌　表　箋　啓　奏疏　贊　箴　銘　原　議　論　辨　說　書　經史序　應制序　文集序　詩集序　樂府序　志譜序　忠孝序　記遊序　贈賀序　送行序　壽序　節壽序　學官記　書院記　應制記　德政記　圖像記　寺廟記　書齋記　山水記　工作記　勅建碑　聖廟碑　精忠碑　勳德碑　神道碑　墓碑　墓表　墓誌銘　傳　行狀　錄書事　雜志　銘　冠詞　字詞　哀詞　誄詞　祭文　公移　題跋

綜觀上目，以較《蕭選》。或彼無而此有，或彼簡而此繁，殆爲一代作品所限，非必故爲別異；然各體盛衰之消息，亦可於此中窺見。至言及分類之當否，則彼此相形，實一邱之貉，莫能相勝也。

昔蘇軾論《文選》，謂其“拙於文而短於識”(《答劉沔書》)，吴子良譏其“別騷於賦”(《林下偶談》)，姚鼐謂其“分體碎雜，立名可笑”(《古文辭類纂序目》)。章学誠《文史通義·詩教下》論之曰：

> 若夫封禪美新典引，皆頌也，稱符命以頌功德，而別類其體爲符命；則王子淵以聖主得賢臣而頌嘉會，亦當別類其體爲主臣矣。班固次韻，乃《漢書》之自序也。其云述《高帝紀》第一述《陳項傳》第一者，所以自序撰書之本意；史遷有作於先，故已退居於述爾。今於史論之外，別出一體，爲史述贊；則遷書自序所謂作《五帝紀》第一作《伯夷傳》第一者，又當別出一體爲史作贊矣。漢武詔策賢良，即策問也。今以出於帝制，遂於策問之外，別名曰詔，然則制策之對，當離諸策而別名爲表矣。贾誼《過秦》，蓋賈子之篇目也(今傳賈氏《新書》首列《過秦》上下二篇，此為後人輯定，不足爲據。《漢志》賈誼五十八篇，又賦七篇，此外別無論著；則《過秦》乃賈子篇目明矣)。因陸機《辨亡》之論，規仿《過秦》，遂援左思著《論準過秦》之說，而標體爲論矣(左思著論之說，須活看不可泥)。魏文《典論》，蓋猶桓子《新論》王充《論衡》之以論名書耳，論文其篇目也。今與六代《辨亡》諸篇，同次於論；然則昭明自序所謂：“老莊之作，管孟之流，立意爲宗，不以能文爲本。”其例不收諸子篇次者，豈以有取斯文。即可裁篇題

論,而改子爲集乎?七林之文,皆設問也。今以枚生發問有七,而遂標爲七;則《九歌》、《九章》、《九辨》,亦可標爲九乎?《難蜀父老》,亦設問也。今以篇題爲《難》,而别爲難體;則《客難》當與同編,而《解嘲》當别爲嘲體,《賓戲》當别爲戲體矣。《文選》者,辭章之圭臬,集部之準繩,而淆亂蕪穢,不可殫詰;則古人流别,作者意指,流覽諸集,孰是深窺而有得者乎?

蕭氏之病,即在拘泥篇題形貌,實齋所論,大體不謬。《文粹》以下,或拘於所明,或滯其爲用,小有差異,即爲另分,故蕪雜或較《蕭選》爲甚。蓋言文學之分類,必明以簡馭繁之法,立一綱而衆目從之,始能有條不紊。彼諸人者,殆皆疏於是術矣。

文學分類,固貴簡賅;然分之不得其方,則簡而無當,謝枋得《文章軌範》分文"放膽"、"小心"二類,其目的在示學者以作文之法,與文學本體無關,即簡而無當之流也。

真德秀撰《文章正宗》,分"辭命"、"議論"、"記事"、"詩歌"四類。得其方矣,然綱舉而目未張也。儲欣《唐宋八大家文類選》分六門三十一類,其立名雖或可議;而綱目兼備,實獲分類之要矣。今依同人所分,表列如左:

奏疏第一

書　狀　疏　劄子　表　四六表

論著第二

原　對問　論　説　議　辨　解　題　策

書狀第三

啓　狀　書

序記第四

序　引　記

傳記第五

傳　碑　誌　銘　墓表

辭章第六

箴　銘　哀詞　祭文　賦

姚鼐爲《古文辭類纂》，又合綱目而一之，統分十三類。其目如下：

論辨類　序跋類　奏議類　書牘類　贈序類　詔令類

傳狀類　碑誌類　雜記類　箴銘類　頌贊類　辭賦類

哀祭類

曾國藩《經史百家雜鈔》又本姚氏書稍爲更易，分三門十一類，綱目又分列矣。其目如後：

著述門

論著類　辭賦類　序跋類

告語門

詔令類　詔議類　書牘類　哀祭類

記載門

傳誌類　叙記類　典志類　雜記類

吴曾祺《涵芬樓古今文鈔》採姚氏分類法，於每類中，别爲子目，凡二百一十三。學者可自覽之。王季薌先生本其友李偉之言，合真儲姚曾四家之分類法，爲《古文門類各家目次異同比較表》。并以各類所屬文體，附列下方，其目有"本體"、"附屬"二者，"本體"以詮古近文體之正製，"附屬"以歸隸通俗文字。古今言文體之詳者，當莫過乎此表。覽之可增博聞之益。表長今不錄(參看《古文辭通義》卷十三)。詳覽曾姚諸家之分類法，實較《文選》、《文粹》等書爲善，惟猶未足以服吾人之心者，則以姚曾二氏之文學觀念，不甚清晰也。蓋若如二氏所分，則古今篇籍，鮮有不能入選者。故姚曾二書所錄，以吾人之文學定義繩之，不盡有文學價值。此義已詳於第三篇，兹不贅述矣。

章太炎先生以"有文學箸於竹帛者謂之文"，其劃定文學範圍，甚爲廣博。故其言文學分類，亦舉古今載籍而并包之。章氏曾爲文學分類表如下(見《國粹學報》文篇丙午第二十二期《文學論略》)：

[表一]

無句讀文	圖書		
無句讀文	表譜		
無句讀文	簿錄	簿錄與表譜殊者以不皆旁行綴繫故	
無句讀文	算草		
有句讀文	有韻文	賦頌——無韻之頌即入符命類述序類中	
有句讀文	有韻文	哀誄——祭文附此	
有句讀文	有韻文	箴銘——無韻之銘即入款識類中	
有句讀文	有韻文	占繇——如周易易林太玄靈棊之屬	
有句讀文	有韻文	古今體詩	
有句讀文	有韻文	詞曲	
有句讀文	無韻文	學說	諸子
有句讀文	無韻文	學說	疏證——凡隨文解義及著書考古者皆屬此
有句讀文	無韻文	學說	平議——如史通文心雕龍及一切文評史評之屬
有句讀文	無韻文	歷史	紀傳——尚書帝典之類皆屬此
有句讀文	無韻文	歷史	編年
有句讀文	無韻文	歷史	紀事本末
有句讀文	無韻文	歷史	國別史——如國語之屬
有句讀文	無韻文	歷史	地志
有句讀文	無韻文	歷史	姓氏書

[續表]

無句讀文	無韻文	歷史	行狀
			別傳
			雜事——報章中紀事亦屬此
			款識——如鼎彝碑誌之屬
			目錄——書目之無說者別入簿錄科
			學案
		公牘	詔誥——尚書康誥酒誥之類亦屬此
			奏議——尚書謨訓之類亦屬此
			文移
			批評
			告示——一切教令皆屬此
			訴狀
			錄供
			履歷
			契約——如條約地契引帖之屬其私立者即入書札類中
		典章	書志——如正史各志及通典通考之屬
			官禮——如周禮六典會典之屬
			律例
			公法
			儀註——如儀禮江都集書禮儀之屬其經學家專門說禮者即入疏證類中
		雜文	符命——如封禪告天劇秦典引
			論說——連珠之類亦屬此
			對策
			雜記
			述序
			書札——私訂契約不關公牘者亦屬此
			小說

據曹聚仁所編章氏演講之《國學概論》,則章氏又有下列之分類表:

文	集內文	記事文	傳,狀,行述,事略
			書事,記
			碑,墓誌,碣,表
		議論文	論,說,辨
			奏,議,封事
			序,(題詞)跋
			書
	集外文	子	
		史	
		經	
		數典之文	官制——如周禮,唐六典,明清會典之類。
			儀注——如儀禮,唐開元禮等。
			刑法——如漢律,唐律,明律,清律之類。
			樂律——如宋律呂正義,清燕樂考原等。
			書目——如劉向別錄,劉歆七略,王儉阮李緒七錄七志,宋崇文書目,清四庫提要之類。
		習藝之文	算術——如九章算法圖法之類。
			工程——如周禮攷工記,徐光啓底龍骨車玉衡車之類。
			農事——如北魏齊民要術,元王楨農書,明徐光啓農政全書之類。
			醫書——如素問,靈樞,傷寒論,千金要方之類。
			地志——如禹貢,周禮職方志,水經,水道提綱,乾隆府廳州縣志,方輿志略之類。

尋章氏後表,不列韻語;而表譜簿錄之屬,亦見擯棄。

此蓋爲一時講演便利，不足據也。若據前表，則章氏所列者，實非吾人所謂文學之分類，乃古今一切文字之分類也。今持此表以示人。少有文學知識者，皆當否認。姑置其他而不論，如圖書算草等無句讀之文字，吾人決不能承認其有文學價值也。故章氏此表，其價值別有所在；若舉以言文學，斯無當矣。

昔劉劭《人物志·材理篇》嘗分人爲四家：曰道理之家，曰義理之家，曰事理之家，曰情理之家。劉熙載謂："文之本領，衹此四者盡之。"(《文概》)

今略加分析，則六經之文，以道體爲主者，道理之家也。諸子之文，以思想爲主者，義理之家也。史傳之文，以事實爲主者，事理之家也。詩賦詞曲等以發抒情志爲主者，情理之家也(略本馬宗霍《文學概論》第三篇第三章《文學之流派》)。然四者之中，道理、義理二者，又可以一"理"字統之。如是，則可分文爲"說理"、"敘事"、"述情"三類。

尋前哲論文，可作如是之歸納者，實不乏其例。宋祁《筆記》謂："賈誼善言治，晁錯善言兵，董仲舒善推天人，司馬遷敍事，相如揚雄文章，劉向父子博洽。"楊慎《丹鉛總錄》本宋說而區文爲六類曰："政事之文(賈)，紀事之文(遷)，說理之文(董)，術數之文(劉)，游說之文，諷諫之文(馬揚)。"楊氏所謂"說理之文"、"術數之文"說理之類也。所謂"政事之文"、"紀事之文"敘事之類也。所謂"游說之文"、"諷諫之文"，述情之類也(參看李笠《中國文學述評》第二編第四章《混合分類法》)。

王世貞《藝苑卮言》曰："六經也，四子也，理而辭者也。兩漢也，事而辭者也，錯以理而已。六朝也，辭而辭者也，錯以事而已。"六朝之辭，若易之以情，亦無不可。此又以情事理三者隱括文家之製體者也。顧炎武曰："文之不可絕於天地間者，曰：明道也，紀政事也，察民隱也，樂道人之善也。”(《日知錄》卷十九《論文須有益於天下》)所謂“明道”，即說理之類也。所謂“紀政事”、“樂道人善”，即敘事之類也。所謂“察民隱”，即述情之類也。陸世儀曰：“羲文之《易》，所以述天人，即後世性理諸書是也。虞夏商周之書，孔子之《春秋》，所以紀政事，即後世史傳諸書是也。商周之雅頌，十五國之風詩，所以言性情，即後世樂府詩歌之類是也。周公之周禮儀禮，漢儒之禮記，所以載典禮，即後世八書十志之類是也。”(《漫園文稿序》)性理諸書，說理之類。八書十志，即在史傳之中，即敘事類。樂府詩歌，即述情之類。此又以情事理三者檃括古今文家之製體者也。王季薌先生更本曾滌生所分三門，而以情事理三者釋之。其言曰：“告語門者，述情之匯；記載門者，記事之匯；著述門者，說理之匯也。”(《古文辭通義》卷十三)是則以此三事統攝文體，固無往而不可通矣。

雖然，三者之中，說理敘事二者，於人心同屬理智範圍；其見於文字，則在增人之知識。而述情一類，於人心屬感情作用，其見於文辭，則在動人之情感。故說理敘事二者，又可併爲一類，與述情相對待。近人分文學爲“知的文”、“情的文”，職是故也。詳察此種分類，較前引諸說，其條理更爲分明。然吾人又有不能贊同者，則以吾人所謂文學，實以情感爲要素；雖不能謂文學之中，絲毫不雜事理之分子；而純粹說理及純粹敘事之文字(即知的文)，無情感分子雜于其間者，則吾人之所屏棄也。苟依此種分類，則哲學(說理)歷史(敘事)等，將盡可併入文學之科，與吾人之文學定義相悖矣。故此種分類，亦吾所不取。

黃季剛先生曰：“古昔篇章，大別之爲有韻無韻二類。”

(《文心雕龍·明詩篇札記》)斯語也,可爲文學分類之指南矣。

尋先哲論文,有韻之作,皆謂之詩;其無韻者,則名之爲文。元稹《樂府古體序》曰:“

《詩》迄於周,《離騷》迄於楚。是後詩之流為二十四名,賦,頌,銘,贊,文,誄,箴,詩,行,詠,吟,題,怨,歎,章,篇,操,引,謠,謳,歌,曲,詞,調,皆詩人六義之餘。

是則所謂詩者,實包盡一切有韻之作也(《國故論衡·辨詩篇》謂“有韻者皆爲詩”可參看)。

張表臣《珊瑚鉤詩話》曰:

余近作示客云:刺美風化,緩而不迫,謂之風。采摭事物,摛華布體,謂之賦。推明政治,莊語得失,謂之雅。形容盛德,揚厲休功,謂之頌。幽憂憤悱,寓之比興,謂之騷。感觸事物,託於文章,謂之辭。程事較功,考實定名,謂之銘。援古刺今,箴戒得失,謂之箴。猗迂抑揚永言謂之歌。非鼓非鐘徒歌謂之謠。步驟馳騁,斐然成章,謂之行。品秩先後,敍而推之,謂之引。聲音雜比,高下短長,謂之曲。吁嗟慨嘆,悲憂深思,謂之吟。吟詠性情,總合而言,謂之詩。蘇李而上,高簡古澹,謂之古。沈宋而下,法律精切,謂之律。此詩之衆體也。帝王之言,出法度以制人者,謂之制。絲綸之語,若日月之垂照者,謂之詔。制與詔同,詔亦制也。道其常而作彝憲者,謂之典。陳其謀而成嘉猷者,謂之謨。顺其理而迪之者,謂之訓。屬其人而告之者,謂之誥。即師衆而申之者,謂之誓。因官使而命之者，謂之命。出于上者謂之教，行於下者謂之令。時而戒之者，勅也。言而喻之者，宣也。諮而揚之者，贊也。登而崇之者，册也。言其倫而析之者，論也。度其宜而揆之者，議也。別嫌疑而名之者，辨也。正是非而著之者，說也。記者，記其事也。紀者，紀其實也。書者，纘而述焉者也（書，或作纂）。策者，條而對焉者也。傳者，傳而信之也。序者，緒而陳之也。碑者，披列事功而載之金石也。碣者，揭示操行而立之墓隧也。誄者，誄其素履而質之鬼神也。誌者，識其行藏而謹其終始也。檄者，激發人心而喻之禍福也。移者，自近移遠使之周知也。表者，布臣子之心，致君父之前也。牋者，修儲君之間，申宫閫之儀也。簡者，質言之而略也。啓者，文言之而詳也。狀者，言之于公上也。牒者，用之於官府也。捷書不緘，插羽而傳之者，露布也。尺牘無封，指事而陳之者，劄子也。青黄黼黻，經緯以相成者，總謂之文也。此文之異名也。……

張氏所謂“詩之衆名，”皆有韻之作；其所謂“文之異名”，大抵無韻之類也。

惟察二氏所分，皆取“列數”形式；若如此區別文類，則必有漏略之譏。以有韻文而論，元氏所列，較張氏爲多，是張氏有所漏略矣。嚴羽《滄浪詩話》曰：

有口號，或四句或八句。曰唱，魏武帝有《氣出唱》。曰弄，古樂府有《江南弄》。以愁名者，《選》有《四愁》，《樂府》有《獨處愁》。以哀名者，《選》有《七哀》，少陵有《八哀》。以思名者,太白有《靜夜思》。以樂名者,齊武帝有《估客樂》,宋臧質有《名城樂》。以别名者,子美有《無家别》、《垂老别》、《新婚别》。……

滄浪所列尚多,今不具引。此則元張二氏均有所漏略矣。以無韻文而論,以張氏所列,較之《文選》、《文粹》、《文鑑》、《文範》以下諸書,張氏亦有所未盡。是知隨事爲名,則巧歷或不能數;會其有極,則百名可以一致。辨析文類,固無取乎列數也。

夫自秦漢以來,有韻之文,可以嶄然獨立蔚爲大國者,惟"詩"、"賦"、"詞"、"曲"四者而已。詞、曲二類,體既有定,兹可不論。其詩、賦二者,恆爲他體所假借。如箴銘贊頌,以四言出之者,固可以詩統之。然古人所作,實未能盡出一軌。傅玄之《太子少傅箴》(《太平御覽》一百四十四),温嶠之《太子侍臣箴》(《藝文類聚》十六),韓愈之《游箴》、《言箴》,雖結體與賦有别,固以雜言出之也(古人所作箴文,多不盡四言,此特舉其更甚者)。班固之《封燕然山銘》,寥寥數語,大似賦體。《續古文苑》載《漢鏡銘》七首,第一首全是賦體,孫星衍謂"其文體似楚騷",不愧識者。《續古文苑》又載《唐鏡銘》三首,第一首亦與賦無别也。漢魏六朝人所作贊體之文,多爲四言,異體甚少。而晉曹毗之《黄帝贊》(《初學記》九),則與五言詩無異。至宋牟子才之《李太白脱韡圖贊》、黄山谷《返棹圖贊》,則又全是賦體。頌體之文,如董仲舒之《山川頌》,班固之《車騎將軍竇北征頌》(《古文苑》),傅毅之《竇將軍北征頌》(《藝文類聚》五十九),馬融之《廣成頌》(《後漢書本傳》)、《東巡頌》(《全後漢文》十八),劉伶之《酒德頌》,結體散文,全同辭賦。

又如古人哀祭之作，亦恆假詩賦爲之，《文選》所錄，有誄哀弔文祭文等體。誄文祭文，自謝希逸《宋孝武宣貴妃诔》一首外，皆爲四言，是假詩體爲之也。哀文錄潘岳《哀永逝文》一首，純爲賦體。顏延之《宋元皇后哀策文》，全屬四言，是假詩體爲之。謝玄暉《齊敬皇后哀策文》，則前幅四言，後用賦體，是又雜二體爲之矣。弔文錄賈誼陆機二作，與賦全無別異。《弔屈原文》，《史記》明言其爲賦，則《弔魏武帝文》，斷可知矣。至六朝以下，則此類尤繁。盧藏用之《祭陳伯玉文》，韓愈之《祭田横墓文》、《歐陽生哀辭》、《祭郴州李使君文》，歐陽修之《祭石曼卿文》，蘇軾王安石之《祭欧陽文忠公文》，汪中之《哀鹽船文》、《弔馬守真文》、《弔黄祖文》，皆假用賦體者也。舉兹數例，他亦準是。是知箴銘贊頌哀祭諸韻文，詩賦足以包之；非能於詩賦之外，特然獨立；其所以另立新名者，實因其施用有別耳。若夫無韻之文，古人所爲，無論何體，不能出駢散二種。其各體名稱所以互異者，亦因其施用有別。今若分體列數，便有絕不可通者。何也？文體無定故也。且如頌贊之作，固以韻文爲多；而王褒《聖主得賢臣頌》則爲散文，史書篇末之贊，又或韻或否也。又如解體之文，固以無韻者爲衆；而韓愈之《進學解》，則韻文也。若此之類，將何去而何從乎？

故知離析文類，宜取大名，不取瑣目；宜取獨立成體者，不取假借爲用者。今以鄙見列表如下：

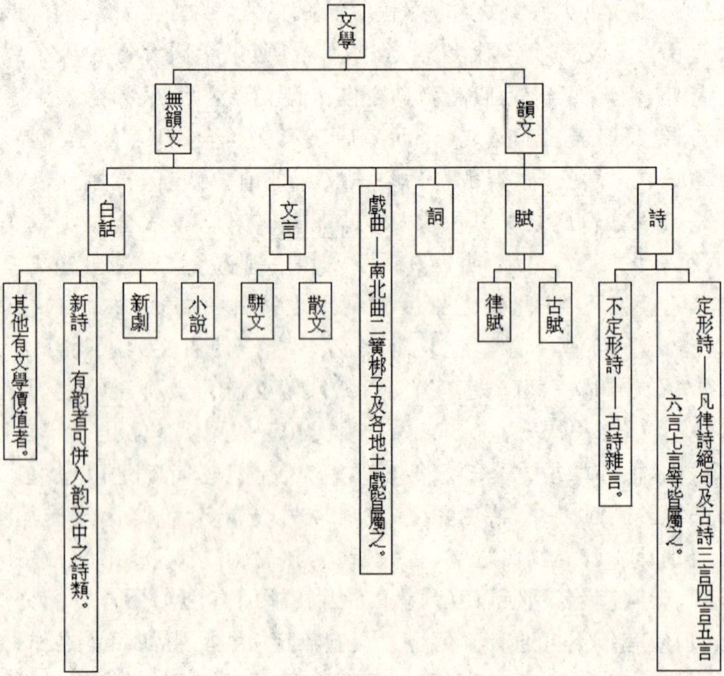

文學分類，大略如是。自知疏陋，難免遺譏；補罅糾謬，請俟異日。

第十七篇　文學之源流派別

自秦漢以來,人之爲學,大抵祖述六藝,折衷孔子。故文士論文,多謂源出五經。班固論賦,推本於古詩(《藝文志》及《兩都賦序》);王充謂文人宜遵五經六藝爲文(《論衡・佚文篇》);摯虞論詩頌,舉三百篇經序爲證(《文章流別論》)。斯既然矣。宋齊以降,此論益熾。《文心雕龍・宗經篇》曰:

> 故論説辭序,則《易》統其首;詔策章奏,則《書》發其源;賦頌歌讚,則《詩》立其本;銘誄箴祝,則《禮》總其端;紀傳銘檄,則《春秋》為根。並窮高以樹表,極遠以啓疆;所以百家騰躍,終入環内者也。

《顔氏家訓・文章篇》曰:

> 夫文章者,原出五經:詔命策檄,生於《書》者也。序述論議,生於《易》者也。歌詠賦頌,生於《詩》者也。祭祀哀誄,生於《禮》者也。書奏箴銘,生於《春秋》者也。

李耆卿《文章精義》曰：

《易》、《詩》、《書》、《儀禮》、《春秋》、《論語》、《大學》、《中庸》、《孟子》，皆聖贤明道經世之書，雖非爲作文設，而千萬文章，從是出焉。

又曰：

《莊子》者，《易》之變；《離騷》者，《詩》之變；《史記》者，《春秋》之變。

又曰：

《史記》帝紀世家，從二雅十五國風來；八書從禹貢周官來。

劉熙載《文概》曰：

六經，文之範圍也。聖人之旨，於經觀其大備；其深博無涯涘，乃《文心雕龍》所謂"百家騰躍終入環内"者也。有道理之家，有義理之家，有事理之家，有情理之家。四家見劉劭《人物志》。文之本領，衹此四者盡之；然孰非經所統攝者乎！

姚鼐《古文辭類纂序目》，論各類之原，亦多本六經。今摘錄其說於左：

論辨類者，……孔孟之道與文至矣。……退之著論，取於六經孟子。

序跋類者，昔前聖作《易》，孔子爲作《繫辭》說卦文，言序卦雜卦之傳，以推類本原，廣大其義。《詩》、《書》皆有序，而《儀禮》篇後有記，皆儒者所爲。

奏議類者，蓋唐虞三代聖賢陳說其君之辭，《尚書》具之矣，周衰列國臣子爲國謀者，誼忠而辭美，皆本謨誥之遺，學者多誦之。

書說類者，昔周公之告召公，有《君奭》之篇。春秋之世，列國士大夫或面相告語，或爲書相遺，其義一也。

詔令類者，原於《尚書》之《誓誥》。

碑誌類者，其體本於詩歌頌功德。

贊頌類者，亦《詩・頌》之流。

辭賦類者，《風雅》之變體也。

哀祭類者，《詩》有《頌》，《風》有《黃鳥》、《二子乘舟》，皆其原也。

曾國藩之《經史百家雜鈔》，所選各類文字，大抵先錄經典，次及後世作品。其序例中推論各類原流，較前諸說更爲詳明。其說如下：

論著類　著作之無韻者。經如《洪範》、《大學》、《中庸》、《樂記》、《孟子》皆是。諸子曰篇，曰訓，曰覽。古文家曰論，曰辨，曰議，曰說，曰解，曰原，皆是。

詞賦類　著作之有韻者。經如《詩》之賦頌，書之五子作歌，皆是。後世曰賦，曰辭，曰騷，曰七，曰設論，曰符命，曰頌，曰贊，曰箴，曰銘，曰歌，皆是。

序跋類　他人之著作序述其意者。經如《易》之《繫辭》，《禮記》冠義昏義，皆是。後世曰序，曰跋，曰引，曰題，曰讀，曰傳，曰注，曰箋，曰疏，曰說，曰解，皆是。

詔令類　上告下者，經如《甘誓》、《湯誓》、《牧誓》等，《大誥》、《康誥》、《酒誥》等皆是。後世曰誥，曰詔，曰諭，曰令，曰教，曰敕，曰璽書，曰策命，皆是。

奏議類　下告上者。經如《臯陶謨》、《無逸》、《召誥》及《左傳》，季文子魏絳等諫君之辭皆是。後世曰書，曰疏，曰議，曰奏，曰表，曰劄子，曰封事，曰彈章，曰牋，曰對策，皆是。

書牘类　同輩相告者，經如《君奭》及《左傳》鄭子家叔向吕相之辭皆是。後世曰書，曰啓，曰移，曰牘，曰簡，曰刀筆，曰帖，皆是。

哀祭類　人告於鬼神者。經如《詩》之《黄鳥》、《二子乘舟》，《書》之武成金縢祝辭，《左傳》荀偃趙簡告辭，皆是。後世曰祭文，曰弔文，曰哀辭，曰誄，曰告祭，曰祝文，曰願文，曰招魂，皆是。

傳誌類　所以記人者。經如《堯典》、《舜典》，史則《本紀》、《世家》、《列傳》，皆記載之公者也。後世記人之私者，曰墓表，曰墓誌銘，曰行狀，曰家傳，曰神道碑，曰事略，曰年譜，皆是。

叙記類　所以記事者。經如《書》之武成金縢顧命，《左傳》記大戰記盟會及全編，皆記事之書。《通鑑》法《左傳》,亦記事之書也。後世古文如《平淮西碑》等是,然不多見。

典志類　所以記政典者。經如《周禮》、《儀禮》全書,《禮記》之王制月令明堂位,《孟子》之北宫錡章,皆是。《史記》之八書,《漢書》之十志,及三通,皆典章之書也。後世古文如《趙公救菑記》是,然不多見。

雜記類　所以記雜事者。經如《禮記》投壺深衣内則少儀,《周禮》之考工記,皆是。後世古文家修造宫室有記,遊覽山水有記,以及記器物記瑣事,皆是。

以上所引諸說,不能遽斥其非。蓋六經爲中國最古之書,後世文體,或沿其名稱,或襲其辭意,研討源流,自可據以爲說也。然必謂某體出於某經,爲他經所不具,則有時亦不可通。"檄"、"奏"、"箴"、"銘",劉顔二氏所論,已見歧異。故滌生之說,爲最精矣。此外又有屏經典於不顧,而直言後世文體之始者;前篇所引任昉之《文章緣起》,即此類也。其說如左:

三言詩,晉散騎常侍夏侯湛所作。
四言詩,前漢楚王傅韋孟諫楚夷王戊詩。
五言詩,漢騎都尉李陵與蘇武詩。
六言詩,漢大司農谷永作。
七言詩,漢武帝柏梁殿聯句。
九言詩,魏高貴鄉公所作。
賦,楚大夫宋玉所作。
歌,荆卿作易水歌。
離騷,楚屈原所作。

詔，起秦時璽文，秦始皇傳國璽。

策文，漢武帝封三王策文。

表，淮南王安諫伐閩表。

讓表，漢東平王蒼上表讓驃騎將軍。

上書，秦丞相李斯上始皇書。

書，漢太史令司馬遷報任少卿書。

對賢良策，漢太史家令晁錯。

上疏，漢中大夫東方朔。

啓，晉吏部郎山濤作選啓。

奏記，漢江都董仲舒詣公孫弘奏記。

牋，漢護軍班固說東平王牋。

謝恩，漢丞相魏相詣公車謝恩。

令，淮南王謝群公令。

奏，漢枚乘奏書諫吴王濞。

駮，漢侍中吾丘壽王駮公孫弘禁民不得挾弓弩議。

論，漢王褒四子講德論。

議，漢韋玄成奏罷郡國廟議。

反騷，漢揚雄所作。

彈文，晉冀州刺史王深集雜弹文。

薦，後漢雲陽令朱雲薦伏湛。

教

封事，漢魏相奏霍氏專權封事。

白事，漢孔融主簿作白事書。

移書，漢劉歆移書讓太常博士論左氏春秋。

銘，秦始皇登會稽山刻石銘。

箴，漢揚雄九州百官箴。

封禪書，漢文園令司馬相如。
讚，司馬相如荊軻讚。
頌，漢王褒作聖主得賢臣頌。
序，漢沛郡太守有鄧石序。
引，琴操有箜篌引。
志錄，揚雄作。
記，揚雄作蜀記。
碑，漢惠帝四皓碑。
碣，晉潘尼作潘黄門碣。
誥，漢司隸從事馮衍作。
誓，漢蔡邕作艱誓。
露布，漢賈洪爲馬超伐曹操作。
檄，漢丞相祭酒陳琳作檄曹操文。
明文，漢泰山太守應劭作。
樂府，古詩也。
對問，宋玉對楚王問。
傳，漢東方朔作非有先生傳。
上章，孔融上章謝大中大夫。
解嘲，揚雄作。
訓，漢丞相主簿繁欽祠其先主訓。
辭，漢武帝秋風辭。
旨，後漢崔駰作達旨。
勸進，魏尚書令荀攸勸魏王進文。
喻難，漢司馬相如喻巴蜀并難蜀父老文。
誡，後漢杜篤作女誡。
弔文，賈誼弔屈原文。

告,魏阮瑀爲文帝作舒告。
傳贊,漢劉歆作列女傳贊。
謁文,後漢別駕司馬張超謁孔子文。
祈文,後漢傅毅作高闕祈文。
祝文,董仲舒祝日蝕文。
行狀,漢丞相倉曹傅胡幹作楊元伯行狀。
哀策,漢樂安相李尤作和帝哀策。
哀頌,漢會稽東郡尉張紘作陶侯哀頌。
墓誌,晉東陽太守殷仲文作從弟墓誌。
誄,漢武帝公孫弘誄。
悲文,蔡邕作悲溫舒文。
祭文,後漢車騎郎杜篤作祭延鍾文。
哀辭,漢班固梁氏哀辭。
挽詞,魏光祿勳繆襲作。
七發,漢枚乘作。
離合詩,孔融作四言離合詩。
連珠,揚雄作。
篇,漢司馬相如作凡將篇。
歌詩,漢枚乘作麗人歌詩。
遺命,晉散騎常侍江統作。
圖,漢河間相張人作玄圖。
勢,漢濟北相崔瑗作草書勢。
約,漢王褒作僮約。

沈骐《詩體明辨序》曰:

> 武帝製《落葉哀蟬》而有曲名，班婕妤製《怨歌》而有詞名，司馬相如製《封禪》而有頌名，息夫躬製《絕命》而有辭名，卓文君製《白頭》而有吟名，韋孟諷諫，東方朔誡子，蘇武李陵贈別，王昭君寫怨，西漢之可見者如此。

凡此皆據古人作品，以爲一體之所始。前篇引《滄浪詩話》論"唱"、"弄"、"愁"、"哀"等條，殆亦同於此類。夫古人作品，或爲己所未見，或不盡傳於後世，若據後起者以談緣起，惡得不妄？任氏之說，陳無功註方望子補註，多言其失。學者可自覽之。今復舉劉存之說，以見各家之歧異。任以三言詩起晉夏侯湛，劉以爲始於鷺于飛。任以頌起漢之王褒，劉以始於周公時邁。任以檄起漢陳琳檄曹操，劉以始於張儀檄楚。任以碑起於漢惠帝作四皓碑，劉以管子謂無懷氏封泰山刻石紀功爲碑。任以銘起於始皇登會稽山，劉以蔡邕銘論黃帝有金几之銘，其始也。若此者，尚十餘條（王得臣《麈史》）。蓋任氏自序謂"聊以新好事者之目"，故其說未盡足宗也。

夫論文學源流，不宜僅拘於篇題形貌，尤貴明乎作品之意指。章學誠之言文學源流，即純依作品意指立論也。《文史通義·詩教上》曰：

> 周衰文弊，六藝道息，而諸子爭鳴，蓋至戰國而文章之變盡，……至戰國而後世之文體備。故論文於戰國，而升降盛衰之故可知也。戰国之文，奇衺錯出而裂於道，人知之；其源皆出於六藝，人不知也。後世之文，其體皆備於戰國，人不知；其源多出詩教，人愈不知也。知文體備於戰國，而始可與論後世之文；知諸家本於六藝，而後可

與論戰國之文;知戰國多出於詩教,而後可與論六藝之文;可與論六藝之文,而後可與離文而見道;可與離文而見道,而後可與奉道而析諸家之文也。

戰國之文,其源皆出於六藝,何謂也?曰:道體無所不該,六藝足以盡之。諸子之爲書,其持之有故而言之成理者,必有得於道體之一端;而後乃能恣肆其說,以成一家之言也。所謂一端者,無非六藝之所該,故推之而皆得其所本。非謂諸子果能服六藝之教,而出辭必衷於是也。老子說本陰陽,莊列寓言假象,《易》教也。鄒衍侈言天地,關尹推衍五行,《書》教也。管商法制,義存政典,《禮》教也。申韓刑名,旨歸賞罰,《春秋》教也。其他楊墨尹文之言,蘇張孫吳之術,辨其原委,挹其旨趣,九流之所分部,七錄之所敘論,皆於物曲人官,得其一致,而不自知爲六典之遺也。

戰國之文,既源於六藝,又謂多出於詩教,何謂也?曰:戰國者,縱橫之世也。縱橫之學,本於古者行人之官。觀春秋之辭命,列國大夫聘問諸侯,出使專對,蓋欲文其言以達旨而已。至戰國而抵掌揣摩,騰說以取富貴,其辭敷張而揚厲,變其本而加恢奇焉;不可謂非行人辭命之極也。孔子曰:"誦詩三百,授之以政,不達;使於四方,不能專對。雖多奚爲?"是則比興之旨,諷諭之義,固行人之所肄也。縱橫者流,推而衍之,是以能委曲而入情,微婉而善諷也。九流之學,承官曲於六典,雖或原於《書》、《易》、《春秋》,其質多本於禮教,爲其體之有所該也;及其出而用世,必兼縱橫,所以文其質也。古之文質合於一,至戰國而各具之;質當其用也,必兼縱橫之辭以文之,周衰文弊之效也。故曰:戰國者,縱横之世也。

後世之文,其體皆備於戰國,何謂也?曰:子史衰而文集之體盛,著作衰而辭章之學興。文集者,辭章不專家,而萃聚文墨以爲蛇龍之菹也。後賢承而不廢者,江河導而其勢不容復遏也。經學不專家,而文集有經義;史學不專家,而文集有傳記;立言不專家(即諸子書也),而文集有論辨。後世之文集,舍經義與傳記論辨之三體,其餘莫非辞章之屬也;而辭章實備於戰國,承其流而代變其體製焉。學者不知,而溯摯虞所哀之流别,甚且以蕭梁《文選》舉爲辭章之祖焉;其亦不知古今流别之義矣。今即《文選》諸體,以徵戰國之賅備。《京》、《都》諸賦,蘇張縱横六國,侈陳形勢之遺也。《上林》、《羽獵》,安陵之從田,龍陽之同釣也。《客難》、《解嘲》,屈原之《漁父》、《卜居》,莊周之惠施問難也。韓非儲說,比事徵偶,連珠之所肇也;而或以爲始于傅毅之徒,非其質矣。孟子問齊王之大欲,歷舉輕煖肥甘聲音采色,七林之所啓也;而或以爲創之枚乘,忘其祖矣。鄒陽辨謗於梁王,江淹陳辭於建平,蘇秦之自解忠信而獲罪也。過秦王命六代辨亡諸論,抑揚往復,詩人諷諭之旨。孟荀所以稱述先王儆時君也(屈原上稱帝嚳中述湯武下道齊桓,亦是)。淮南賓客,梁苑辭人,原嘗申陵之盛舉也。東方司馬,侍從於西京;徐陳應劉,徵逐於鄴下,談天雕龍之奇觀也。遇有升沈,時有得失,畸才彙於末世,利祿萃其性靈,廊廟山林,江湖魏闕,曠世而相感,不知悲喜之何從;文人情深於詩騷,古今一也。

實齋之論，純以意指爲依歸：故以《京》、《都》諸賦爲蘇張侈陳形勢之遺，七林始于孟子問齊王之大欲；甚且謂言情達志者皆本於詩，敷張揚厲者皆賦之變（見《詩教下》）。察其爲論，亦不盡可通。蓋吾人所謂駢文散文之别，文言白話之别，詩文之别，詩賦詞曲之别，皆即外形而言也。若遺其形貌，專明意指，則同爲言情達志之物，復何所謂文學之分類乎？章氏惟見他人拘守形貌之弊，而不自知拘守意指之非，此所謂見毫毛不見其睫也。今爲篇幅所限，略陳駢文、散文、詩、賦、詞、戲曲、小説之梗概於左方，至其詳則非短筆之所能盡矣。

文之派别，其説不一。有以書分者，文選派古文派是也。有以體分者，古文派駢文派是也。有以人分者，四傑八家是也。有以時代分者，漢魏唐宋是也。有以地域分者，桐城陽湖是也。如此之類，不可枚舉；用長輕短，剌剌不休；而總其所歸，駢散二端，足以盡之矣。夫文之有駢儷，因於自然，不以一時一人之言而遂廢。然奇偶之用，變化無方；文質之宜，所施各别。或鑒於對偶之末流，遂謂駢文爲下格；或懲於俗流之恣肆，遂謂非駢體不得名文。斯皆拘滯於一偶，非閎通之論也。《文心雕龍·麗辭篇》曰：

> 造化賦形，支體必雙；神理爲用，事不孤立。夫心生文辭，運裁百慮，高下相須，自然成對。

此謂對偶之文依于天理，非由人力矯揉而成也。《麗辭篇》又曰：

> 唐虞之世，辭未極文，而皋陶贊云："罪疑惟輕，功疑

惟重。”益陳謨云：“滿招損，謙受益。”豈誉麗辭，率然對爾。

此明上古簡質，文不飾琱；而出語必雙，非由刻意也。《麗辭篇》又曰：

《易》之《文繫》，聖人之妙思也。序《乾》四德，則句句相衔；龍虎類感，則字字相儷。乾坤易簡，則宛轉相乘；日月往來，則隔行懸合。雖字句或殊，而偶意一也。

此明對偶之文。但取配儷；不必比其句度，使語律齊同也。又曰：

至於詩人偶章。大夫聯辭。奇偶適變，不勞經營。

此明用奇用偶，初無成律；應偶者不得不偶，猶應奇者不得不奇也。又曰：

若氣無奇類，文乏異采；碌碌麗辭，則昏睡耳目。必使理圓事密，聯璧其章，迭用奇偶，節以雜佩，乃其貴耳。

此明綴文之士，於用奇用偶，勿師成心；或捨偶用奇，或專崇儷對，皆非爲文之正軌也。彦和之言明白如此，真可以息駢散之紛難，總殊軌而齊歸者矣。原夫古之爲文，初無定術；所可識著，文質二端；奇偶偏畸，即由此起。蓋文言藻飾，用偶必多；質語簡淳，用奇必衆。《尚書》、《春秋》，同爲國史，而一則麗辭盈卷，一則麗語無聞。《周禮》、《儀禮》，同爲典志，而一則列數陳文，一則簡辭述事。至於易傳書序，相傳皆孔子親撰之書，易傳多用駢詞，書序皆爲奇句。《洪範》、《大誥》，同爲外史所掌之籍，《洪範》分臚名數，《大誥》直舉詞言。此舉六藝爲徵，而奇偶無定已若此。至於子史之作，更無一成之規。老莊同爲道家，而柱史之作，多爲對語；園吏之籍，不盡駢言。左馬同屬史官，而《春秋》外傳，捶詞多偶；太史公書，叙語皆奇。此則子史之文，用奇用偶，絕無定準者矣。總之，偏於文者好用偶，偏於質者善用奇；文質無恆，則奇偶亦無定。必求分畛，反至拘墟。

歷考前文，差堪商榷。蓋自楚國多才，屈宋特起，警采絕艷，隱耀深華。厥後賈誼枚乘，並轡於漢初；相如子雲，聯鑣於西蜀。雖或雜奇語，而麗辭爲多。中興以還，文雅繼起。平子敬通之輩，孟堅季長之倫，莫不駢音麗字，耀采騰文。建安七子，才調輩興，三祖陳王，亦蓄盛藻，握徑寸之靈珠，享千金於荊玉。至於三張二陸太沖景純之徒，派雖弱於當塗，音尚聞夫正始。于時聲病之說未起，對偶之法亦寬。又有文筆之分途，幸存文質之大介。降至齊梁以下，始染沈謝之風，致力宮商，研精對偶，孝穆振采於江南，子山蜚聲於河北。次有攀龍托鳳，自致於屬車者，不知凡幾。文已馳於新巧，義或乖于典則。斯蘇綽所以擬典謨，隋煬所以非經側，魏徵所以譏流岩，子昂所以革浮侈，而退之於文，或至比之武事，有摧陷廓清之功。則駢儷之末流，亦誠有以致譏召謗者乎？觀《麗辭篇》所言："氣無奇類，文乏異采，碌碌麗辭，昏睡耳目。"則駢文之弊，自彼時而已然。至劉子玄作《史通》，乃言：

史道陵夷，作者蕪音累句，雲蒸泉湧。其爲史也，大抵編字不隻，捶句必雙。修短取均，奇偶相配。故應以一言蔽之者，輒足以二言；應以三句成文者，必分爲四句。彌漫重沓，不知所裁。(《敘事篇》)

此其弊又及於史矣。文質之介，漫汗不分；駢偶之詞，用之已濫。然則麗辭之末流，不亦誠有當節止者乎？唐世復古之風，始於伯玉，而大於昌黎。其後遂別有所謂古文者，其視駢文，以爲衰弊之音。蘇子瞻至謂昌黎起八代之衰，直舉漢魏晉宋而一切抹煞之。宋子京修唐書，以爲對偶之文，不可以入史策。斯又偏滯之見，不可以適變者也。觀唐世裴度李翱之言，知彼時固未嘗盡以對偶之文爲非法而棄之；其以是自張標志者，特一方之私見，非舉世之公談也。裴與李翱書曰：

觀弟近日制作，大旨常以時世之文多偶對儷句，屬綴風雲，羈束聲韻，爲文之病甚矣；故以雄詞遠致一以矯之，則是以文字爲意也。且文者，聖人假人以達其心；達則已，理窮則已；非故高之下之詳之略之也。昔人有見小人之違道者，耻與同形貌，共衣服；遂思倒置眉目反易冠带以異之，不知其倒之反之非也；雖失於小人，亦異於君子矣。故文之異，在氣格之高下，思致之深淺，不在磔裂章句，隳廢聲韻也。人之異，在風神之清濁，心志之通塞，不在倒置眉目反易冠带也。

李翱《答王載言書》亦曰：

溺於時者曰:文章必當對;其病於是者曰:文章不當對。此皆情有所偏滯而不流,未識文章之所生也。古之人能極於工則已,不知其辭之對與否也。詩曰:憂心悄悄,慍於羣小。此非對也。又曰:遘閔既多,受侮不少。此非不對也。學者不知其方,而稱說云云如前如陳者,非吾之所敢聞也。

案翺方以古文自矜,而其言乃若此,知其服膺晉公所誨矣。今觀唐世之文,大抵駢散皆有。初唐四傑,並駕一時;所爲文製,麗詞居多。若夫燕許之宏裁,常楊之巨製,會昌一品之集,元白長慶之編,莫不並掞龍文,聯登鳳閣。義山飛卿,以繁縟相高,柯古昭諫,以新博逞異。駢儷之文,斯稱極致。至若宣公翰苑之集,肫摯暢遂,尤爲後世所誦法;即退之集中,亦有駢文。則爲古文者,亦不廢斯體也。趙宋初造,鼎臣大年,猶沿唐舊;而歐蘇王三子,皆古文大家,其於四六,亦復脫去恒蹊,自出機軸。謂之變古則可,謂其竟廢斯體,則不可也。洎乎清世,桐城諸家,競稱唐宋古文;而於前此之文,類多譏誚;其所稱述,至於晉宋而止。不悟唐人所不滿意,止於大同以後輕豔之詞;宋人所詆毀者,亦裁上及徐庾,下盡西崑,初非舉自古麗辭一概廢閣之也。自爾以後,駢散竟判若胡秦,爲散文者力避對偶,爲駢文者又自安於聲韻對仗,而無復迭用奇偶之能,何其於彥和所論通局相妨至於如是耶?輓近以来,一二時彥,以改革創造自命,有新文學之倡,於是國人又有新文學派舊文學派之目。齗齗相爭,迄未有已。彼所謂新文學,不過改文言之工具爲白話之工具而已。苟以白話爲新,則白話固華夏之舊物;昔之爲語錄、戲曲、小說者,均嘗用之,惡在其爲新乎？竊嘗聞之：學術祇有純駁而無古今，文體祇有古今而無新舊。蓋學術隨思想爲轉移，而文體則隨時代爲變遷。惟重思想，故古人之言，有可行於今者；今人之論，有可通於古者，古今人未嘗不相及也。惟主時代，故唐虞三代之文，不同於漢魏；漢魏不同於六朝；六朝不同於唐宋；唐宋不同於元明清，各朝自爲一風氣。今人乃謂舊日文字爲死文學，新近作品爲活文學；夫《水滸》、《紅樓》，亦數百年前之舊物；今人稱道之不置，遂死而復活。則文學之死不死，固視人之爲不爲矣。故駢散白話三者，或捨此用彼，或捨彼用此，可聽作者自爲，不必强齊以一體也。（參看阮元《四六叢話序》、黄季剛先生《文心雕龍麗辭篇札記》及馬宗霍《文學概論》第三篇第三章《文學之流派》）

文學起源，本爲韻語，故詩歌所興，宜自《生民》始也。虞夏以前，遺文莫覩。史籍所傳，或由依託；諸子所載，多屬寓言。既不足徵信，故存而不論。洎孔子删詩，存三百篇。商頌而外，純爲周作。觀其體制，雖間有雜言，大抵以四言爲主也。秦漢以下，此體衰微。如韋孟之諷諫在鄒，魏代三祖之《短歌》、《善哉》諸行，曹植責躬，王粲贈友，以及嵇康應禎束晳潘岳二陸陶潛諸人之作，彼善於此，容或有之；以較葩經，皆庸下無足觀。蓋"四言正體，雅潤爲本"（《文心雕龍·明詩篇》語）。"每若文繁而意少"（鍾嶸《詩品序》）。故漢魏以來，箴銘贊頌諸作，多承用之，而文士泛詠情懷，侮屏而不用焉。

閒嘗論之，文學如音樂然。音樂之感人，以聲音之長短曲折而異。其音愈纏綿悠永，則其感人也愈深；其廻環動盪愈多，則其入人心也愈易。四言之詩，字句短促；字句短促，則聲音短促；聲音短促，其曲折自少。短促而少曲折，則其動人之力，自亦因之而減。此四言不得不變爲五言七言之原因一也。

夫詩之寫情狀物,貴能鋪張揚厲,使所寫者適如其情,所狀者恰如其物。而此種作用,半寓於副詞形容詞之中,因兩者以形容描寫爲專責故也。然副詞形容詞在一句之中,並不佔主要位置。故有多數之文句,去其句中之副詞形容詞,其意義或仍能獨立;不過所描寫者,不甚真確,讀之不能得深刻之印象而已。

試以四言爲句而分析之:句主必爲名詞,至少需一字也。動詞至少需一字也。苟動詞爲他動詞,則必有止詞,止詞必爲名詞,至少需一字也。三者俱備,句始成立。苟名詞動詞之中,有一非二字不能成立者,則四言之數已足,無加副詞形容詞之機會矣。無副詞形容詞,其所描寫者,即不能真確,讀之不能得深刻之印象。故《詩經》每以加副詞形容詞之故,分一句爲兩句,"關關雎鳩,在河之洲"是也。此二句若在五言及七言詩,或能合爲一句;即不能合爲一句,則其所加之副詞形容詞,必較此二句爲多。易言之,則其所描寫者,必更能真確,讀之必更能使人得深刻之印象。此四言不得不變爲五言七言之原因二也。(略録舊著《中國文學二源論》)

五言詩之起原,古今論者多家,大抵可分爲二説。其一摘取古詩中一二句,謂"後世演之,遂以爲篇"(《文章流別論》)。《文章流別論》曰:"五言者,誰謂雀無角何以穿我屋之類是也。"《文心雕龍·明詩篇》曰:"按召南行露,始肇半草;孺子滄浪,亦有全曲。"《詩品序》曰:"夏歌曰:鬱陶乎予心。楚謠曰:名予曰正則。雖詩體未全,然是五言之濫觴也。"若以此法證五言之始,則伊耆氏《蜡辭》"草木歸其澤"一句,更在諸例之前。惟既非全篇五言,玆可不論。其二則舉古人成篇,證其所始。《文章緣起》謂:"五言詩,漢騎都尉李陵與蘇武詩。"《詩品序》謂:"逮漢李陵,始著五言之目。"此其舉證,皆據成篇;今茲所論,即屬此類。按《文心雕龍·明詩篇》曰:"古詩佳麗,或稱枚叔;其孤竹一篇,則傅毅之辭。比采而推,兩漢之作乎。"《詩品序》曰:"古詩眇邈,人世難詳。推其文體,固是炎漢之製,非衰周之倡也。"《文選》李善注云:"並云古詩,蓋不知作者。或云枚乘,疑不能明也。詩云:驅車上東門。又云:遊戲宛與洛。此即辭兼東都,非盡是乘明矣。"尋李注所言,是古有以十九首皆枚乘所作者,故云:"非盡是乘。"徐陵撰《玉臺新詠》,以"青青河畔草"、"西北有高樓"、"涉江采芙蓉"、"庭中有奇樹"、"迢迢牽牛星"、"東城高且長"、"明日何皎皎"、"行行重行行"八首爲枚乘作(又有"蘭若生春陽"一首,亦云枚乘作),亦因其餘句多與時序不合耳。然枚乘之詩,漢志既未明言;昭明仲偉在孝穆前,或並稱古詩,或云人世難詳;即彦和亦空抒疑詞,未敢直指;則徐氏所爲,當屬誣妄,未能取信于人也。惟案十九首中《明月皎夜光》一詩;其稱節序,皆是太初未改曆以前之言。詩云:"玉衡指孟冬",而上云:"促織鳴東壁",下云:"秋蟬鳴樹間,玄鳥逝安適?"是此孟冬正夏正之孟秋。若在改曆以還,稱節序者,不應如是。然則此詩乃漢初之作矣。又《凛凛歲云暮》一詩,言"涼風率已厲"。据《禮記·月令》:"孟秋之月,涼風至。"則涼風之至,候在孟秋;而此云歲暮,是亦太初以前之詞也。又《東城高且長》一詩,言:"歲暮一何速。"上云:"秋草萋已緑。"下云:"蟋蟀傷局促。"其時序亦與前二首同。蓋嘗攷之,五言之作,在西漢則歌謠樂府爲多;而辭人文士,猶未肯相率模效。如《紫宫諺》,長安爲尹賞作歌,成帝時黄爵謠,皆歌謠之五言者也。《漢書·藝文志》云:"自孝武立樂府而采歌謠,於是有代趙之謳,秦楚之風。皆感於哀樂,緣事而發,亦可以觀風俗知厚薄云。"今攷歌詩二十八家中,除諸不繫於地者,有吴楚汝南歌詩,燕代謳,雁門雲中隴西歌詩,邯鄲河間歌詩,齊鄭歌詩,淮南歌詩,左馮翊秦歌詩,京兆尹秦歌詩,河東蒲反歌詩,雒陽歌詩,河南周歌詩(河南周歌聲曲折),周謠歌詩(周謠歌詩聲曲折),周歌詩,南郡歌詩,都凡十餘家。此與陳詩觀風,初無二致。然則漢世歌謠之有十餘家,無殊於詩三百篇之有十五國風也。《文章流别論》曰:"五言者……於徘諧倡樂多用之。"所謂徘諧倡樂,謂非大禮所用者也。以摯氏之言推之,則五言固徘諧倡樂所多有。《藝文志》所列諸方歌謠,宜在徘諧倡樂之內。今攷樂府有《鷄鳴》,《陌上桑》,《長歌行》,《君子行》,《豫章行》,《相逢行》,《長安有狹斜行》,《隴西行》,《傷歌行》,《步出夏門行》,《折楊柳行》,《艷歌行》,《白頭吟》,《怨詩行》,《枯魚過河泣》,《上留田》("里中有啼兒"一首),古人變歌,離歌,艷歌,艷歌何嘗行,古咄唶歌,古歌辭,古艷歌,黄門倡歌,樂府。又有無名人詩《上山采蘼蕪》等八首,古詩《采葵莫傷根》等八首及《茅山父老歌》,大抵淳厚清婉,其辭近於國風。此等容有東漢所造,然武帝樂府所錄,宜多存者。而《文心雕龍·明詩篇》谓云:"成帝品錄三百餘篇,朝章國采,亦云周備;而辭人遺翰,莫見五言,所以李陵班婕妤見疑於後代也。"此以當世文士不爲五言,并疑樂府歌謠亦無五言也。

今世論五言詩之起源者,多謂不始于西漢;或且假異土人之論,以助其武斷之論(《小說月報》第十七卷第五號有陳延傑譯日本鈴木虎雄《五言詩發生時期之疑問》一文,可參看)。其最要理由,即爲今日所傳西漢有主名之五言詩,多爲僞作。實則西漢有主名詩之僞與不僞,與五言詩之起源,無大關係。故即舉虞美人《答項王歌》,戚夫人《春歌》(除前二句,皆五言),枚乘詩,卓文君《白頭吟》，李延年歌（除寧不知傾城與傾國一句外，皆五言），李陵詩，蘇武詩，班婕妤《怨歌行》，盡能證明其僞，而五言詩之源於西漢自若也。何則？蓋雖能證明有主名者之僞，而無主名之樂府歌謠，不能盡僞；況有主名者，亦不能盡明其僞哉？

或曰：然則五言所始，究在何時？前後時代，能爲畫定否乎？

曰：由前所言，當發生在太初之前。更據十九首中《涉江采芙蓉》一首，其辭多本《楚辭》，則當發生在屈宋之後。由是推之，大抵當在初漢矣。洎於東漢，文士漸有五言之作。除樂府歌謠外，其作品有主名者，有班固《詠史詩》一首，傅毅《冉冉孤生竹》一首（《文心雕龍・明詩篇》以此首爲傅毅之詞，似未爲定論，兹姑列之），張衡《同聲歌》一首，秦嘉《贈婦詩》三首，徐淑《答秦嘉詩》一首，酈炎《見志詩》二首，趙壹《疾邪詩》二首，蔡邕《翠鳥》一首，《飲馬長城窟行》一首（《玉臺新詠》以爲蔡邕作，今姑列之），蔡琰《悲憤詩》一首，孔融《雜詩》二首，《臨終詩》一首，應亨《贈四王冠詩》一首，辛延年《羽林郎》一首，宋子侯《董嬌饒》一首，共二十首。此可證五言詩源於歌謠樂府，漸及於文人，其發達之徑路，固甚分明也（鈴本虎雄謂五言詩發達之徑路不明，非是）。下逮魏世，五言騰踊。武帝諸作，慷慨蒼涼。所以收東漢音，振發魏響。文帝兄弟所撰，樂府爲多。雖體有不同，而詞貴獨創；句不變古，而采自己舒。若其述歡宴，愍亂離，敦友朋，篤匹偶，雖篇題雜沓，而同以古詩爲宗；文采繽紛，尚不離歌謠之質。故其稱物則不尚雕飾，敍情則唯求誠懇。斯所以兼籠前美作範後來者也。尋魏文以往，無以五言見諸品藻者。至文帝《與吴質書》，始稱："公幹五言詩之善者,妙絕時人。”蓋五言始興,惟樂歌爲衆;辭人競效,隆自建安。既作者滋多,故工拙之數,可得而論也。自此以後,歷晉宋齊梁陳隋,文士所作,殆不可以數計。其間由綺麗而玄言,由玄言而田舍,由田舍而山川雲物,由山川雲物變爲宫體,已略見於第八篇,兹不贅述。自唐迄今,此體弗衰;其修辭之術,大抵不能出漢魏六朝人範圍之外也。七言詩之起源,《文章流别論》謂始於“交交黄鳥止於桑”。案此從鳥字斷句亦可,非七言也。任昉謂始於“漢武帝柏梁殿聯句”。今存柏梁聯句,實爲僞作。其中時代官名,多有不合,顾炎武《日知録》已詳言之(卷二十一),亦不足據。《日知録》又論七言之始曰:

> 昔人謂《招魂》、《大招》,去其些只,即是七言詩。余考七言之興,自漢以前,固多有之。如《靈樞經》刺節真邪篇:凡刺小邪日以大,補其不足乃無害,視其所在迎之界。凡刺寒邪日以温,徐往徐来致其神。門户已閉氣不分,虚實得調其氣存。宋玉《神女賦》:羅紈綺繢盛文章,極服妙采照萬方,此皆七言之祖。

案:《招魂》、《大招》實非七言。《靈樞經》南宋時始傳於世,當是僞書。《神女賦》二句,確爲七言,然非全篇也。今若在漢以前韻文中摘取一句或數句以爲七言之例,如老子曰:“視之不見名曰夷,聽之不聞名曰希,搏之不得名曰微。”(十四章)又如《楚辭·天問》:“簡狄在臺嚳何宜?玄鳥致貽女何嘉?”“遷藏就岐何能依?殷有惑婦何所譏?”“師望在肆昌何識,鼓刀揚聲后何喜?武發殺殷何所悒?載尸集戰何所急,”“彭鏗斟雉帝何饗?壽命永多夫何長?中央共牧后何怒?蠭蟻微命方何固？驚女采薇鹿何佑？北至回水萃何喜？兄有噬犬弟何欲？”“薄暮雷電歸何憂？厥嚴不奉帝何求？伏匿穴處爰何云？荆勳作師夫何長？”此類殆不可枚舉。若舉全篇七言，則亦不乏其例。如孔子《臨河歌》、《獲麟歌》，伯牙《水仙操》，《靈寶謠》，其最著者也。然此等作品，多爲後人所造，殆不足據。故言七言詩起源，仍宜自漢世尋其端緒。沈德潛曰：“《大風》、《柏梁》，七言權輿也。”(《說詩晬語》)其舉《大風》爲例，甚可注意。按：《大風》爲楚調，楚人之辭，每雜七言；《楚辭》所錄，幾篇篇有之。此調至戰國末年，北人已能爲之，《易水》之歌是也。劉邦項籍，均爲楚人，故《大風》、《垓下》，襲用其調。兩歌句中，皆夾用兮字。尋兮字之用，在文辭則用以足句，在歌唱則用以助聲；故《大風》後二句去其兮字，即與七言詩無異。其後漢武帝《秋風辭》、《瓠子歌》，亦同於此。今存《柏梁》聯句，固爲僞作，然當時或有真者，殆亦“秋風”、“瓠子”之比乎？洎乎東漢，張衡爲《四愁詩》，首句猶帶兮字，以下則純爲七言(《四愁詩序》自言效屈原，又傅玄擬《四愁詩序》謂《四愁詩》體小而俗，七言類也)。靈帝《招商》曲，亦復如是。其蜕變之迹，昭然可指矣。又平子《思玄賦》，模效騷經，其爲篇末系語，即七言詩，益可證與《楚辭》有關也。下逮魏世，文帝有《燕歌行》二首，纏綿悱惻，可泣鬼神。始全易《楚騷》之面目，嶄然自成一體矣。自是迄於陳隋，七言作者漸多。傅玄陸機張載劉鑠謝靈運謝惠連吴邁遠湯惠休鮑照梁簡文帝元帝沈約張率吴均王筠劉孝威蕭子顯朱超沈君攸陳後主徐陵陸瑜張正見顧野王傅縡岑之敬徐伯陽蕭詮賀循王褒庾信隋煬帝江總阮卓薛道衡辛德源虞茂之流，皆優爲之。尋其辭采，大抵出以自然，不雜傳記名物之言，蓋猶與歌謠相隣也。唐世此體大盛,作者亦多能自闢境界,不相因襲。凡七言詩中之變化,唐人殆無不有之。宋元明清人所爲,均不能出其範圍也。

又有雜言一體,一篇中每句字數,略無定準。此體殆亦源於古之歌謠,寧戚飲牛,已足自標一幟。漢代樂府,多有其體。陳琳《飲馬長城窟行》,開後人無限法門。六朝文人,尤喜爲之;鮑照沈約,其最著者也。唐人歌行,多用雜言;能極其變而神其技者,惟李太白一人。故觀樂府歌行至李太白,當有曾經滄海之歎矣。惟詳察魏晉以來爲此體者,其篇中仍以七言爲多。故自來選詩家,多以之納入七言古詩類中,兹不細論。以上所言,皆古詩也。

自陸機尚綺靡之習,沈約倡聲律之論。由是偶儷精切,聲調妍美,迄於初唐,遂有律詩之名。論者以其別于古詩,或以近體稱之,其實一也。近體約可分爲五言律、七言律,五言絕句、七言絕句,五言排律、七言排律數種。馬位《秋窗隨筆》曰:"陸雲相謔之詞:所謂日下荀鳴鶴,雲間陸士龍,是五言律聯。江淹《別賦》:春宫閟此青苔色,秋帳含兹明月光,是七言律聯。此近體之發端。"錢木菴《唐音審體》曰:"律詩始於初唐,至沈宋而其格始備。……齊梁體二句一聯,律詩因之。加以平仄相儷,用韻必雙,不用單韻。"黄節謂:"范雲《巫山高》爲五律之濫觴。庾信《烏夜啼》爲七律之濫觴。"(《詩學》)律詩嬗變之迹,大約如是。

絕句起原,約有二說:一謂絕句猶截句。"五言絕句,截五言律詩之半也。有截前四句者,如:'移舟泊烟渚,日暮客愁新。野曠天低樹,江清月近人。'是也。有截後四句者,如:'功蓋三分國,名成八陣圖。江流石不轉,遺恨失吞吴。'是也。有截中四句者,如:'白日依山盡,黄河入海流。欲窮千里目,更上一層樓。’是也。有截前後四句者，如：‘山中相送罷，日暮掩柴扉。春草年年緑，王孫歸不歸？’是也。七絕亦然”（無名氏《峴傭說詩》）。一謂：“五言絕句自五言古詩來，七言絕句自歌行來。此二體本在律詩之前，律詩從此出，演令充暢耳。”（王夫之《薑齋詩話》）按：若如第一說，則絕句之生，必在律詩之後。夷攷其實，大謬不然。《藁砧今何在》等四首，《玉臺新詠》名之爲古絕句，則絕句之名，已遠在隋以前矣。古詩《采葵莫傷根》之類及孫綽《碧玉歌》，王獻之《桃葉歌》、《子夜四時歌》等，皆絕句之前導。魏收《挾瑟歌》、梁簡文帝《烏棲曲》、蕭子顯《春別》等，與唐人格調益近。至隋無名氏之“楊柳青青着地垂”一首，則直與律絕無異。故絕句實濫觴於漢魏，歷六代至唐而大成，非截律詩爲之也。

排律之名，創自高棅《唐詩品彙》，蓋自顏謝以後，爲詩者多通篇對偶，沿至初唐，律詩既成；觸類而長之，則排律生矣。杜甫所作，可稱古今獨步。元白更蔓延至百韻以上，其風力終有不逮。唐後文人，作者亦夥，大抵皆少陵元白義山諸人之臺隸。惟劉師培作《癸丑紀行詩》，至六百八十八韻之多。其良窳可置弗論，亦詩界之大觀也。七言排律，唐人作者較少。少陵集中，亦僅數篇。後世一二好奇之士，或偶爲之。其作品既少，故可得而略焉。總之：諸近體詩，除五言絕句外，皆淵源於晉宋，胚胎於齊梁陳隋，大成於唐代，此其大較也。

至於試帖詩，本律詩之一種。朝廷取士，用以拘限士子；既無文學價值，不足評其優劣。摯虞有三言六言九言之說，前人又有迴文離合轆轤諸體，文士或偶作之。既不能窮高樹表，極遠啓疆，故亦可屏而不論。後世又有一言二言八言十言十一言之說，皆摘取古人一二句爲例，自矜博異，更無敘述之價值矣。

詩之派別,有以時分者,盛唐晚唐是也。有以地分者,江西派公安派是也。有以人分者,李杜蘇黄是也。有合人與時而分者,大歷十才子弘正七才子是也。有合地與人而分者,吴中四子公安三袁是也。又有以詩之妍蚩分上中下者,鍾嶸《詩品》是也。又有分詩人爲主客者,張爲詩人主客圖是也。又有以詩之實質分派者,清人所謂神韻派、性靈派、格調派是也。若此之類,遽數難終。

近年以來,又有新詩發生。其字句或整或否,或韻或不韻。其文體多爲白話。蓋惡舊詩之拘束限制,而趨於極端之自由者也。章太炎先生《答曹聚仁論白話詩》,曾詳論之。(《華國月刊》第一卷第四期)今轉錄如左:

詩之有韻,古今無所變。惟周《頌》有數首,似無韻者,則以古詩用韻,錯綜無定,其排列不盡同今人。以孔氏詩聲類法求之,仍非無韻也。來書疑僕所論(案所論大旨見坊間刊行《國學概論》中),祇問形式,不論精神。夫文辭之體甚多,而形式各異。非求之形式,則彼此無以爲辨。形式已定,乃問其精神耳;非能脱然於形式外也。僕所謂形式者,亦祇以有韻無韻爲界。若夫屬句長短不齊,則樂府已然,所不論已。來書言:"女子不著裙,不失爲女子;詩無韻,亦不失爲詩。"所引非其例。女子自然之物,不以著裙得名;詩乃人造之物,正以有韻得名。不可相喻。來書又疑百家姓等雖有韻,不得爲詩。不知以狹義言,詩之名,則限於古今體詩,旁及賦與詞曲而止耳。以廣義言,凡有韻者,皆詩之流。箴誄哀辭,悉入詩類。百家姓者，昉於宋人姓氏急就篇，其源則史游急就篇開之。臚列事物，比而成句；編比各句，合而成韻。百家姓然，醫方歌括亦然。以工拙論，詩人或不爲；以體裁論，亦不得謂非詩之流也。若夫無韻之作，僕非故欲摧折之。祇以詩本舊名，當用舊式。若改作新式，自可别造新名。如日本有和歌、俳句二體，和歌者，彼土之詩也；俳句者，彼土之燕語也。緣情體物，亦自不殊；而有韻無韻則異，其稱名亦别矣。中國自古無無韻之詩，有之自胡人史思明始。思明得櫻桃，未知詩而欲作詩。乃曰："櫻桃一籃子，一半青，一半黄。一半與懷王（思明之子），一半與周摯。"（思明用事之臣）人曰："何不以懷王周摯上下易之，則成韻矣。"思明大怒曰："豈可使周摯居我兒上耶?"此事相傳，以爲笑柄。今若以無韻詩家之説評之，則思明乃不誤，而笑之者真誤也。然乎否乎？必謂依韻成章，束縛情性，不得自如，故厭而去之。則不知樵歌小曲，亦無不有韻者，此正觸口而出，何嘗自尋束縛耶？絶句不過二三韻，近體不過四五韻，古體語雖煩複，用韻轉换，亦得自由。惟詞之用韻稍多，而小令亦祇數語。絶無束縛情性之事。若并此厭之，無妨如日本人之稱俳句；若不欲用日本名詞，無妨稱爲燕語。不當以新式强合舊名，如史思明所爲也。苟取歐美偶有之事爲例，此亦歐美人之紕漏耳，何足法焉？

章氏所見，亦自不謬。惟新詩之名既立，若必欲廢除之，吾人固無力布禁令于天下，豈能强天下人以從我哉？鄙意以爲此種作品之有韻者，自可與舊詩同列；其無韻者，可予以新詩之名(白話詩一名,甚爲不當。因中國舊詩,亦有爲白話者)。惟須知其與舊日之詩,無歷史源流之關係耳。

昔人論賦,多謂源本古詩,其說肇自劉安。安敍《離騷傳》有曰:“國風好色而不淫,小雅怨誹而不亂,若《離騷》者,可謂兼之矣。”此乃以詩比騷,非謂騷源於詩。然後人賦出於詩之說,實基於此。《漢書·王褒傳》宣帝曰:“辭賦大者與古詩同義。”揚子《法言·吾子篇》曰:“詩人之賦麗以則,辭人之賦麗以淫。”班固《兩都賦序》曰:“或曰:賦者,古詩之流也。”《漢書·藝文志》曰:“大儒孫卿及楚臣屈原,離讒憂國,皆作賦以風,咸有惻隱古詩之義。”其後皇甫謐《三都賦序》、摯虞《文章流別論》、李白《大獵賦序》、晁補之《離騷新序》等,大抵皆承用此說。直至近世,論文之士,猶未敢稍持異議。蓋三百篇,韻文也;後世之賦,亦韻文也。就其同爲韻文而觀之,其性質自可相通;本其發生之先後而言之,又似有父子之關係。欲攻破之,殊不易也。

然自文學之起源論之,古初文學,本爲韻語;此世界之公論,非一人之私言。故後世各體韻文,胥當源於古初韻語。三百篇亦古初韻語之子孫,焉能當百世不遷之宗乎?且就賦之本身言之,最初以賦著稱者,孫卿屈原也。孫卿之賦,質樸無文,不能脫盡北方文學之本色,謂其源於《詩經》猶可(實則孫卿之賦,亦受楚人影響)。至屈原之賦,則命意修辭,與北方文學全異,儼然南派正宗。吾實不敢效尊經者故爲穿鑿傅會之論,謂之爲源於三百篇也(略本舊著《釋賦》)。考南方文學,自成一系,舊文雖鮮,猶足藉證。老莊書中,恆見韻語;雖與《楚辭》有別,亦自有相似者在。《九辯》之名,見於《離騷》;宋玉所作,不過沿襲舊名,非創始者也。見存《九歌》,雖題屈原,實南郢祀神之舊曲。屈原不過更定其辭，去其褻慢淫荒之雜耳(語本朱熹《楚辭集注》)，亦非靈均自著也。《楚狂》、《鳳兮》之歌，與《楚辭》相類，惟音調差短。然因此更可證南方文學之音節，由短而長，自有其進化史在也。《孺子》、《滄浪》之歌，體式全同《楚辭》。其文自《漁父篇》而外，雖更見於北人孟軻之書；然滄浪之水，即漢水之下流，先儒已有定說。其爲南方謠諺，更可疑乎?《說苑》載楚譯越人之歌，其音辭與《楚辭》全同(《善說篇》)。《吴越春秋》載《漁父歌》，亦與《楚辭》相似(《王僚使公子光傳》)。《史記》載優孟歌孫叔敖事，先於屈宋，亦南土之舊音也(《滑稽列傳》)。此間所舉，或有未盡。即此已足證南方文學，自成統系。屈宋之前，固有舊文；其蔚爲辭賦之祖，非偶然矣(略本舊著《中國文學二源論》)。故三百篇與賦之關係，與其謂爲父母子女，不若謂爲兄弟長幼之爲愈也。《漢志》辭賦爲四家，屈原言情，孫卿體物，陸賈《雜賦》之屬，其辭多不傳。孫卿五賦，寫物效情；蠶箴諸篇，與《橘頌》異趣。其後如洞簫、長笛、鸚鵡、焦鷯、琴笙、雪月之倫，宜法孫卿；而審其辭義，咸不相類。故爲賦者多宗靈均，而蘭陵之體微矣。《文心雕龍·時序篇》曰："爰自漢室，迄至成哀，雖世漸百齡，辭人九變；而大抵所歸，祖述《楚辭》，靈均餘影，於是乎在。"此論西漢，固有然矣。推之東京以後，名篇佳製，其遣辭疏密濃淡，容有變異；而源其飈流所始，固莫不同祖楚騷。豈獨西漢爲然哉？蓋後世言情之作，多本於騷經《九章》、《九歌》；其鋪陳物類之製，則由《招魂》、《大招》演變而成。驗之歷代，莫能外此二者也。

依世代論之，其在西漢，相如子雲，爲之魁傑。體大聲洪，多形似之言，餘杭章氏所謂"其道與故訓相儷"者也(《國故論衡辨詩》)。自來論賦之士，多崇漢代，於漢則多宗揚馬。今檢二家之作，不本情性，徒尚艷藻；所謂"碌碌麗辭。昏睡耳目"。人或誚以供奉文學，非過談矣。洎於東漢，漸改前轍。《兩都》、《二京》，其色澤猶與西京相近；而《思玄》、《歸田》諸篇，已開魏晉清麗之端。其風迄鮑謝爲止。所謂"以情緯文，以文被質；文而不淫，質而非野"。故最合中道。曹王潘陸，實此時之豪俊。其靈光景福三都江海之作，猶未免尚辭遺情之弊也。齊梁迄陳，賦道已極；江淹庾信，爲其冠冕。別恨諸賦，臯文譏爲俗筆（《七十家賦鈔》）；而掩抑沉怨，亦其所長。簡文湘東，雜以詩句；至於子山，其靡有加。則變而無可變矣。繼隋而降，古賦衰微。四傑之作，效梁陳而不及。明堂三大禮，不過馬揚之臺隸。世多稱《阿房宮》、《前後赤壁》，辨其體制，實類論記。汴都北京，題目宏大，而辭氣或不足以振之。獨張惠言承千年絕業，作《黄山》諸賦。雖未遠至，亦云難能。至於唐後律賦，則朝廷取士，用便程式，命題貴巧，限韻貴險，其精采盡於聲律對仗之間，不足評其優劣矣（略錄舊著《賦選序》）。往爲賦學，於賦之名稱體裁封略源流諸端，辨之甚晰。茲以限於篇幅，繁辭碎義，不能具引，僅陳其崖略焉（張惠言《七十家賦鈔序》論賦之流派甚詳，可參看）。

昔人論詞，或謂淵源於三百篇（彭孫遹《詞統源流》及徐釚《詞苑叢談》引《藥園閒話》說），尋三百篇中固多參差不齊之長短句；然實與詞句平仄有定格者不同。且與詞之時代，相去太遠，焉容強爲傅會哉。

考詞之成立，其所因實非一端：有因於樂府者，梁武帝之《江南弄》，沈約之《六憶》，其聲調圓美，已足爲倚聲之權輿。至隋煬帝之《望江南》，則直成詞譜矣。有因于五七言詩者，李太白之《菩薩蠻》，合五七言而成；張志和之《漁歌子》，則舉七言而去其一字。至如李端之《拜新月詞》，幾同五絕，王麗真之《字字雙》詞，又近於七絕矣。有由新聲譜詞者，如溫廷筠之《河傳》、《蕃女怨》等，集合雜言，自成新體，與五七言詩絕不相蒙，其聲調亦非因於古樂府也。就其演進之歷史言之，大抵淵源於六朝，濫觴於唐世，滋衍於五代，而造極於兩宋，此其顯然易見者也。唐世爲詞者，李張溫而外，有韋應物戴叔倫王建韓翃白居易劉禹錫諸家，皆能自創新詞，爲後世宗。至於五代，此道尤盛，南唐二主，其詞悽惋動人，所謂亡國之音哀以思也。馮延已所爲，思深詞麗，韻逸調新。韋莊之詞，婉秀不減飛卿，世以溫韋並稱，良有以也。此外如皇甫松毛文錫和凝牛希濟薛昭蘊等，亦各精巧濃豔，爲後世所莫及，《花間》一集，殆幾於字字珠玉矣。逮於有宋，以詞爲樂章，因之更大進步。小令中調之外，又出以長調，而其體大備。蓋宋之於詞，猶唐之於詩，帝王如太宗徽宗，大臣如寇準范仲淹韓琦司馬光，推而至於武夫女子釋子羽流，多能通曉音律，製腔填詞。熙寧中立大晟府，爲雅樂寮，選用詞人及音律家，日製新曲。今傳詞調，多成於此際。有是倡率，故宋於詞學，稱極盛時代。其間著名作家，有晏殊晏幾道張先柳永歐陽修蘇軾賀鑄秦觀周邦彥李易安辛棄疾姜夔史達祖劉過張輯吴文英蔣捷周密張炎王沂孫等，其餘詞家，殆可以百計，今不能細述矣。大抵北宋崇尚自然，南宋漸事雕琢，至吴夢窗而極，昔人所謂："七寶樓臺，眩人眼目，折碎下來，不成片段。"(張玉田《詞源》語)洵不誣也。世稱晏氏父子耆卿子野美成少游易安，爲詞之正宗。溫韋艷而促，黃九精而刻，長公麗而壯，幼安辨而奇，爲詞之變體。蓋詞體大約有二，一體婉約，一體豪放。婉約者其詞調蘊藉，豪放者其氣象恢宏。前者沿花間之遺，一稱南派；後者襲蘇辛之風，一稱北派。俞文豹《吹劍錄》稱：

> 東坡在玉堂日，有幕士善歌，因問我詞比柳耆卿何如。對曰：柳郎中詞，只好十七八女孩兒按執紅牙板，歌"楊柳岸曉風殘月"。學士詞，須關西大漢執鐵綽板，唱"大江東去"。公爲之絕倒。

此不特蘇柳之異，南北派之別，亦在是矣。詞至南宋始極其變，歷金元而衰，至明而大敝。清室既興，詞亦蔚起。如吳梅村毛大可朱竹垞陳其年王貽上彭羨門之倫，均善倚聲。而納蘭容若之《飲水詞》、《側帽詞》，獨爲一時之冠。蓋其情致旖旎不徒模擬古人，亦所自得者多也。乾嘉之際，張皋文宛隣兄弟起，所謂沈鬱疏快，悱惻纏綿，所謂常州詞派者是也。其友人惲敬丁履恆陸繼輅黄景仁李兆洛等，亦皆一時作者。金應城金式玉學於皋文而頗有所得，董士錫以皋文之甥而傳其業，周濟友于士錫，亦恪守皋文之旨趣，爲詞純雅疏卲，足以比肩茗柯。後起者則有龔自珍楊傳第項鴻祚許宗衡蔣春霖蔣敦復姚燮王錫振諸家，各標宗尚，亦道咸間之卓卓者。清季及近來諸詞人，大抵多宗法白石夢窗，然或貌合神離，但如李于麟之擬古矣（參看曾毅《中國文學史》及謝无量《中國大文學史》）。

中國文人，向以戲劇爲小道，故爲之辨章源流者，罕有其人。然戲劇雖爲小道，而起源則甚古。遐稽史籍，每以歌舞並言；古者詩樂舞本爲一事，歌以傳情，舞以象容，以之與音樂相配，猶之今日戲曲以樂器與歌舞相應也。又楚人祀神，揚枹拊鼓，五音繁會，偃蹇姣服，女倡容與，緩節安歌，傳芭代舞（見《九歌·東皇太一》、《禮魂》）。是與後世戲劇何異哉？雖然，今日所謂戲曲者，謂以歌舞演故事也。上世及楚人所爲，其音樂與歌舞合一，固歷歷可證；然其所演，未必即爲故事，故與後世戲曲有異也。其後漢之角觝，於魚龍百戲外，兼扮演古人物。張衡《西京賦》言之甚詳。然所演者，實仙怪之事，不得云故事也。演故事者，始於唐之大面、撥頭、踏摇娘等戲。代面（即大面）出於北齊，撥頭出西域，踏摇娘生於隋末，俱詳《舊唐書·音樂志》。宋陳暘《樂書》昭宗光化中，孫德昭之徒刃劉季述，始作樊噲排劇。此唐代戲曲之大略也。至宋初扮演，較爲任意。孔道輔奉使契丹，契丹宴使者，優人以文宣王爲戲，道辅艴然徑出（《宋史·孔道輔傳》）。又祥符大禧中，楊大年錢文僖晏元獻劉子儀以文章立朝，爲詩皆宗李義山，後進多竊義山語句。嘗内宴，優人有爲義山者，衣服敗裂。告人曰：吾爲諸館職撏撦至此，聞者歡笑（劉攽《中山詩話》）。至南宋時，洪邁《夷堅志》、葉紹翁《四朝聞見錄》所載優伶調謔之事，尚與此相類。雖扮演古人物，然果有歌詞與故事否？若有歌詞，與故事相應否？今不可考。要之，此時尚無金元間所謂戲曲，則固可決也。夫後世所謂戲曲，必與歌曲相表裏。宋之歌曲爲詞，其源流已詳於前。宋人讌集，多歌詞以侑觴；然大率徒歌而不舞，其歌亦以一闋爲率。其有連續歌此一曲者，如歐陽公之《采桑子》，凡十一首；趙德麟之《商調蝶戀花》，凡十首。一述西湖之勝，一詠會真之事，皆徒歌而不舞。其所以異於普通之詞者，不過重疊此曲以詠一事而已。其歌舞相兼者，則謂之轉踏。秦觀晁无咎毛滂鄭僅等，均曾爲之。德麟之詞，毛西河《詞話》已視爲戲曲之祖，然猶用通行詞調，與元曲有異。至曾布所撰《水調歌頭·大曲》詠馮燕事，與詞之《水調歌頭》，字數韻數，均不相合，且有平仄通押之處。董穎作道宮簿媚大曲詠西子事亦然。今以曾董大曲與後世戲曲相比較，则舞大曲時之動作，皆有定制，未必與所演之人物所需之動作相適合。其詞亦係旁觀者之言，而非所演之人物之言。此其所異也。若夫由敘事體變爲代言體，配合數曲以代一人，則自楊誠齋《歸去來辭引》始。由此觀之，曾董大曲，實開董解元之先河；誠齋所爲，乃套數雜劇之祖。故戲曲不始於金元，實胚胎於宋代也。金元之曲，分南北二種。北曲發生較早，南曲稍後。其兩派之不同處，魏際端伯子論文，言之甚。前已引及，今不復贅。

元時雜劇，大抵皆四折。若四折不足以盡其事，則首著楔子以爲發端。以科白敘事，以曲文代言。其體裁大约如是。所謂傳奇者，與雜剧實爲一物，不過較爲複雜耳。元時劇本爲傳奇者，《琵琶記》其最著者也。元雜劇甚多，其著名者，大抵萃於臧晉叔《元曲選》一書，學者可自覽之。逮明嘉隆間，崐山有魏良辅者，革去舊習，始備衆樂器，而劇場幾如大成，謂之崐曲。及明末，北曲幾近於廢，惟崐曲盛行，蓋吴人重南故也。清代曲家，亦不乏人。其最膾炙人口者，惟《桃花扇》、《長生殿》二傳奇。李笠翁之《十種曲》，蔣士銓之《紅雪樓》九種，非其匹也。曲至今日，幾不通行。不惟能演者甚少，能聽者亦不多。推原其故，蓋以音律太嚴，文辞過雅，較之二簧梆子，適如山歌村曲之與《清廟》、《生民》。一般平民，多不能解。此其不能通行之最大原因也。

中國戲曲之内容，明寧獻王《太和正音譜》分爲十二科，一曰神仙道化，二曰隱居樂道，三曰披袍秉笏（即君臣雜劇），四曰忠臣烈士，五曰孝義廉節，六曰叱奸罵讒，七曰逐臣孤子，八曰鏺刀趕棒，九曰風花雪月，十曰悲歡離合，十一曰煙花粉黛（即花旦雜劇），十二曰神頭鬼面（即神佛雜劇）。此雖就雜劇而言，實則崐曲及二簧梆子，亦不能出此十二科之外也。

近年以來，又有新劇產生。其化裝與舊日粉墨冠带有異，其劇辭皆爲平話，不叶音韻，且無鑼鼓絲竹以節其腔調步驟，蓋純粹注重寫實者也。以與舊劇相較，若就其作用而言，大抵新劇作家，多以改革社會移易風俗爲宗旨。故對於舊制度舊風俗，多所譏誚攻擊；與世道人心，關係甚大。較之舊劇多以爲茶前酒後消愁解悶之具者，實不可同日而語。

若就藝術之本身言之，則舊劇似較新劇爲高。蓋舊劇之腔調舉動，必與鑼鼓絲竹相合，不若新劇之自由。故習舊劇者，非有數年工力，不能登場；而新劇雖亦有工夫深淺之關係，則遠不如舊劇之繁瑣。即同爲新劇，其藝術性較高者，今日演新劇者亦多憚於排演。如郭沫若之《湘累》，即其明證。吾甚願今之從事新劇者，努力以求進步也（參看劉师培《原戲》，王國维《戲曲考原》、《宋元戲曲史》及曾毅《中國文學史》）。

昔《漢書・藝文志》列諸子爲十家，附小說於其末，爲之論曰："諸子十家，其可觀者，九家而已。"《明史・藝文志》錄小說至一百二十七部、三千三百七卷，皆瑣談雜记。清《四庫全書》小說家類僅分雜事、異聞、瑣记三類。其所錄殆皆小說之下下者；吾人所視爲有價值之小說，俱見屏棄。即此已可見此土文人鄙視小說之情及其小說觀念之错誤也。

案：小說實源於古之神話，初民知識短浅，見天地萬物，變異不常，其諸現象，又出於人力所能以上，於是造神怪之說以解釋之；今傳《山海經》，即其最著者也。更尋諸經史子集中，亦多有近於小說者。孔子之過泰山，興哀於苛政；孟子之譏齊人，見泣於妻妾。春秋之五大戰爭，《國策》中蘇秦之喻桃梗、土偶。《列子》湯問楊朱諸篇，莊子《逍遥遊》、《齊物論》、《馬蹄》、《漁父》、《說劍》等篇，下及韓非之言和氏獻璧，與屈原《天問》、《卜居》、《漁父》諸篇。諸如此類，不能枚舉。或爲小說之材料，或即絕妙之小說也。逮於漢世，小說專書甚多。其最著者，有東方朔《神異經》、《十洲記》，班固《漢武故事》、《漢武内傳》，郭憲《漢武洞冥記》，劉歆《西京雜記》，伶玄《飛燕外傳》及無名氏《雜事秘辛》。惟皆出後人僞託，不可置信。至如《史記》滑稽刺客等傳，則實與小說相鄰也。降及六朝，文士所爲小說，多鬼神怪異之談。如張華《博物志》，干寶《搜神記》，陶潛《搜神後記》，王嘉《拾遺記》，劉敬叔《異苑》，劉義慶《幽明錄》，吴均《續齊諧記》，即其最著名者。惟多荒誕不經，且瑣屑細碎，不成篇段，故有小說價值者甚鮮。劉義慶之《世說新語》，所言皆爲人事，與談鬼神怪異有别。然亦止有小說意味，無小說結構，非小說上品。故言六朝小說，當以《桃花源記》爲第一篇也（此篇亦載《搜神後記》中。《搜神後記》實爲僞書，非淵明作）。唐代文人，喜爲小說，故小說作品甚衆，且多佳品。如張說之《虬髯客傳》，沈既濟之《枕中記》，沈亞之之《湘中怨》，陳鴻之《長恨歌傳》，白行簡之《李娃傳》，元稹之《鶯鶯傳》，蔣防之《霍小玉傳》，許堯佐之《柳氏傳》，李公佐之《南柯太守傳》、《謝小娥傳》，布局遣辭，均較前人爲善。蓋至唐人始有意爲小說，唐人之小說影響於後世始大，今人之論，洵不虚也（參看魯迅《中國小說史略》第八篇）。宋之小說，於神鬼瑣事之外，又别闢徑路，且改文言爲白話，今世所傳《五代史平話》、《京本通俗小說》是也。此外又有爲吾人所當注意者，即漢以來之小說，率皆短章，至宋元間始爲聯貫之敍述，變短篇爲章回。《大唐三藏法師取經記》、《大宋宣和遺事》，實肇其端。施耐菴之《水滸傳》，羅貫中之《三國演義》，其體裁皆祖述此二書也。

明代小說最著名者，有吴承恩之《西遊記》，某氏之《封神傳》，羅懋登之《三寶太監西洋記》，王世貞之《金瓶梅》，某氏之《玉嬌李》，及空觀主人之《拍案驚奇》，抱甕老人之《今古奇觀》。世以《西遊記》、《金瓶梅》與《水滸傳》、《三國演義》，合稱中國小說四大奇書。此四書較之率爾操觚者，實不可同年而語；然《西游》涉於怪，《金瓶梅》近於淫，《三國》筆法，亦時有呆滯之處，均非《水浒》之比也。

清之小說，名著甚多。其沿襲晉唐短篇之作者，有蒲松齡之《聊齋誌異》，王韜之《淞隱漫錄》，紀昀之《閱微草堂筆記》等。其主於諷刺譴責者，有吴敬梓之《儒林外史》，吴沃堯之《二十年目覩之怪現狀》，李寶嘉之《官場現形記》，劉鶚之《老殘遊記》，曾樸之《孽海花》等。言情小說，則有曹雪芹之《紅樓夢》。其書無《金瓶梅》之穢褻，得《西廂記》之溫柔。中國言情小說，無過乎此書者。直至今日止，猶無愧空前絕後一語。《紅樓》本止八十回，非完書；今本百二十回，其後四十回，乃高鶚所續。此書出世後，續作甚多。有《後紅樓夢》，《紅樓後夢》，《續紅樓夢》，《紅樓復夢》，《紅樓夢補》，《紅樓補夢》，《紅樓重夢》，《紅樓再夢》，《紅樓幻夢》，《紅樓圓夢》，《增補紅樓》，《鬼紅樓》，《紅樓夢影》等，諸書雖不足觀，亦足見《紅樓夢》感人之深矣。其述狹邪行爲者，有陳森書之《品花寶鑑》，魏子安之《花月痕》，俞達之《青樓夢》，韓子雲之《海上花列傳》等。其以小說見才學者，則有夏敬渠之《野叟曝言》，屠紳之《蟫史》，陳球之《燕山外史》，李汝珍之《鏡花緣》等。其寫俠義行爲者，有文康之《兒女英雄傳》，石玉琨之《三俠五義》（俞樾重編改名《七俠五義》），與《三俠五義》相類似者，則有《小五義》、《續小五義》、《永慶昇平》、《聖朝鼎盛萬年青》、《英雄大八義》、《英雄小八義》、《七劍十三俠》、《七劍十八義》等書。其繼明人之《包公案》而作者，則有《施公案》(施世綸)，《彭公案》(彭鵬)，《劉公案》(劉墉)，《李公案》(李秉衡)等書。《施公案》續至十集，《彭公案》續至十七集，《七俠五義》則續至二十四集。今日武劇，多取材於此等書。其書千篇一律，語多不通，甚至一人性格，先後頓異；蓋歷經衆手，漫不加察，遂多矛盾矣。

其繼《三國演義》、明人《開闢演義》、《東周列國志》、《西周志》等書而爲歷史小說者，亦不乏其人。如《二十四史通俗演義》、《隋煬艷史》、《説岳全傳》等，其最著者也。

近年以來，短篇小說大盛，章回體幾廢。覽諸文人所爲，實較舊日短篇小說爲佳。蓋舊日短篇小說，受史傳之影響，多平鋪直叙，先言爵里姓氏，次述事實，末加論語，篇篇相襲，讀之生厭。近人所作，大抵效法西洋，布局描寫，變化無常，讀之頗覺有味也。

至小說之派別，若依其體裁而分，則有短篇章回二派。前已明之，無庸多述。若依作者之動機及小說之内容而分，亦可別爲數端：方政治之弊，舉世是非賞罰，不得其正，人民憔悴困苦而不自聊；於是爲小說者，乃因群衆之心理，述遊俠大盜報善行義之事，以快其意，此一派也。婚姻之弊，多怨偶之禍；於是爲小說者，乃述男女慕悦，婚姻離合之事，此又一派也。學校之弊，極於八股試帖，束縛士人之思想，出於一途，文章議論，陳陳相因；於是爲小說者，乃刻畫學究迂酸之態，以刺譏之，此又一派也。風俗之弊，機詐相矜，淫靡相尚，朝叩貴門，暮隨肥馬，奴顔婢膝，寡廉鮮恥：於是爲小說者，乃描寫社會險惡之情，以警惕之，此又一派也。淫慾之害，足以喪道敗德，覆家亡身；於是爲小說者，乃描寫荒淫之禍，以恐嚇之，此又一派也。亦有傷世道之亂離，乾净無地；哀人力之有限，飛潛乏術；因創爲神仙方外妖巫鬼狐之說，以振發耳目，滌蕩牢愁者；更有歎人心不古，苛刻涼薄，雲翻雨覆，害人利己；因創爲因果報應之說，以圖提撕挽救者，此又兩派也。

總之，一切小說，皆非無因而作；此間所言，不過其流派之大較耳。（參看傅嚴《小說通論》，魯迅《中國小說史略》及馬宗霍《文學概論》第三篇第三章。敦煌千佛洞所發見唐五代人所寫之卷子，與小說、戲劇之發達史，關係甚大。參看《小說月報》二十卷三號鄭振鐸《敦煌的俗文學》及陳炳堃《最近三十年中國文學史》）。

第十八篇　結　　論

中國文學之各種問題，前十七篇中，已約略論及矣。然世界無絕對完善之事物，有其利必有其弊；人之論斷事物，各有所主，有所主則有所偏。依前者而言，中國文學必有其缺點；依後者而言，則近人論文之弊，猶有可言者。茲以二者分述於後，以爲此編之結論焉。

梅光迪《文學概論》謂中國文學之缺點，在中國人缺少天才(第十五章)。此捕風捉影之論，無當於實際也。竊以中國文學之缺點，第一即爲其文字之缺點；因其文字之缺點，乃影響於文學之形式方面。劉永濟《中國文學通論》所論，有足述者。蓋重形文字，非絕對不重音也。且文字之用，原以代言，則音聲之於文字，尤爲密切。但我國製字，既多本於象形。後世爲文者，欲摹寫人聲，必至棄字形於不顧；棄字形於不顧，則用字無準的；用字無準的，則字義必混淆。此在古代已極感困難；而今世之人，欲讀古書，若不知古音通假之誼，亦多誤會疑惑之處。即如“逶迤”二字，異形同音，見諸古書者，略數之，有三十二種(此三十二種中，有因形變，有因音變者)。

逶迤 委蛇 螇蛇 逶蛇 委佗 遺蛇 逶它 倭遲
倭夷 威夷 威遲 郁夷 禕隋 [illegible]迤 禕它 倭他
委移 歸邪 鄬倚 委陀 [illegible]徺 委維 委[illegible] 靡匜
逶迤 威[illegible] 逶𧺝 踒跑 逶迱 蝛[illegible] 逶迆 潰沱

他如石鼓文。“其魚維何”。作“其魚佳可”。蓋“維”從“佳”得聲,“何”從“可”得聲,古人只求聲存,遂不顧形異矣。此可見古人聞聲可以思義。而後人重形既久,則目覩“佳可”之形,不知即“維何”之義矣。又中國文字有急聲慢聲長言短言之別,亦足變異字形,惟求聲似。如長言則爲“蒺藜”,短言則爲“茨”;長言則爲“窟窿”,短言則爲“孔”。急聲則“者焉”爲“旃”,慢聲則“諸”爲“者與”。此類之多,殆不可數。又有同音之字,即隨意通用者。如“家”、“姑”古爲同音,則“曹大姑”可作“曹大家”;“宓”、“伏”古爲同音,則“宓子賤”可作“伏子賤”。又“明諸”、“孟諸”,實是一地;“陳氏”、“田氏”,本爲一姓。如此之類,觸目皆是。蓋重形文字,不能摹寫人聲;因摹寫人聲,必不顧字形;不顧字形,則異時異地之人,望文生義,容易誤會;而單音孤立之字,點畫稍異,即不可識。此中國文學工具之缺點一也。自漢武崇儒以還,中國學術統於一尊。雖有少數文人,放浪於儒術之外,以發展其高尚文學之天才。然人主既以儒術取士,而繫心利祿之文人,即不能不爲所拘囿。於是吟詠情性,反擬《內則》之篇;操筆寫志,更摹《酒誥》之作。遲遲春日,翻學歸藏;湛湛江水,遂同大傳(梁簡文帝《與湘東王書》語)。加以唐宋儒者,力倡文以載道之說。沿及清世,理學與文學,遂合而爲一。桐城派之文章,即此類之代表者。甚至小説作品，其篇末論語，亦必與儒術相牽合。蓋文學之末流，乃横被儒禍矣。此中國文學之缺點二也。以上二事，皆其犖犖大者，其他碎旨瑣義；或已詳於前篇，茲不贅述矣。

近人論文之弊，約舉其要，蓋有五端：

夫文學内容，各體互同；其所異者，衹在外形耳。今人論文，多忽視外形，專重内容。故有“詩無韻不失爲詩”之論。苟如是，則文辭各體之異，將何以爲判乎？其弊一也。

中國文學，既有數千年之歷史，其源流派别，自與異土不同。而今人論文，每謂某人爲寫實派，某人爲浪漫派。夫國情既異，何必妄爲比附？此削足適屨之談也。其弊二也。

吾人研究古人作品，必以作品本身之所表現者爲主；且必觀其全體，始能得其真相。而今人研究古人作品，每先自立標準，然後從事研究。取其同者，舍其異者；甚或同爲一篇，遺其前幅，留其後段，必使古人合其標準而後已。此立鵠自投之法也。其弊三也。

文體不一，鮮能備善。此宜各求深造，以圖樹立。何必敝帚自珍，被異己以惡名？乃今之舊派，每斥新派爲“頽廢”，爲“鄙俚”；而新派亦呼舊派爲“妖孽”，爲“謬種”。此魏文所謂“文人相輕，不自見之患也”。其弊四也。

多數文人之作品，不能脱離時間空間之限制。然文人之出類拔萃卓然獨立者，亦不必皆受時間空間之限制。漢唐本爲經學極盛時代，其時學者，多拘囿於儒家思想；而王充劉知幾二人，獨能有問孔惑經之作，此不受時間空間限制之明驗也。乃今人研究古人作品，必以時間空間限制文人。凡遇作品與當時環境不合者，輒斷其爲僞作。於是《離騷》、《九章》，均屬僞造；甚且謂屈原爲理想之人物矣。夫屈原之所以爲偉大之文學家者，正以其有此偉大之作品，不受時間空間之限制耳。而今人乃云如彼，甚矣人之好矜奇立異也。其弊五也。

以上五事，鄙生此編，亦或未免；然甚願今之從事斯業者，不蹈此弊也。

《中國文學概論》終

整理後記

祖父段凌辰,生於 1900 年,1923 年畢業於武昌高等師範學校。1924 年任教於西北大學,1926 年在河南中州大學文史系任副教授,1929 年任教廣東國立中山大學,1930 年被聘爲河南大學文學院教授,1935 年擔任河南大學出版委員會成員,同年在山東省建設廳擔任秘書,1936 年兼職齊魯大學教授。抗戰爆發後,他隨河南大學輾轉播遷於河南鎮平、嵩縣潭頭和陝西寶鷄,始終講筵不輟,成爲河南大學古代文學教學的臺柱子,抗戰勝利後復校回到開封,1947 年因突發腦溢血過早離世。

祖父去世時,父親段佩簡還不到十歲,因此我們關於祖父的記憶,大都是來自父親兒時有些模糊的記憶和祖母在世時偶爾提及的一些零星散亂片段。祖母與父親、叔父們每每説起祖父時,常常便會翻開家裏的老相册,端詳着那幾張發黄的老照片,我們也聚在一旁好奇地看着,照片中祖父眉宇間的英氣穿過塵封歲月撲面而來,令年少的我們也感覺到祖父的與衆不同。

我工作以後,出差開會常遇到河南大學的教師,與他們提及祖父,却多是一臉茫然。畢竟,祖父 1947 年病故,正值多事之秋,他早年辛勤筆耕所留下的不少著述和詩稿大都散落難以尋覓,又無人整理,逐漸被人淡忘也在情理之中。祖父的名字雖在河南大学《校志》中存簡單記述,也多有錯訛。但是,祖父的當年的同事和學生並没有忘記祖父及其遺作。20世紀80年代,祖父當年的好友,河南大學老教授于安瀾先生託人轉交給我父親一封信,特意談起祖父遺留的手稿,希望我父親能整理出來,他和祖父的學生願爲校勘並幫助出版。信中説道:

> 念他一生辛勤學術,沉心鑽研,寫不了(少)的精煉文章,曾登載在各刊物學報中。更皇(遑)在抗戰八年中,人口多,負擔重,吃不少的苦,僅看到解放勝利就逝世了,享年四十八歲,不到下壽。前些年(轉眼六禾年了)我看到國家領導關懷舊學,有些舊書得到重印,還有些雜誌也登載些古典方面的文章。我曾給佩蘅去信,提出你父親的遺著如《漢書》筆記、《文選》筆記等能匯集起來,幸舊人多在學校,如景昌、庸懋等,大家分任校勘,把它搞一個集子,以便流傳,實爲門生所應作。

于先生信中還深情道及祖父的教澤:

> 近來看到各縣修地方誌,又有專業志。省教育志就在本校辦公樓上,分期也登載些教育設置和教育方面人物。因想到你爸在大學任教廿餘年,又是著名的古典作家,也教出不少學生,本省教育志中應有其地位。我希望你若回鄭州去,可和你母親、小兒科大夫(段佩蘭)和佩蘅

談談，都各自回憶他的事迹言行和治學的語言……生卒年月寫篇事略寄來，以便交教育志的編輯們。

記得父親拿着信讀給祖母聽，而祖母則神色黯然，只報以深深的嘆息。其實，“文革”後祖父門生宋景昌教授重回河大中文系任教，也曾多次跟祖母聯系，索求老師的手稿以整理重新出版，並在1997年寫下三闋《浣溪沙》來懷念祖父的教澤：

余恩師段凌辰先生學貫經史，旁及百氏，潛研《蕭選》，尤爲精湛，著《文選學》六種，獨抒己見。惜此宏著及詩文多卷，均以時亂未能付梓。1947年夏，先生積勞病逝，年僅48歲。抗戰期間，河南大學播遷潭頭，余從先生學，多蒙教誨，銘記在心。“十年浩劫”，先生所遺藏書、手稿俱毀，畢生心血，盪然無存。（見《宋景昌詩文集·詩詞雜綴》，河南大學出版社2005年版）

經過半個世紀的顛沛流離，不僅祖父當年留下的藏書盪然無存，祖母曾精心保存的祖父嘔心瀝血寫下的論著、論文和詩稿經歷“文革”浩劫也所剩無幾。每提及此事，年邁的祖母都有難以言說的傷痛。祖母在祖父四十週年忌辰時曾寫詩紀念：

……

記否？漫峪嶺上，山高路陡。君任教河大，赴嵩潭，避夷寇。五載於此，夜來油燈如豆。聽君詠，望斷中原田畝。

記否？嵩洛戰火來驟。倉慌奔向何處！荆紫關，暫留住。房低屋漏。夜未半，群鼠起舞，野狼墻外吼。兒女驚懼，你我雙眉皺。

……

記否？夷寇敗走，梁苑新居，净几明牖。君健筆縱横，夜以繼晝。催君眠，憐君清瘦，立君書案右。

别來四十正朔，此情此景猶如昨。人生劇耳，一齣齣，一幕幕。何須怨，無端風雨變幻惡。

泉下如有靈，應記取，來生約。

我想，祖母慨嘆的是那“净几明牖、伏案縱横”的日子，祖父却没能享用多少。抗戰勝利，生活稍稍安定，祖父毅然承擔起多門課程的講授，終於積勞成疾，突發腦溢血而溘然長逝。面對無情世事變幻，幾十年後祖母只有一句“何須怨，無端風雨變幻惡”。每當想要整理祖父的遺著時却心有餘而力不足，只能慨然長嘆，這成了祖母心中永遠的痛。

有一年，父親的學生鄭黎陽在舊書攤上買到老舍先生的《文學概論講義》，書中大段引用祖父的著作：

段凌辰先生説的好：“德行顔淵、閔子騫、冉伯牛、仲弓，言語宰我、子貢，政事冉有、季路，文學子遊子夏。”此所謂孔門四科也。詳“文學”與“德行”、“言語”、“政事”對舉，殆泛指一切知識學問，與今日所謂“文學”者有别。故邢昺《論語疏》曰：“文章博學，則有子遊子夏二人也。”此解可謂達其旨矣。更以游夏二子之自身证之。據《論語·陽貨篇》：“子之武城，聞弦歌之聲。”詩樂相通，子游似爲文學之士。然樂本爲儒家治世之具，其事亦無足怪。若證以《禮記·檀弓》，則子游實明禮之士耳。至於子夏，《論語·八佾篇》雖稱其“可與言詩”。然據《史記·仲尼弟子列傳》：“孔子既没，子夏居西河教授，爲魏文侯師。”又漢代經師，多謂源出子夏；則子夏乃傳經之士也。《論語》其他論文之處甚多，其義亦同於斯。如《學而篇》孔子曰：行有餘力，則以學“文”。何晏《集解》引馬融曰：文者，古之遺文。邢昺疏曰：注言古之遺文者，則《詩》、《書》、《禮》、《樂》、《易》、《春秋》六經是也。是則以六經爲“文”矣。又如《雍也篇》孔子曰：君子博學於“文”，約之以禮。亦可以弗畔矣夫。邢昺疏曰：此章言君子若博學於先王之遺文，復用禮以自檢約，則不違道也。此又以先王之遺文爲“文”矣。又如《公冶長篇》子貢曰：夫子之“文章”，可得而聞也；夫子之言性與天道，不可得而聞也。邢昺疏曰：子貢言夫子之述作威儀禮法，有文采形質著明，可以耳聽目視，依循學習，故可得而聞也。朱熹《論語集注》亦曰：文章，德之見乎外者。威儀文辭皆是也。是則所謂“文章”，又越乎述作文辭之外。與《八佾篇》稱：“周監於二代，鬱鬱乎文哉！”《泰伯篇》稱：“焕乎其有文章！”《子罕篇》稱：“文王既没，文不在兹乎！”兼禮樂法度而言，其義相類。故《公冶長篇》子貢問曰：孔文子，何以謂之“文”也？孔子答曰：敏而好學，不耻下問，是以謂之“文”也。足見孔氏於“文”字之解釋，固甚廣泛矣。

舒舍予《文學概論講義》第五頁

這段引文後註明是祖父的《中國文學概論》第二篇。父親

看後非常激動,此前,祖母也寫過一首小詩《讀老舍遺作〈密雲記游〉》:

> 滿目繁榮書不盡,伊人拾翠自成春。多年不見好文筆,泪讀舒君記密雲。

詩後注釋回憶道:"老舍在山東齊魯大學任教時(1935年),嘗與先夫段凌辰過往。"祖母看到祖父的舊著被老舍先生大段引用,家中却没有存片紙以示子孫,感慨萬千。當時信息閉塞,祖父去世時父親尚年幼,相關記憶已很模糊,對於祖父的治學更不了解;只記得當年祖父在書房裏讀書寫作的時候,孩子們都不許進去隨意打擾,否則就會受到祖父嚴厲的呵斥。此亦可見祖父當年治學之認真與勤奮。20世紀60年代父親大學畢業後分到平頂山任教,與祖母不在一地生活,與河南大学舊交也來往甚少,故無從找到祖父1929年出版的《中國文學概論》。

近些年網絡技術發展迅速,全國各大圖書館館藏信息都上了網,出於好奇,我在工作之餘也試着在網絡上搜尋關於祖父的信息,還真搜到了一些,但令人失望的是關於《中國文學概論》只查到一些圖書館存有下卷,却到處找不到上卷的信息。不過,那時蒐集這些信息只是想加深對自己祖父的瞭解,也没認真去進一步查证。

2008年暑假,我們學院的秦方奇教授見到我,突然很認真地對我説:"你應該把你爺爺的東西整理一下,很有意義。"使我深感意外。雖然我也在高校從事教學,但对文獻整理工作並未涉及,况且祖母和父親都認爲是無法完成的事情,就從來没有考慮來承擔這箇重任。秦方奇教授多年從事民國時期新詩人徐玉諾的研究,在搜集資料的過程中見到有關祖父著作的信息,細心保留了下來,他鼓勵我説:至少《中國文學概論》應該能够找齊。經秦方奇教授的指點,居然在國家圖書館的館藏信息中搜集到祖父的《中國文學概論》上册,這可真是天大的好消息,我第一時間將這箇好消息報給了父親,令他悲喜交集:喜的是終於有了將爺爺的著作整理的可能性;悲的是,我的祖母已經去世多年,不能親耳聽到這箇好消息,不能親眼見到祖父當年辛苦寫就的著作再版了。

有了整理祖父遺著的信心,一切就水到渠成了。據網上的信息,祖父的《中國文學概論》最早由國立中山大學出版部作為讲义教材出版,上下卷各一册,但這箇版本我們未能找到。正式出版存世較多,上册是在 1929 年 7 月由瑞安集古齋書社發行,上海中華書局印刷,下卷於 1933 年由北平著者書店出版,題爲"掇英樓文學叢書"之一。在上册的卷首,有祖父的業師黄侃先生的序言。北京師範大學焦洪濤博士幫我找到了北師大圖書館存的《中國文學概論》下册,然後他又找朋友,在清華圖書館找到了存世不多的上册,或下載或拍照或複印,2009 年夏天,我終於將《中國文學概論》上下册的複印件蒐集齊全。父親此時也將祖母保留的祖父詩稿、雜誌、剪貼本蒐集到一起。我清楚地記得,父親將那一沓發黄的紙張鄭重交到我手裏時的表情。在這一沓發黄的舊紙中,有祖父當年親自用蠅頭小楷鈔録並認真裝訂的論文、詩稿,有祖父手題"凌辰自存"的 1946 年河南大學文史系參與主辦的刊物《儒效月刊》,以及當年祖父自己精心將已發表的部分論文剪貼的小册子,上面親手題録"掇英樓文叢",正與他已經出版的《中國文學概論》封面所用的一樣。祖父生前曾自號“掇英樓主”,想來祖父早已準備將自己的著述輯録成集,但因多年隨河南大學躲避戰亂,條件艱苦未能如願,好容易回到開封,“净几明牖、伏案縱横”,正欲大有作爲,但不幸猝然而逝,成終生遺憾,也令祖父的同事、好友和學生們扼腕嘆息。在這一沓發黄而柔軟的宣紙手稿中,我還驚訝地看到一沓現代稿紙已經開始泛黄,上面用工整的鋼筆字謄寫着祖父舊時的論文,但没有完工。原來祖母當年也曾經嘗試着親自整理祖父遺稿,可惜未能如願。

我開始將祖父的著作一字一字敲入電腦中。一直以爲祖父只是一箇傳統的中國古代文學的教授,但在這本書中,我們可以看到現代人非常熟悉的西方文論影響。而在 20 世紀 20 年代,中國古代文論的研究尚未自成體系,祖父授課時深感其難,嘗試着立足中國文學,借鑒西方文論的框架,努力地摸索、建構起自己的中國古代文論研究體系。在當時這應該是一箇頗具開創性的工程,對此後古代文論的研究曾産生較大的影響。

祖父在自序中説道:

> 甲子乙丑以來,承乏中州大學,授《中國文學概論》。苦坊間無善本,輒披簡先哲故言,纂成是編。剿襲補綴,自知無當;惟以索子貫散錢,或略有整齊之功。大雅君子有以教之,則幸甚矣。

此書後作爲中州大學講義印發使用,時間大概在 1927～1928 年之間。翻檢當時學界《中國文學概論》,確實爲數不多。黄侃先生在1929年本書二版序（瑞安集古齋書社出版）中有這樣的評價：

> 汲段凌辰有《中國文學概論》問世。予嘗謂中國哲學史最難爲，以其腹大如洞庭湖；文學史最難爲，以其尾大如揚子江。今段生之爲，其將揚颿鼓柂以泛此浩洋之津耶？是未可知也。予雖無似，願爲水手焉，長年焉。送君者自崖而反，君自此遠矣。

2009年底，經過半年的緊張工作，電腦録入工作由我和外子魯書喜共同完成，經過幾遍認真校對，又請我院文獻整理專家葉愛欣女士進行三校，並對文中所引古典文獻做了進一步的整理與核對，《中國文學概論》整理初稿終於完成了。父親與我都認爲，書稿交由現在的河南大學出版社再版是最合適不過的了。經秦方奇教授介紹，聯係到河大出版社特約編輯謝景和老師，報請社内領導、專家核准，河南大學出版社決定將此書作爲"百年河大國學舊著新刊"出版。

這本書終於即將再版，作爲孫輩，我的心情頗爲激動。收集、整理、出版祖父的書稿，不管是對於自己的段氏家族還是對於祖父任教多年的河南大學來説，都是一件極有意義的事情。我想等到新版的《中國文學概論》成書之後，再陪父親到祖父祖母墓前，以此書來告慰他們的在天之靈。

段　納

2011年2月17日